国際バカロレアを知るために

Getting to know
the International Baccalaureate

大迫弘和 編著
長尾ひろみ　新井健一　カイト由利子

水王舎

はじめに

　1968年にジュネーブで産声を上げた国際バカロレア（International Baccalaureate 以下 IB）という教育プログラムが、今、日本の学校で実施されようとしています。2018年までに日本国内で IB を実施する学校を200校つくる。そのような目標が政府の方針として掲げられています。
　そのことの実現に少しでも役に立つようにと本書は企画されました。ですからこの本には、IB の実施を考えている学校や教育委員会などにとって参考になるだろうと思われることが書かれています。

　IB という教育プログラムは、これまで英語（もしくはフランス語あるいはスペイン語）で実施されてきました。しかし、その状態のままでは、日本国内に IB 校を200校誕生させるのはどう考えても不可能でした。それで2013年3月に、文部科学省と国際バカロレア機構（IBO：IB を運営する非営利団体）との間で、日本語で実施する部分を含んだ IB プログラム "Dual Language IB Diploma Programme：English-Japanese"（以下「日本語 DP」）の実施に関しての合意がなされました。
　この「日本語 DP」の誕生こそが、日本国内で200校の IB 校を生み出すことに、大きな道を開いたのです。

　本書の執筆者は皆、2013年5月25日に広島女学院大学で開催された『第一回国際バカロレア広島フォーラム』に登壇しています。その日のフォーラムを更に発展させた内容の本を、という着想から本書の出版が決定しました。また、フォーラムが開催された5月以降、IB の国内普及に関して様々な動きがあり、そうした動向についても本書によって伝えることができたらと思っています。
　それぞれの執筆者は、各々の専門性の中から、これから求められる教育の姿について書いていますが、もちろん、執筆者には共通する「思い」、すなわち日本の教育をよりよいものにしたいという「思い」が共

有されています。

　教育関係者だけではなく、一般の皆さんにも読んでいただければと、できるだけ読みやすい内容を目指しました。
　本書はおおむね、「1章」「2章」および「3章」がIB導入にかかわる周縁的内容、「序章」と「第4章」がIB導入に直接関係する内容、といった構成になっています。これらは読者の皆さんの興味・関心に基づき、どの章からもお読みいただけるようになっています。

　一人でも多くの方にIBというものを知っていただくことが、日本の教育を変えていくことにつながっていくと考えています。
　日本の子どもたちの未来に新しい光が射すことを、執筆者一同心から祈っています。

大迫弘和

目　次

はじめに　　　　　　　　　　　　　　　　　　　　　　3

序　章　今、なぜ国際バカロレア（大迫弘和）　　　　　　7

第1章　未来への飛躍を実現する人材の育成（長尾ひろみ）　25

第2章　日本の教育の課題と国際バカロレアへの期待（新井健一）　61

第3章　国際バカロレアと「学び」（カイト由利子）　　　91

第4章　日本の教育改革と国際バカロレア（大迫弘和）　　121

おわりに　　　　　　　　　　　　　　　　　　　　　197

巻末資料　　　　　　　　　　　　　　　　　　　　　206

序　章

今、なぜ国際バカロレア

大迫弘和

◇◆◇◆◇◆◇◆◇◆◇◆◇◆◇

国際バカロレア勉強会

　2013年12月3日に広島女学院大学を会場にして、広島県教育委員会主催の「広島県内の県立学校教職員を対象とした『国際バカロレア勉強会』」が開催されました。当日は広島県内の多くの公立高等学校の先生方が参加し、ある地方テレビ局は夕方のニュース番組で、その勉強会の様子を中心としたIBの特集を組んだのでした。
　ところがその特集で、キャスターが二つの失敗を犯してしまいました。
　まず特集が始まった最初の一言です。
　「安倍政権の成長戦略の一つが世界で活躍する人材＝グローバル人材の育成です。そのために、国は今『国際バカロレア＝IB』という国際標準の教育を国内の高校に普及しようとしています」
　ここでキャスターは、なんと「IB」を「イチビー」と言ってしまったのです。アルファベットの「I」を、数字の「1」と見間違えたのです。横にいた女性キャスターがあわてて「アイビー、アイビー」と訂正を入れ、「アイビー」と言い直したのでした。
　IBの基本的説明が終わり、「そして、ここからが本題です」となりました。「政府は国内の『IB』認定校を5年以内に200校程度に増やす目標を掲げることを、6月に閣議決定しました。『国際バカロレア機構』が一部の科目について再来年の2015年から日本での授業を認めることにしたからです」
　ここでキャスターは「日本語での授業」を「日本での授業」と読み違えていました。これでは日本国内でこれまで一切IBが実施されていないことになってしまいます。これが二つ目の失敗です。

ともにIBを知っている人間にとっては、目が丸くなる、あまりに基本的なミスでした。特に二つ目のミスでは、IBを知らない人たちが「今まで日本でIBを実施していた学校はなかったんだ」と間違った認識をしてしまうことにつながったでしょう。もちろん、事前の打ち合わせは行われていたはずですし、番組のディレクターはあらかじめ何度か私とのやり取りをしていて、それなりに力を入れていた特集でした。それでも生番組本番では、ニュースキャスターが「イチビー」と言い、「日本で初めての実施」という内容で放送してしまうわけです。

これが現在の日本の「IB」に関する認識レベルの現実です。

以前、IB関係の日本人教員が、インターネットで「IBO」（International Baccalaureate Organization：国際バカロレア機構）を検索したら「疣（いぼ）」が出てきた、と言って笑っていました。意味が分からず首をひねった私に対して、その方が言った一言は「イボコロリのイボよ」でした。

また、IBの普及浸透に熱心に取り組むある地方行政職員が、IBの説明のために他の部署を盛んに訪れていたとき、あまりの執拗なアプローチに多少引かれてしまう状況が現出し、姿を現すたびに「また国際バカが来た」と揶揄的な言われ方をしました。もちろんこの「バカ」は「バカロレア」の「バカ」です。

笑えない笑い話が次から次へと起きる状況下で、それでも、じっと辛抱して、何とか日本の教育に新しい波を生み出そうとしているのが、IBの関係者といったところでしょうか。

戦後間もなく、でき上がったばかりのトランジスターラジオを引っ提げて「これが売れない限り日本には戻らない」と覚悟を決めて羽田を飛び立った企業人と同じような気持ちかもしれません。

それでも、現在は光が射していることがよく分かるので、踏ん張れます。広島での「IB勉強会」のあとに回収されたアンケートでは次のような回答が多く見られました。

◎「国際バカロレア＝英語、という思い込みを持って本日の勉強会に臨みましたが、新たに学べたことが非常に多く、これからの教育の在り方について目を開かれた思いです」（教員）
◎「教科における知識についての考え方が異なるだけと思えた。大学入試の制度さえ国際的なものにすれば高校はすぐに動くと思う」（教員）
◎「国を越えて教材研究や授業研究をする時代がやってきたのだと感じました。IB校にならずとも、グローバルに活躍できる人材を育てる手段を学びたいと思います」（教員）
◎「導入部の Did you know? の映像が印象的で、IBを時代が必要としているということがよく分かりました」（教員）
◎「これから必要とされる課題解決型の授業を構築していくためのIBと、日本の全体の教育を変えていくということに興味を持ちました」（教員）
◎「今までほとんど知らなかった内容で驚くとともに、まだしっかり理解できていないのでこれからまた勉強したい」（教員）
◎「英語の教員としてどのようにIBにかかわれるのかということを考えさせられました。IBの教員の資格を得るためにどうすればよいのか、より知りたくなりました」（教員）
◎「名称程度しか知らなかったことについて多くのことを知ることができました。今後も勉強したいと思うようになりました。ありがとうございました」（管理職）

　これらの感想を読むと、本当にこの国は素晴らしい先生方で満ち溢れている、と実感するのです。一生懸命勉強して、少しでもよい授業を、生徒たちの人生に少しでも役に立つ授業を形にしていきたい。そう思っている先生方が日本中にいらっしゃるのです。
　この1年で、このような先生方と、日本各地で出会いました。その度に「『200校プロジェクト』は必ずうまくいく」と強く思うのでした。
　今こそ、そのような先生方の熱意とエネルギーが、21世紀を生きる子どもたちにとって本当に必要な教育のために、この国がより成熟した

国になっていくために、そして世界がよりよく、より平和な世界になっていくためにこそ、使われなければなりません。

そのためには、広島で行われた「勉強会」のような取り組みが、これから日本のいたるところで行われていくことが必要だと思います。

2013年12月には京都府と滋賀県がIB導入に関する方針を発表しました。公立学校では、都立国際高校が2013年10月にIBOに候補校申請を提出しており、札幌市では12名の専従チームが編成され、中等教育学校としてのMYP(Middle Years Programme：11歳〜16歳を対象とするプログラム)からのIB導入の準備を着々と進めています。

このように200校プロジェクトはすでに一定の動きを見せていますが、これからさらに多くの自治体、法人、学校などがこのIB200校プロジェクトに興味を持ってくれることを期待しています。

しかし、繰り返しになりますが、広島の「勉強会」に参加した先生方のほとんどが会に参加する前は「IBという名前は聞いたことがあるけれど、それが一体どのような内容のものなのかはほとんど知らない」といった状態であり、それが今日の日本の現状であると言えます。広島の勉強会も、いわば2時間の初心者コースといったものになりました。しかし、とにかくまずはそこから始めなくてはなりません。先ほどご覧いただいたように、「勉強会」のあとのアンケートからは参加した先生方のIBに関する知識は確実に深まったことが伝わってきますし、それに並行してIBに対する興味も確実にふくらんだように思えますから。

国際バカロレアってご存知ですか？

その「国際バカロレア勉強会」の約半年前の2013年5月25日、同じく広島女学院大学を会場として「第1回国際バカロレア広島フォーラム」が開催されました。基調講演を行ったのはIB導入の旗振り役、文部科学省大臣官房国際課国際協力企画室長の永井雅規氏でしたが、そのとき永井室長の使用したパワーポイントの最初のページに大きく映し出されたのは「国際バカロレアってご存知ですか？」という一言でした。

この広島フォーラムはその直後の2013年5月最終週に次々に行われた、日本国内でのIB普及に関連したさまざまな会議（たとえば「日本語DP連絡協議会」の発足会議など）の口火的な位置付けのものになったのですが、いよいよ日本国内でのIBの取り組みが本格的にスタートしたことを象徴的に示した広島フォーラムが「国際バカロレアってご存知ですか？」から始めなくてはならなかったのが、繰り返しになりますが日本の現状なのです。
　いわく「2012年6月『グローバル人材育成推進会議』が国際バカロレア資格の認定校と、それに準じた教育をする学校を5年以内に200校程度に増やすよう提言」。
　また「教育再生実行会議は2013年5月、一部を日本語で教えるプログラムの開発、導入を進め、大幅な増加（16校→200校）を図るとした」。
　さらには「2013年6月、アベノミクス第3の矢として閣議決定された日本再興戦略では、2018年には国際バカロレアDP認定校を200校まで認定させるという目標を明記」。
　このような情報を耳にした人は多いはずです。しかし、実はほとんどの人が「IBって何？」という状態であるのが本当のところです。
　ちなみに2013年夏、都内で行われたクラシック音楽のちょっとしたサロンコンサートでの交流時間で、たまたま一緒になった医師や大手企業の重役やコンサルタント会社社員、外資系証券マン、そして大学教授に「IBのことを知っていますか」と尋ねてみたのですが、答えは全員がNOでした……。
　「誰でも持論を語ることができ、誰でも評論家になれる」そんな言われ方さえされる教育の世界のことなのに、なぜでしょう？
　要するに、IBは日本とは関係がなさそうな代物、と考えられてきたからなのです。
　関係がないものをあえて知ろうとする奇特な人は、決して多くないはずです。日々の生活に追われ、とりわけ教育という子どもたちへの現実的対応に毎日大忙しの世界では、とてもじゃないが「関係なさそうな代

物」に関心を示すゆとりも余裕も時間もない、といったところでしょうか。

では、なぜ関係がなさそうな代物と思われていたのでしょうか。

それは IB が英語で行われる外国産の教育プログラムであると思われているからです。そんなものは日本には関係ない。取り入れようとしたって、所詮それは無理なことと思われてきたのです。

ところが状況は一変しました。

ある推計では、2017 年において日本に必要とされる「グローバル人材」の数はおよそ 410 万人、これは 2012 年に必要だとされていた 170 万人と比較すると約 2.4 倍に増えています。これから日本はものすごい勢いで「グローバル人材」を生み出していかなければなりません（ただし、この「グローバル人材」という言葉についてはあとでもう少し考察します）。

もしそれができなければ日本が衰退していくのは必定です。なにしろ世界と渡り合うことができなくなってしまうのですから。

他の数値を見てみると 1945 年から 1991 年までの日本の平均経済成長率（実質 GDP）は 7.1％であったのに対し、その後 1992 年から 2012 年の平均成長率はなんと 0.9％。ぐいぐい伸びていた国が、ゆっくりと、そして確実に沈みつつあることを示す数値です。

国家としての危機。国の未来を危惧する人がさすがに多くなってきました。今こそ手を打たなければならない。各界でその動きが始まっています。

教育の世界でも同様です。

これまでの教育をこのままずっと続けていてよいのだろうか？

そのような問いかけは、多くの教育関係者によってこれまで散々繰り返されてきました。

しかし、結局ここ 40 年ほどの初等中等教育は偏差値を競わせることに終始してしまい、日本の大学はその偏差値競争の産物としての学生が集まる場所になっていました。

このような文脈の中で「グローバル人材」という言葉がキーワードとして登場してきたのです。おそらくかつては「国際人」という言われ方をしていた人物像が今、社会的有用性をより前面に出した「人材」として認識されるようになったことは、押さえておく必要があります。

そして「グローバル人材」を生み出すのに極めて有効なプログラムとしてIBが浮上してきたのです。

ここで一つ注目しておきたいのは、今回のIB浮上のストーリーは、実は経済界からの要請を背景にしているということです。このままでは日本は世界に太刀打ちできなくなるという危機感を持った日本の経済界が、国の基礎である教育から何とかしなくてはならない、と声を上げたのです。その点に今回の教育改革と、これまでのそれとの本質的な違いがあります。

これまでの教育改革は、基本的には教育関係者の手によって進められようとしました。そして、そのいずれにも、いろいろな「壁」が立ちはだかり、最終的には消えてしまいました。

一番よく耳にした「壁」は、「大学入試が変わらない以上、無理だ」です。

それはまさに「壁」でもあるのですが、「大学入試」を体のよい言い訳にして、戦いきれない自らの欺瞞を正当化していたのではないか、という見方もあります。

本当の「壁」は大学入試、ではなく、もっと奥深くに横たわるもの、社会全体の価値観、といったもののはずです。大学入試はそこから生み出された「現象」に過ぎません。高い教育の理想が戦うべき相手は「現象」ではなく、その奥にあるもっと本質的なもののはずです。

今回のIB200校プロジェクトの、これまでの教育改革との違いは、発生のみなもとが経済界ということで、ある意味社会全体を巻き込んでいることです。だから現象としての「壁」であった大学入試も視野に入っての改革になっています。

さらに言えば、IB を学んだ子どもたちが、実社会の中で評価される、といった「社会的受け皿」までを射程に入れての改革であるということです。それはすなわち「価値感の転換」まで話がおよぶべきことだと思います。

　大学入試に戻ると、教育再生実行会議の第四次提言（2013 年 10 月 31 日）では、これまでの問題点として、

ⅰ）大学入試に合格することが目的化し、高等学校段階で本来養うべき多面的・総合的な力の育成が軽視されている。
ⅱ）大学入学者選抜で実際に評価している能力と本来大学が測りたいと考えている能力との間にギャップが生じ、学生にとっても入試の準備のための学習が大学入学後の学びにつながっていない。
ⅲ）現在の大学入試センター試験は、難問奇問を排除した良質の問題を提供し、各大学が実施する試験との組み合わせによる大学入学者選抜の個性化・多様化を促進している一方で、「1 点刻みの合否判定を助長している」「試験結果が志願先の選択に直結するため受験生にとって大きな心理的圧迫になっている」などの課題がある。
ⅳ）大学入試センター試験は 6 教科・29 科目という多数の出題科目の準備や約 55 万人が同時に受験するための運営に係る負担が増大し、限界に達している。

　といった点が挙げられ、今後の「入試改革」の方向性としては、

ⅰ）大学入試は、ゴールではなく、更に学び成長していくためのスタート地点。高校生にとって、将来につながる充実した高校生活が、丸ごと大学での学びにつながることが重要である。
ⅱ）高校は、義務教育の基礎の上に学力と規範意識を育成し、魅力ある学校づくりを進める。多様な体験を通じて高校生が自らの夢や志を考える機会を充実させる。
ⅲ）学力水準は、1 点刻み・一発勝負の試験ではなく、大括りに学力を

評価する。
ⅳ）大学は、高校生活を通じて築いた土台（能力・適性）と培った跳躍力（意欲）をトータルとして評価し、入学後は責任を持って教育する必要がある。

ということが考えられ、具体的な提言としては、

ⅰ）達成度テスト（基礎レベル・仮称）により、高等学校教育の基礎的・共通的な学習の達成度を客観的に把握し、これを各大学の判断で推薦入試や AO 入試にも活用する。
ⅱ）各大学が求める学力水準の達成度については、大学教育を受けるために必要な能力を評価し判定するための新たな試験（達成度テスト：発展レベル・仮称）を活用する。
ⅲ）各大学は、学力水準の達成度の判定を行うとともに、面接（意見発表、集団討論等）、論文、高等学校の推薦書、生徒が能動的・主体的に取り組んだ多様な活動（生徒会活動、部活動、インターンシップ、ボランティア、海外留学、文化・芸術活動やスポーツ活動、大学や地域と連携した活動等）、大学入学後の学修計画案を評価するなど、アドミッションポリシーに基づき、多様な方法による入学者選抜を実施する。

となっています。
これはこれから本書で各執筆者たちが繰り返し主張していることと重なり合っています。

これまでの流れ

さて、IB に関する方向性を文部科学省が最初に示したのは「文部科学広報」（2012 年 4 月号）の文章でした。
「我が国の教育環境を国際的な環境と適切に調和させることが必要で

あり、これに向けて、インターナショナルスクールや国際バカロレアのさらなる活用が重要となっています。インターナショナルスクールは、海外から来日する高度人材の子どもの教育の場として極めて重要である一方、都市部への集中や、授業料が高額であるといった課題もあります。こうした中、学校教育法一条に規定されることで経常費補助金を受けるインターナショナルスクールも出てきています。国際バカロレアは、国際的に活躍できる人材を育成し、各国で認められる大学入学資格が付与されるという観点から高い評価を得ており、国際バカロレア資格を有する卒業生は我が国の大学の入学資格も得ることができます。国際バカロレア認定校は安心して子どもを通わせることができる教育機関であることから、優秀な外国人の来日を促すとともに、日本人の子どもにとっても、国際バカロレア資格を有していることは、海外留学において有利な条件となり、人材の国際的な流動性を高めることにも寄与します。また『グローバル人材育成推進会議』の中間まとめにおいて、『高校卒業時に国際バカロレア資格を取得可能な、又はそれに準じた教育を行う学校を5年以内に200校程度へ増加させる』とされており、今後、文部科学省としても国際バカロレアの周知普及を行っていくこととしています」

　この文中にある「『グローバル人材育成推進会議』の中間まとめ」の内容を簡単に確認しておきましょう。
　「『グローバル人材育成推進会議』の中間まとめ」は2011年6月に報告されています。そこではグローバル人材を次のように定義しています。

「我が国がこれからのグローバル化した世界の経済・社会の中にあって育成・活用していくべき『グローバル人材』の概念を整理すると、おおむね、以下のような要素が含まれるものと考えられる。

要素Ⅰ：語学力・コミュニケーション能力

要素Ⅱ：主体性・積極性、チャレンジ精神、協調性・柔軟性、
　　　　責任感・使命感
要素Ⅲ：異文化に対する理解と日本人としてのアイデンティティー

　このほか、「グローバル人材」に限らずこれからの社会の中核を支える人材に共通して求められる資質としては、幅広い教養と深い専門性、課題発見・解決能力、チームワークと（異質な者の集団をまとめる）リーダーシップ、公共性・倫理観、メディア・リテラシー等を挙げることができる」

　さらに遡ると「『グローバル人材育成推進会議』の中間まとめ」の内容は、「グローバル人材育成推進会議」に先立って組織されていた「国際交流政策懇談会」の議論に基づいています。
　「国際交流政策懇談会」は2011年3月に最終報告書を出しています。そのタイトルは『我が国がグローバル化時代をたくましく生き抜くことを目指して——国際社会をリードする人材の育成——』となっています。
　報告書は「我々が生きる現代は、いわゆるグローバル化の時代である」「ヒト、モノ、カネの流動性の高まりにより『国境』の意義が曖昧になり、各国の双互依存が複雑に深化している」とし、「国際社会が模索する新たな制度構築に参加していく必要」を訴え、そしてそのことが可能な「グローバル化した国際社会をリードする人材」の育成のための提案を行なっています。
　報告書の「グローバル化に対応する教育の提供」という章では「(1) 10年後に成人する現在の子どもたちに対して」と題する部分で（インターナショナルスクール及び国際バカロレア）という項目を立てて、次のように書いています。
　「現在、高等教育においては学生や研究者の流動性が促進されているが、その前段階である初等中等教育段階においても、我が国の教育環境を国際的な環境と適切に調和させることが必要である。例えば、来日する研究者の子どもたちの教育環境の整備という観点や、我が国の子ども

たちが国内にいながら国際的な教育を受けられるという観点からは、いわゆるインターナショナルスクールや国際バカロレアのさらなる活用が求められる」

2011年3月『我が国がグローバル化時代をたくましく生き抜くことを目指して――国際社会をリードする人材の育成――』
　↓
2011年6月「『グローバル人材育成推進会議』の中間まとめ」
　↓
2012年4月『文部科学広報』

　このように1年と少しの間に、次々とIBの意義・重要性に目が向けられていきました。前にも書いたように、これらの流れが経済界から提起された形で進行しているということは、今後のIBの国内普及に関して大きな意味を持つはずです。文部科学省内に、国際的視点に立って教育行政をリードしていこうとした方が存在したのでしょう。行政能力と問題意識と国際感覚に優れた方があり、いち早く機敏にこの流れに反応し、政策として掲げてくださったのだと思います。
　実は文部科学省としては1979年から、すなわちまだ「文部省」であった時代から「豊かな国際社会の構築に資する国際交流・協力の推進施策」として毎年IBOに300万円を拠出していました。しかし、実際には、これはいったい何のために出し続けているのか、よく分からなくなっていたところがありました。
　しかし今回、文部科学省が明確にIBを日本国内の200校に導入する、という方向を打ち出したことで、IBと日本の関係は、まったく新しい段階に入ったと言えます。
　また教育行政としては、大学・大学院教育においての「国際化」推進に関してすでにそれなりの予算も投入しての取り組みを開始しており（次章参照）、その前段階である中等教育の国際化に話が必然的に広がってきた、ということも押さえておく必要があります。

日本語 DP の誕生

　そしてもう一つ、日本国内の IB の広がりを考えるにおいて、重要な日時を加えなくてはなりません。
　2013 年 3 月文部科学省と国際バカロレア機構の間で、一部の教科を日本語で実施するディプロマプログラム「日本語 DP」に関しての合意が行われたのです。

　2011 年、2012 年と「IB200 校」が掲げられ出したとき、IB を知る方たちからは、正直かなりの不安の声が上がっていました。なぜなら、IB の DP（ディプロマプログラム）は基本的に英語を授業言語として教科学習を行うので、それに対応できるのは英語による教科学習が可能な帰国生徒やインターナショナルスクールに通う生徒に限られるのではないか、そうであるなら「200 校」という目標は現実味に欠けるのではないか、と感じられていたからです。
　しかしその不安は、関係者の涙ぐましい努力によって一挙に払拭されたのでした。
　2012 年夏から秋、冬にかけて、文科省の担当官と IBO のアジア太平洋地区責任者の間で、粘り強い話し合いが続けられ、ついに一部の教科を日本語で実施するディプロマプログラム、「日本語 DP」に関しての合意にこぎつけたのでした。そのことにより「200 校」という数字が、一挙に現実味を帯びたのです。

　具体的には本書で後述するように、2013 年 3 月の段階でプログラムの「6 つの教科学習のうちの 3 領域」と「3 つの必修要件」について日本語での実施が可能になったのです。
　それまで IB は海外の大学に子どもたちを送り出すツール、として着目されていました。それが IB の一条校（学校教育法の第 1 条に掲げられている「学校」を指す）への現実的な広がりの模索→日本語 DP の誕生、という流れの中で「海外留学のツールとしての IB」に「国内の大学

の国際化に寄与するIB」というストーリーが加わったのです。
　日本の大学がIB生をどのように受け入れるか、国内の大学にその制度設計が求められるようになったのです。

　IBOの代表はある公式の席で「これまでドイツ語と中国語でも一部の授業が可能だった。だが、今回の日本語プログラムの割合にはほど遠い。IBにとって大きな変革だ」とコメントしました。
　IBOとしては、この合意をきっかけにIBプログラムを真の国際的プログラムに成長させていきたいという願いがあります。つまりこの「日本語DP」は、IBOとしてもぜひとも成功させたいという強い思いがあり、また日本語DPの成功をモデルとして世界に示したいというところもあるのです。
　一方、すでに述べたように、「日本語DP」は日本にとってはグローバル人材育成の必要性から国家プロジェクトとしての位置付けにあります。
　2013年5月には、関心を寄せる40校近くの高校や学校法人により「国際バカロレア・デュアルランゲージ・ディプロマ連絡協議会」が結成され、また7月末には、藤崎一郎前駐米大使を委員長とする有識者によるIB日本アドバイザリー委員会（私も委員の一人になっています）が発足しました。この委員会は今回の「日本語DP」200校プロジェクトの成否の鍵を握る「大学の入試改革」を主要なテーマにして取り組みを進めています。そのこともまたあとで触れます。

　さて、外堀は埋まりました。
　いよいよ次は現場の先生方による本陣への攻め込み、すなわち「日本語DP」の実施のためのさまざまな具体的な取り組みが開始される段階になっているのです。

　なお、今回の文部科学省とIBOの合意に関し、IBOは次のような文章をHP上に発表しています。

『日本で国際バカロレア教育を受ける機会の拡大——日本においてIB教育を受ける機会がさらに広がる国際バカロレアと文部科学省との共同プロジェクト』

「2013年5月22日（日本）－国際バカロレア（IB）と文部科学省（MEXT）は、日本においてIB教育へのアクセスを容易にするIBデュアルランゲージディプロマの開発に取り組む共同プロジェクトの立ち上げを発表しました。プロジェクトは、ハーグのIBグローバルセンターにおける式典の中で、IB事務局長ジェフ・ベアード氏と文科省事務次官山中伸一氏により承認されました。このプロジェクトは、ますます相互依存性が高まり、競争が進むグローバル経済において、企業や産業の場で活躍できるグローバル人材を増やすという文部科学省の目標に端を発しています。

プロジェクトの全体的な目標は、日本の学校のより多くの生徒が、日本語と英語の両言語を用いて指導・評価するIBディプロマの教育を通して学ぶことができるようにすることです。こうした中で、IBは、IB教育に携わる教育者の増加を視野にいれて、ワークショップを開催し、教師や学校関係者を対象としたIB研修を推し進めていきます。

このプロジェクトを展開していくために、IBは、文部科学省と緊密に連携、協力しながら、日本語をIBディプロマ評価の言語として用いるための環境を整えていきます。また、主なIB文書を翻訳することによって日本語で指導する教科の指導と学習を促進していきます。このような展開により、IBディプロマプログラムを提供する日本の高等学校の数が増加することが予測されます。相当数の日本の高校が、2015年までにIB校として認定されることが見込まれます。これに呼応して、高い学力と21世紀での成功に必要な技能を習得しているIB履修生を歓迎している世界のトップ大学に出願する日本人生徒の増加につながるはずです。

IBデュアルランゲージディプロマの実践を後押しするために、IBは、日本においてバイリンガル試験官やモデレーターを応募し、養成していきます。

IBアジア太平洋地域ディレクターであるイアン・チェンバーズは、次のように語っています。『IBは、文部科学省と長い付き合いがあり、このプロジェクトにより、IBはグローバルな人材資源の育成という日本の計画に不可欠な役割を担うことになります。IBと文部科学省は、自国や世界に貢献できる探究心、知識、そして、思いやりを兼ね備えた若者の育成という目標を共有しています。』」（以上、IBOのHPより）

　日本の教育の未来がかかった、そして教育が国の基盤を形づくるものであるなら、まさに国そのものの未来がかかった、大きな取り組みの火蓋が切って落とされました。
　国の未来というものが、これからは国という枠組みを越えた中で、描かれなくてはならない。21世紀はそのように進み、教育にもまた、国の枠組みを越えたプログラムが求められるのです。

第1章

未来への飛躍を実現する人材の育成

長尾ひろみ

◇◆◇◆◇◆◇◆◇◆◇◆◇

はじめに

　文部科学省は「予測困難な時代を生き抜く力」を生徒や学生につける教育を施すようにとの大きな教育目標を掲げました。
　今から10年、20年先は誰にも予測できない状況です。今の小学校の1年生が大学を卒業するときには、60％が今予測できない新しい仕事に就くと言われています。なるほど、今から16年前のことを考えても、こんなにIT通信関連は発達していませんでした。また、高齢者が全人口の4人に1人を占めた現在のようには、介護、高齢者関係の仕事もありませんでした。予測できなかった震災、人災、天災もここ数年増えています。このような時代を今の若者はただ生きるだけでなく、将来に向けて生き抜いていかなければなりません。そして日本を国際社会の中で支えるためには、英語を駆使できることが必要条件となってきます。
　この章では、日本の「教育改革」「グローバル人材育成」を解説し、筆者が経験した英語の多様性と言語習得の難しさに触れ、最後に日本における理想的な英語習得方法に関する持論を論じてみます。

中央教育審議会

　2011年2月に、文部科学省より中央教育審議会の委員を私はおおせつかりました。4月に行われた第6期の最初の総会で、高木義明文部科学大臣が我々委員に挨拶をされた中で、「この中央教育審議会の委員の皆さんには、大きな期待をしています。今の子どもたちの教育をどうしようという議論だけで終わるのではなく、ここでの審議の結果が、将来10年、20年先の日本の担い手をいかに育てていくか、そしてそれがゆ

くゆくは日本の将来の立ち位置を決定するのです」という内容を話されました。それを聞いて、私は身が引き締まる思いでした。日本の教育の方向性の一端を担う中央教育審議会の一委員として、日本の将来、世界の将来に少しでも寄与できるのではないかと胸を弾ませました。

東日本大震災と中教審

　中央教育審議会第6期の最初の大学分科会が2011年3月11日に虎ノ門、霞が関ビル35階会議室で行われる予定でした。私はそこで東日本大震災を経験したのです。当日1時半から、新人中教審委員のレクチャーが文部科学省の3階で行われ、3時からの会議のために霞が関ビルに移動しました。2時半には、我々新人委員と文部科学省の担当者は霞が関ビルの35階に到着し、眼下に広がる東京の景色を堪能していました。2時46分、突然大きな揺れに襲われました。上下の揺れのあと、左右に何回も揺れました。ビル全体が強くしなるという感覚でした。天井のシャンデリアがカチカチ音を立て今にも落ちてきそうな揺れ方をし始めました。

　最初は「ああ、地震だな」といって、窓際に立って外を見ていた東京在住の委員の方たちも、なかなか止まらない激しい揺れにだんだん窓から離れていきました。「危ないので窓の近くには立たないでください」という文部科学省のスタッフの指示のあと、携帯電話のワンセグを見ていた数人が同時に奇声を発したのです。

　「宮古に津波‼」。携帯電話の音量を上げて皆に聞こえるようにしてくれました。大変なことが起こっているという実感が伝わりました。

　窓の外では、大きな黒い煙が立ち上がりました。隣のビルの上に固定されている窓拭き用のゴンドラが振り子のように左右にスイングしているではありませんか。それを見て、私は大きな恐怖に見舞われました。

　私は1995年の阪神・淡路大震災を大阪府箕面市で経験しています。地震直後、神戸で見た潰れたビル、また、2011年2月22日に発生したニュージーランドのカンタベリー地震によるビル倒壊を連想しまし

た。霞が関ビルは36階建てで、いわゆるノッポビルです。これはきっと真ん中から折れて崩れ落ちると思いました。私はとっさに持っていたショルダーバッグを、たすき掛けにしました。免許証、身分証明書の入ったカバンを身に着けていたら、倒壊したビル内で発見されても、身元確認が早いだろうと思ったからです。

そんなことを考えて震えているときに、ビルの放送が流れてきました。「コノビルハ、アンゼンデス。コノビルハアンゼンデス」。テープ音声でした。「誰が安全と確証できるのか」と多少憤りを感じました。3時過ぎには揺れもおさまったようでした。必死に机にしがみついていた人も、机の下にもぐっていた人も、それぞれ家族や大学に連絡を取ろうと携帯電話をかけ始めましたが、つながりません。私も広島女学院の秘書室にかけました。なぜか一回で電話がつながり秘書が出ました。広島ではまったくニュースを見ておらず、私が「大変なの」と言っても何のことか頓珍漢な会話になりました。すぐにインターネットでニュースを確認するように指示し、また電話は切らないようにとも指示しました。そして秘書は別の電話で、飛行機の手配をしてくれました。

私はその日は新幹線で広島に帰るつもりにしていたのですが、到底新幹線は動かないということは分かっていました。羽田からの飛行機なら帰れるかもしれないと思ったのです。幸い、羽田―広島間は夕方の便に空席があり、すぐ予約を入れて航空券を購入。大学の秘書室には副学長が待機し、私の動向を遠隔で誘導、確認してくれました。

結局、エレベーターは動かないまま、螺旋階段を35階から1階までぐるぐると下りました。文部科学省旧館の前でタクシーを待っている間、文部科学省の旧ビルの大きな重い木のドアが、自動ドアのようにフーッと異様な強い風に押されて開いたのを覚えています。

あきらめかけたころ、偶然タクシーが虎ノ門で止まり、乗客が降りました。そのタクシーに飛び乗り、熊本大学の谷口功学長と私の二人は羽田空港に向かいました。

高速道路の閉鎖にともなう大渋滞のため、3時間もかかって羽田空港に到着。すべての飛行機が欠航という中、関西空港行きだけが「搭乗手

続き中」と表示されていたので、カウンターに駆け寄り、広島行きの予約を関西空港に変更可能か問い合わせました。すぐさま航空会社のスタッフが、行き先変更手続きと座席の確保をしてくれました。

　結局、飛行機が飛んだのは夜の11時でしたが、何とか私は自宅のある宝塚まで、その日のうちに帰ることができたのでした。

「戦後の大学教育は失敗」

　それから、ただちに文部科学省は東北に向かっての調査、支援に奔走したのでした。そして1カ月後の4月11日に、中央教育審議会の大学分科会が再開されました。最初に安西祐一郎分科会会長が挨拶をされました。開口一番に「日本の戦後の教育は間違っておった」とおっしゃいました。

　「戦後60年の日本の大学教育は間違っていた」——。私はびっくりしました。慶応義塾大学塾長であった安西先生が、何回もそうおっしゃったのです。

　「旧帝大7校は、日本のすべての私立大学（約600校）の国の補助金と同等の補助金を受けている。それらの大学は、知識も技術も世界のトップである。しかしながら、それらの大学でリーダーシップを養うことを怠っていた。福島原子力発電所の事故が起こったとき、世界に誇れる最先端の知識と技術を担っている日本の科学者が結集してすぐさま福島に飛んだだろうか。いや何も行動をとらなかった。今、1カ月経って彼らはテレビ局やマスコミで東京電力や政府の批判をしている。

　もう一つの高等教育の失敗は、学生に考える力を培うことを怠っていたことだ。震災直後風評被害が蔓延したのはこのせいである。研究、探究する場である大学でちゃんと教育されていたら、人の噂に翻弄されることなく自分の考えを探究したであろうに、残念ながら、人の噂に国民全体がなびいた1カ月であった。今からの高等教育は、知識詰め込み一本ではなく、考える力をもっともっと養わなければならない」（筆者要約）と言われました。

そこにいた我々委員は、安西先生の言葉を重く受け止めました。そこからは、「教育改革元年」と言ってよいほど中央教育審議会は積極的に、スピーディーに物事を審議し、答申を出しています。私が中央教育審議会の委員になった当時は、「中教審は主体性がなく、文科省が決めたことをオーソライズするだけの組織だ」と言われたこともありました。実際のところは、私は知りませんが。
　現在の中教審は、本当に主体的に議論し、諮問に答えていると私は思っています。

少子化の中のグローバル教育

　さて、東日本大震災から3年経ちましたが、この間、文部科学省中教審大学分科会において中心的議論は、教育の質の向上とグローバル人材育成でした。島国日本では、大学受験年齢である18歳人口が激減していく中、海外に出て行く学生の数が2004年をピークに減ってきています。このままでいくと、大学生は消極的になり、外国と太刀打ちできない内向きの人材になってしまう。日本の企業は、今よりもさらに海外に進出する気運が増し、語学力のある人材、また異文化間での交渉力ある人材を必要としてくるのは明白です。
　ただ、今の学生が臆病で消極的になっていると言われていますが、現場で学生を見ていると、決してそうではありません。大学生が海外に出ることを阻止している理由が、彼らの気質とは別に存在しているのです。まず、大学生の就職活動は3年生の12月1日の企業説明会から始まります。3年生で留学すると就職の情報収集に遅れが出てしまい、4年生の5月に帰国するのであれば、希望する企業の新卒採用に間に合わず、1年延ばさなければならない状況にもなりかねないのです。教師になる学生たちに世界的な視野を広げて、グローバルな視野を持った子どもたちを育ててほしいと思っても、教職免許取得の科目や教育実習、介護の体験など4年生までの決まった時期に単位取得をしなければならない科目が多くあり、海外留学のために途中で抜けると、仲間よりお

くれを取ってしまうのが実態です。

　日本の学生たちは、規格外の人生を一人で歩むことを怖いと感じるような教育を受けてきたのです。マスでの教育で、自分の人生は自分で設計すればよいという考え方は教えられていなかったのではないでしょうか。1年就職が遅れても海外での体験の方が将来の自分にとってはプラスであり、若いときに自分に磨きをかけることができると考えるような若者は少なく、誰にも注目されない安全地帯にいることを好む若者が多いことは事実です。「人と同じがよい。人より目立ったら叩かれる。いやでも輪の中にいないと不安である」。こんな中で育った子どもたちに、急に規格にはまらない人生設計をしろと言っても、先が見えない人生に賭けるほどの勇気と力は、彼らには備わっていないのです。
　また、それに加えて経済的状況がさらに不安を煽ってしまっています。景気が悪化している中、海外に出るにおいては相当な出費になります。アメリカの大学の学費は年間200万円から300万円。交換留学や奨学金が取れて学費免除になったとしても、寮費と食費、保険、渡航費を合算すると1学期で最低100万円はかかります。今の若者に経済的補助と就職の見通しがない限り、将来の日本を背負う国際性豊かで交渉力につながる語学力を持つ学生を育てることは難しいでしょう。

　日本学生支援機構（JASSO）が学生に奨学金を出しています。これは2004年までは日本育英会といわれていた団体と、他の財団法人が統合されてできた機構です。第一種奨学金は成績優秀者（成績が5段階評価平均3.5以上）であれば無利子で月額4万5000円から6万5000円まで借りることができます。また第二種奨学金は、成績の制限は少なく、在学中は無利子で、卒業後の返済には3％の利子が付きます。貸与の枠も3万円から12万円と大きな幅があります。
　留学もこの奨学金を当てにして計画することも多いのですが、第一種奨学金の場合、月6万4000円を48ヵ月（4年間）借りて、総額307万2000円の借金を背負って卒業することになります。第二種だと3％の

利子がつきますから、月5万円借りても一種と同じ金額の総額307万2000円の返済額です。就職してもしなくても、卒業後18年間でこの奨学金（借金）を返済していかなければならないのです。やはり学生にとっては厳しい人生設計になってしまいます。

文科省のグローバル予算

　文部科学省は本気でグローバル改革を推進しています。その改革のために多額の国家予算を投じ、やる気のある大学の力を結集して、戦後の教育の失敗を取り戻そうとしているのです。平成26年度文部科学関係予算は文教関連で4兆964億円です。これは、総理大臣の下に設置された教育再生実行会議の提言に基づき、日本の教育を世界のトップレベルにするための学力向上、日本人としてのアイデンティティーを保つための歴史や文化の教育、規範意識の育成などに重点配分されています。もう一つの重点項目は、グローバル人材育成であり、「未来への飛躍を実現する人材の養成」です。これまでに、文部科学省はグローバル化を推進するために、毎年大きな特別補助選定をしてきました。以下、事業ごとに説明します。

2010年度　グローバル30補助事業（国際化拠点整備事業）総額（40億8100万円）

　2010年度に「グローバル30」の大学選定をし、補助事業を立ち上げました。これは、2020年を目標に30万人の留学生の受け入れを目指す「留学生30万人計画」が2008年7月29日に策定されたのを受けての補助事業です。12校程度を目標としていましたが、結局は東北大学、筑波大学、東京大学、名古屋大学、京都大学、大阪大学、九州大学、慶應大学、上智大学、明治大学、早稲田大学、同志社大学そして立命館大学の13校となりました。

　まずは経営的に安定した13の大学により「国際化拠点整備」を推進することが最優先課題となったのです。具体的には、留学生を受け入れ

やすくするために英語での授業を増やすこと、海外の学生と日本の学生が切磋琢磨するキャンパスの環境整備をすることが主たる目的でした。

　その結果、各大学独自の留学生増加計画はもちろんのこと、13の大学が海外大学共同利用事務所を置いたことで、日本の国際化拠点を世界各地に増やすことができました。東北大学はロシア（モスクワ大学）に、筑波大学はチュニジアに、東京大学はインド（バンガロール）、明治大学は北京サテライトオフィス、名古屋大学はウズベキスタン（タシケント）、ベトナム、モンゴル、カンボジア、早稲田大学はドイツのボンオフィス、京都大学はベトナム国家大学（ハノイ）、同志社大学はマレーシア、アメリカ、イギリス、台湾、ベトナム、上海、北京、韓国、トルコにサテライトオフィス、立命館大学はインド（ニューデリー）、九州大学はエジプト（カイロ）に設置しました。

　過去にももちろん、日本の大学は留学生を受け入れてきましたが、実態は日本語の授業が理解できないと入学できない状況でした。このため、日本に来て、日本語専門学校に入学し、大学受験をするための日本語を学ぶこと（就学）が必要でした。外国人学生に課せられた日本語検定1級を取得するための勉強に平均2年をかけて、ようやく留学（大学進学）が可能となったのです。しかし、この「グローバル30」に選定された大学の多くは「英語学位コース」を新設、または「英語による授業科目」を増やし、海外からの留学生にとって直接学びやすい環境をつくることができました。欧州、アメリカ、アジアの学生たちが、日本の学生と一緒に英語で授業を受け卒業できるというシステムをつくっていったのです。各大学は、この補助金で外国人留学生のための寮（宿舎）も大幅に準備しました。またすべての大学が海外連携プログラム、長期・短期グローバルプログラムをつくり、日本人学生のグローバル化も推進しています。これこそ、文部科学省が狙っていたグローバル環境づくりです。

　しかし、問題点は日本人学生の英語力であることが顕著に表れてきました。日本国内で外国の学生と一緒に英語で授業を受けられるだけの英

語力を持った学生がそれほど多くはなかったのです。

　英語で行う授業は留学生ばかりになり、また寮も留学生が孤立する場所になっていった大学も少なくありませんでした。

2010年度　日中韓等の大学間交流を通じた高度専門職業人育成事業
　この補助金はアジアの中でも中国、韓国の大学と連携し、それらの国の大学生を日本に受け入れ、産業界との連携の下、日本人学生とともに学び、共通して成長できる領域で実践的教育をすることを目的とした事業に対するものでした。これには6大学が選定され、基本5年間継続の年間約1億円の補助でした。

　選定された大学は、千葉大学、東京海洋大学、富山大学、金沢大学、長崎大学、中央大学であり、先の「グローバル30」の選定大学は入っていません。この事業は高度専門職業人育成プロジェクトであったため、かなり専門性のある企画です。千葉大学は「植物環境デザイニングプログラム」、東京海洋大学は「海洋における日中韓高度専門職業人育成事業」、富山大学は「和漢薬領域を基盤とした高度職業人育成事業」、金沢大学は「環境・エコ技術特別コースによる環境教育」、長崎大学は「日中韓の大学間連携による水環境技術者育成」、また中央大学は「国際水環境工学人材育成プログラム」と、企業と連携した専門職業人の育成です。

2012年度　グローバル人材育成推進事業
　これは、総補助予算50億円、Aタイプ11大学とBタイプ31大学の計42大学に対する事業補助です。
　Aタイプの11大学は、すでに推進型の取り組みとしてグローバル教育を積極的に取り入れており、他大学へのグローバル化のモデルとなれるこれら11大学のさらなる体制整備推進事業に対する重点的財政支援となりました。
　Bタイプの31大学には、全学的ではないが、学部、研究科での特定型で、今後大学全体の国際化を牽引する取り組みのある大学が選定され

ました。Aタイプは総額19億9500万円、Bタイプは1億2000万円を最大5年間継続支援が行われる予定です。

Aタイプには、北海道大学、東北大学、千葉大学、お茶の水女子大学、国際教養大学、国際基督教大学、中央大学、早稲田大学、同志社大学、関西学院大学、立命館アジア太平洋大学の11校。

Bタイプには、筑波大学、埼玉大学、東京医科歯科大学、東京工業大学、一橋大学、東京海洋大学、新潟大学、福井大学、神戸大学、鳥取大学、山口大学、九州大学、長崎大学、愛知県立大学、山口県立大学、北九州市立大学、共愛学園前橋国際大学、神田外語大学、亜細亜大学、杏林大学、芝浦工業大学、上智大学、昭和女子大学、東洋大学、法政大学、武蔵野美術大学、明治大学、創価大学、愛知大学、京都産業大学、立命館大学の31校です。これらの選定校は、これから文部科学省と連携して日本のグローバル化を担う大学となることを期待されます。下線を引いている大学はグローバル30の選定校です(次項目の下線も同じ)。

つまり、すでにグローバル30に選定され、その補助金による拠点づくりと環境づくりが実績としてあった大学です。

2013年度　大学の世界展開力強化事業

これは東南アジア教育大臣機構（SEAMEO）との共同高等教育連携プログラムです。ASEAN地域の6カ国（マレーシア、インドネシア、タイ、フィリピン、ベトナム、ブルネイ）に日本が入ってアジアの大学間コンソーシアム（複数の大学による共同事業のための組織）による学生移動推進連携事業に文部科学省が補助金を出したわけです。選定大学は7大学。3大学連携の形で北海道大学（東京大学、酪農学園大学と連携）、東京農工大学、（茨城大学、首都大学東京と連携）、単独では筑波大学、広島大学、上智大学、早稲田大学、立命館大学。この補助金はそれぞれ年間平均6000万円の最大5年間です。

また、ショートステイ、ショートビジットという短期、中期の海外留学と海外からの学生を招聘する際の補助金（平均一人当たり8万円）制度が2011年から始まりました。これに関する2014年度の予算は86

億円で昨年度比で34億円増です。

　2012年度からは、文部科学省の補助が取れる学生に対して英語力が条件として付加されました。英検2級、またはTOEIC450点以上、あるいはGPA（Grade Point Average）の点数が大学の設定する特定の基準をクリアしていることがその条件です。

　これだけの補助事業に日本の大学はそれぞれ将来の存亡をかけて申請しているというわけです。説明会には毎回数百人の大学関係者が各地の大学から集まります。これらの大学の中で、上智大学、早稲田大学、立命館大学、筑波大学はグローバル30から連続三つの補助事業に選定され続け、さらに実績を積み上げているグローバル大学です。2014年度は、さらなる大きなグローバル展開に対しての財政的補助金が予定されています。

2014年度　スーパーグローバル大学事業　99億円（新規）
　この事業はトップ型10大学とグローバル化牽引型20大学の全国30校限定の補助金で、99億円を30校に補助するという計画です。文部科学省は世界レベル100位に入る教育研究レベルを誇る大学を財政的に後押しするのです。日本の高い大学教育レベルを世界に示し国力をアップすることが目的です。

　これらの財政的支援が何を物語るのかは皆さん容易に想像がつくのではないでしょうか。
　約800校ある日本の4年制大学の中で、この劇的な少子化時代を目前に財政的に自立存続できる大学はほとんどありません。国の補助を受ける資格のある大学は、大学経営の在り方を根本的に見直した大学に限られます。経営の責任を担う理事会と、教学の責任を持つ学長が一つになり、職員スタッフと強く協働する体制が確立しなければなりません。教員は大学経営を経営陣に任せ、教育・研究に専念することによって教育の質を上げることを担うのです。学長の下に経営企画力の優れた専門

スタッフを置き、文部科学省の動き、世界の動向にアンテナを張り巡らし、大学の将来像を明確に打ち出せる大学こそが、これからさらに国の補助金を活用し発展成長していくことでしょう。

小学校、中学校、高等学校におけるグローバル改革
　2020年の東京オリンピック開催が決定しました。そのために、あと6年で日本の子どもたちが外国から来るお客様に「お・も・て・な・し」を英語でできる日本にしたいという方針を文科省は出しました。小・中・高等学校の子どもたちが英語でコミュニケーションを取れるように育成する壮大なものです。多額の予算を計上して、子どもの英語力を高める教育を2014年度より始めます。

・初等中等教育段階におけるグローバル人材の育成　16億7070万円
　（14億8000万円増）
・グローバル化に対応した英語教育改革実施計画　17億円（新設）

　まず、小学校における改革ですが、中学年でコミュニケーション能力の素地を養うために「活動型英語教育」を週1〜2コマ追加します。これは原則学級担任が担当します。高学年になると、「教科型英語教育」で、英語指導力を備えた学級担任と教科教員で当たるということです。この活動型と教科型の違いは、教科型になると他の教科と同様、成績評価が必要となります。今から急いでテープ教材やビデオ教材、教科書などの開発がなされていくことでしょう。
　小学校の先生たちは、中学・高等学校のように専門教科教員ではなく、担任がすべての教科を担当するのですが、今後、英語もその教科の中に入ってきます。しかし、現在英語が小学校の総合教科には入っていないため、現役の小学校の先生たちは、子どもに英語を教える教授法を教わっていません。今回のこの決定によって、小学校の先生たちには相当なプレッシャーがかかっているはずです。自信のない先生が教える英語が小学生によい影響を与えるかどうかが疑問です。これを解決するた

めには、現役の小学校の先生たちの英語指導力強化プログラムが待ったなしの急務であると思います。

　また、中学・高等学校の英語科教員を対象に、2014年度より英語力向上が要求されます。基本的に、英検準1級またはTOEFL iBT80点程度以上の英語力を確保しなければならなくなります。これも、現役の英語科教員にとっては、かなりのプレッシャーです。しかし、先生たちにこれくらいの英語力がなければ、英語検定2級から準1級を目標設定している生徒たちの英語教育を任すことはできません。ですので、中高の教職免許を出している大学での教育内容の強化や、採用試験では英検準1級以上を持っていないと採用しないというくらいの厳しい制限を課すことも場合によっては必要でしょう。このために、67県市に対し文部科学省は2014年度より、英語教育強化地域拠点事業、英語担当教員の指導力向上事業に対する補助金を予算化しています。これにも大きく期待したいものです。

　文部科学省が理想としている英語教育の成果は、小学校中学年では「コミュニケーション能力の素地を養う」、高学年では「初歩的な英語の運用能力を養う」（文部科学省HPより）です。

　言葉でいうのは簡単ですが、まず現場の教員に対して、何をもってコミュニケーション能力というのか、また初歩的英語運用能力とは何を意味するのかを解説しなければなりません。何よりも、日本語のコミュニケーションがまだできない生徒、つまり初歩的な日本語運用能力がまだ養われていない生徒もいるわけですから、現場の先生たちにとっては、まったく異なる言語教育での目標を掲げられても矛盾を感じるところでしょう。

　中学、高校の教科担当者にもかなりのプレッシャーがかかってきます。「英語の授業を英語で行うことを基本とし、身近な話題についての理解や簡単な情報交換、表現ができるようにする。また高校では幅広い話題に抽象的な内容を理解できること。英語話者と流暢にやりとりができるように」（文部科学省HPより）。これも小学校と同じで、幅広い話題や抽象的な内容そのものを日本語で理解できる生徒の割合がどれく

らいあるか、また英語で流暢に話すといっても話す内容を日本語でも持っているかなど、懸念材料はたくさんあります。

国語教科の強化

そこで、文部科学省は並行して国語の重点教育を提示しています。具体的には国語科の授業時間が小学校で 84 時間増になり、中学校では 35 時間増になります（2013 年度より）。その内容は、「古典に関する指導の重視、文学教材の充実、言語活動の充実」です。言語活動の充実では、小中高すべてで、国語のみならず全教科で、説明、論述、討論を取り入れた指導になります。思考力は基盤言語のレベルアップが必要です。コミュニケーションを上手にとれるのも、周りの空気を読み取り、自分の意見をしっかりと構築できていなければ、一方通行で、勝手なおしゃべりになってしまいます。

この国語教育の強化は、この改革をどのように現場実践していくかにかかっています。

それに加えて、日本人としてのアイデンティティーを持たせるために、伝統文化、歴史の授業が増えます。伝統文化としては、「そろばん、和装、和楽器、美術文化の充実と武道の必修化」、また歴史学習は、小学校では文化遺産の学習が新設され、中学校では授業時間数が 1 年間に合計 30 時間になります。

これらはすべて、世界に通用する日本人であってほしいという国の願いと希望の表れです。自分の国をしっかりと理解し、外国から来る人にも、また海外に行ったときにもそれを英語で語れる日本人。10 年、20 年先の日本を背負って立つグローバルな日本人を育てるために、教育改革の一環として英語教育改革を行うのです。

でも、果たして日本がスイスのようになる必要があるのだろうかと思ってしまいます。つまり、国民全員が英語を話さなければならないのでしょうか。国際会議に出ると、もちろんアジア人であろうと、ヨーロッパ人であろうとみんな英語がしゃべれて、それで研究発表をしてい

ます。でも、国民全体の英語力が国の力と比例するのであろうかと疑問に思います。今でもついていけなく落ちこぼれてしまう生徒たちが多く、現場の先生たちが必死に教えている姿を見ていると、先生たちの負担が大きくなり過ぎないだろうかと心配です。また、英語、国語、歴史と授業数が増える中で、生徒たちにそれを受け止める余裕があるだろうかと、これまた心配です。このギャップをつなぎ、支える何かが必要でしょう。

スーパーグローバルハイスクール　8億651万円（新規）
　グローバル化の波は、大学だけでなく、高校にも波及してきています。高校生の留学を推進し、また、高校に対しては海外の高校と連携校をつくるようにとの指導が都道府県の教育委員会から出されています。もちろん、高校レベルは文部科学省が直轄ではなく、都道府県の管轄であり、グローバル化は地方自治体の大きな戦略となっています。
　2014年にはスーパーグローバルハイスクール50校に補助金を支給します。これは、高校の段階から語学力のあるグローバル人材を養成しようという試みです。

ESDを通じたグローバル人材育成
　持続可能な開発のための教育（ESD）を通じたグローバル人材の育成に10億4300万円（新規）。ESDに関するユネスコ世界会議の開催に9億7400万円（新規）。そしてESD推進のためのコンソーシアムの形成に6900万円（新規）が計上されています。

国際バカロレアの推進
　文部科学省は、国際バカロレアの国内認定校を5年後には200校に増やす予定です。
　そのため2014年度では「日本語DP」開発および導入につながる経費が7200万円用意されています。これに関しては、本書の第4章で詳しく述べられているので、そちらに譲りますが、これを見ても文部科学

省は本気でグローバル改革を推進していることが理解できます。

日本の英語教育でバイリンガルになれるか

　文部科学省は「未来への飛躍を実現する人材の養成」に対して2014年度は、今までに述べたように357億円の予算を要求しました。
　しかし、私は日本で英語を教えてきた経験から、授業の数の増加や、小学3年生から英語の教科を数時間増やすことでは、決して英語を生きた道具とする領域まで習得することはできないと思っています。

　かつて、私は子どもたちに英語を習得させるため、長女には高校2年生から2年間、ニュージーランドの公立高校に留学させ、次女は小学3年生の秋から中学1年生まで、日本にあるインターナショナルスクールに入れました。そのかいがあってか二人とも、生活に必要な英語力は身に付けることができています。しかし、かなりの出費がありました。長女はニュージーランドの公立高校の学費（ニュージーランドの市民権を持っている子どもは無料ですが、外国人には学費が課せられました）とホームステイ先に支払う生活費、食費とお小遣い、それに飛行機代で年間200万円以上が必要でした。次女もインターナショナルスクールでは学費が年間150万円ほどかかり、ダブルインカムでないと、一般のサラリーマン家庭では、相当な家計負担です。

　では、どうすれば日本に居ながら、日本語と英語の二つの言語を駆使できる人を育てることができるでしょうか。英語に侵食されて日本語文化をなくしていくのではなく、日本人としての伝統と文化を身に付けながら、世界で通用する人材（財）を育成する方法が必要だと私は考えています。そのためには小さいときから言語文化を自然に身に付ける手法を模索しなければなりません。
　たとえば、スイスの鉄道の車掌さんがジュネーブを出発したときは英語で案内をし、そして徐々にチューリッヒに近づくにつれドイツ語にな

る、あの語学感覚を身に付けるには、どうしたらいいのでしょう。

私の英語習得

　私は 1959 年 12 月、小学 4 年生のとき、父の転勤でアメリカ・テキサス州ヒューストンに移り住み、アメリカの小学校で 6 年生を終えて 1962 年 6 月に帰国しました。父は小児科医であり、ヒューストンにある小児専門病院 MD Anderson Hospital で小児白血病の研究をしていました。就任して 2 年後に永住するつもりで我々家族全員を呼び寄せました。そのため、私たち子ども 3 人はまったく日本語の補習などは受けておらず、両親は子どもたちがアメリカに順応すること、英語に早く慣れることに精力を傾けてくれました。
　そのおかげで、自分の体験を通して、子どもが英語環境に投げ込まれると、どのように言語習得をするのかが理解できたのです。私と兄弟はヒューストンに着いた次の日に、地元の小学校に連れて行かれました。その日は校長との挨拶だけのつもりだったのですが、先生は「子どもたちを置いていきなさい。また 3 時に迎えに来ればいいですよ」と両親に言って、2 年生、4 年生、5 年生の 3 人をそれぞれの教室に連れて行きました。
　まさに大海に、兄弟別々に投げ込まれたのです。お昼休みに廊下で兄とすれ違ったときに救いを求めたい気持ちでしたが、それぞれ何も言えず通り過ぎたことを覚えています。
　その後、1 カ月間は、教室のうしろの机で絵を好きに描かされていました。やがて、自分の席が決められ、隣に勉強のできる世話役が座ってくれました。彼女の名前はネネットといい、ユダヤ系アメリカ人でした。白人の学校に編入学したのですが、白人の中では、キリスト教、ユダヤ教とはっきり分かれていました。経済的に豊かなユダヤ教徒は、同じ地域に住んでいました。そしてほとんどの家には、黒人のメイドさんがいました。
　当時のヒューストンは、黒人に対する人種差別の激しい町で、白人と

黒人は別々の学校に通っていました。デパートでもトイレは黒人用と白人用とに分かれていました。この状況がマーティン・ルーサー・キング・ジュニア牧師の出現によって変わってくるわけです。

　日本人は白人の部類に入っていましたが、学校の帰り道には「ジャップ、ジャップ」と指さされたときもありました。それでも、「チャイニーズ？」と言われると、私の愛国心は刺激され、「ノー、I am Japanese!」と言い返したものでした。

　ヒューストンは、テキサス州の南部、メキシコ湾に近いところに位置しています。今では宇宙センターNASAのある町として有名ですが、1959年には宇宙開発施設は何もなく、NASAのあるところは、バイユーという小さな川が流れており、そこには何と小さなワニが生息していたような田舎の荒野。まるでトム・ソーヤの冒険に出てくる川のようでした。

　日本人であることの誇り、愛国心はアメリカ人の持っている愛国心と同じくらい私の中に膨らんでいきました。1960年代のアメリカの小学校の始業時には、教室の隅に掲げてある星条旗に向かって全員が立ち、手の平を胸に当て、国歌を歌い、国への誓約を唱え、キリスト教の「主の祈り」を全員で声を揃えて唱えたものでした。

　愛国心と言えば、音楽の時間に各国の国歌を学んでいたとき、横にいたブルースという男の子が急に立ち上がり、音楽が終わるまで胸に手を当てて直立不動で立っていました。それはイギリスの国家が流れていた間です。その子がイギリス人であったことがそのことで分かったのです。日本の場合、国旗、国歌論争がありますが、そんな政治的な話は別として、アメリカでの経験で、幼い私は自分の国というものに誇りを持つことが身に付いていったのです。

　私自身、アメリカで約3年間小学校教育を受け、そこで英語の感性を身に付けることができましたが、この3年間は日本人としての教育はまったくの空白状態でした。たった3年間ですが、重要な母語基礎力の蓄積の時期を逃したということは、その後の人生に大きなコンプ

レックスを残したと言っても過言ではありません。「帰国生」という言葉がない50年前は、今ある日本人の子どものための日本人学校も土曜学校もない時代でした。そこで永住するつもりであった両親は、生活の基盤となる言語文化に馴染ますことを主と考え、日本語のサポートはしませんでした。それが突然、中学1年生のとき帰国することになったのです。

日本の本を小学4年生からまったく読んでいなかった私は非常に困りました。

なぜなら、国語力がないことは、国語の点が取れないだけでなく、社会の教科書が読めない。また数学の応用問題ができないことを意味していたからです。身に付いている文化も完全な日本人とは言えないものになっていました。周りの人にとって、中1のときに当たり前のことが、私にとっては異文化であったため、戸惑うばかり。複雑な思考は日本語ではできない状況でした。日本の感性を取り戻すというより、新たに身に付ける時間が必要でした。中学1年生で、4年生からの漢字を急速に習得しなければなりませんでした。

英語だけは誰よりも負けないと自信があったのに、高校になるまで学年でトップを取ることはできませんでした。なぜなら文法を習得してから英語を組み立てる作業をしていなかったからです。また、日本の英語教育は、入試問題も模擬テストも模範解答と同一でなければならず、他の言い回しをするとバツがついてしまうといった状況でした。

キューバ危機

1962年はキューバ危機があり、メキシコ湾に近いヒューストンでは、毎日のように避難訓練が行われました。1962年10月にソ連製の準中距離弾道ミサイル（MRBM）1機と中距離弾道ミサイル（IRBM）3機がキューバに配備されたことを察知したケネディ大統領は、10月22日に全米にそのことを発表しました。そのときから、世界全体は第3次世界大戦勃発の危機を、特にメキシコ湾に面しているテキサス州では感

じたわけです。危機は10月14日のミサイル発見からソ連のニキータ・フルシチョフ首相がミサイル撤去を発表する28日まで続きました。そんな中での避難訓練です。今から思えば核の恐ろしさを知らない人たちの考えた訓練であったと思いますが、小学生の私たちには何のことかまったく分からないまま先生の指示に従っていました。

　授業をしているとき、急にベルが鳴ります。すると、まず机の下にそれぞれ潜り込み、左手で右手の手首をつかみ、One thousand one, one thousand two と10秒間数える。子どもたちをパニック状態にさせずに誘導するためであったのでしょう。その後、先生の指示で教室の廊下に並び、各クラス一列になり外に出ました。子どもたちにとっては楽しい防災訓練であったのですが、今から考えると、シェルターに入るわけでもなく、核に対する知識もないままの避難訓練でした。

弟の大統領選挙活動

　キューバ危機を乗り越えるにあたって、ジョン・F・ケネディ大統領とフルシチョフ首相の水面下の交渉があったことは言うまでもありません。話はキューバ危機の2年前に遡ります。民主党のジョン・F・ケネディと共和党のリチャード・ニクソン（当時の副大統領）との激烈な大統領選挙が行われました。

　さて、当時私たち家族はアメリカに移住して1年経っていました。私には2歳年下の弟がいます。彼がアメリカに行ったのは小学校の2年生で、兄弟の中で一番英語の上達が早かったと思います。ある日、小脇に紙の束を抱えて学校から帰ってきました。学校のカバンを放り投げて、その紙の束を持って外に駆け出しました。「Vote for Nixon!!!」と叫びながら友達と一緒にそのビラを配るというのです。何と選挙運動に小学生の弟が駆り出されていたのです。

　1年目の滞在が終わったころ、弟は何不自由なく同級生とコミュニケーションが取れていました。学校では普通に英語で生活をしていたのです。ところが、日本に帰ってきてから彼は英語が大嫌いな人間になっ

たのです。帰国した学年が小学5年生。すでに国語教育（漢字など）はかなりのおくれを取っていました。彼は英語に触れることなく2年間近く過ごし、中学校に入って英語が始まることを心待ちにしていました。でも彼が触れた英語は「日本語英語」であり、発音のよい弟は異端視されてしまったのです。

　中学1年生の英語の時間に数え方を習っていました。席の順番に当てられ、「21」という数字のときに彼の番になりました。すかさず「トゥエニーワン」と言いました。日本人の先生は、「それは違います。ツエンティー・ワンと読みましょう」と訂正したのです。幼い弟は自分の話す英語と日本で教わる英語とはまったく異なるものであって、自分の英語は日本では通用しないと感じたのでしょう。それ以来英語嫌いになり、英語を自ら発することはなくなりました。残念ながら、大人になった今でも、兄弟の中で弟だけは英語は聞けても自分から発することはしません。

　日本の小学校での英語教育が義務教育化する施策の中で、担任の教員が教える英語に抵抗を感じる子どもが出ないだろうか。また、英語好き人間になる子どももいる反面、幼い段階で英語嫌いが出てこないだろうか。とても心配するところです。

生活文化と英語

　また、文化の中の英語教育ですが、同じ英語でも、生活文化の中でそれぞれ微妙に使い方が異なるときがあります。世界共通語を学ぶということは、異文化の他者を理解することです。

　かつて1880年代にラザロ・ルドヴィコ・ザメンホフ氏によって人工言語エスペラントが開発されました。しかし、言葉というものは、学問的に、また機械的につくられるものではなく、生活文化の中で生まれてくるもので、その文化との接触なしに、言語を操ることはある意味不可能です。エスペラントはその後、世界に広がることがありませんでした。

裁判所と英語

　私は裁判所で法廷通訳という仕事に1982年より30年近く従事してきました。法廷通訳は、日本で事件にかかわり起訴された被告人と、裁判官、検察官、弁護人、証人との間のコミュニケーション媒体です。通訳言語は英語と日本語。アメリカで3年間育った私にとっては、アメリカ英語は自然に耳に入ってきますが、裁判で通訳をする被告人は大半がアメリカ人ではありませんでした。法廷で飛び交う英語は、私にとって独特の発音です。

　一度ジャマイカ人の通訳をしたことがあります。ジャマイカは英語が公用語であると言いますが、実際はイギリスの旧植民地であった名残と、アメリカのポップカルチャーの影響で、アメリカ英語とイギリス英語の融合言語であると言われています。また、身分の違いによって発音も異なり、階級がはっきりと認識できるような言語（英語）でもあります。独自の簡素化された文法もあります。

　また、私が裁判で接した東南アジアのある国の女性は、母語以外に英語を生活言語としているものの、外国語として文法を教えられたわけではなく、生活する上で習得した言葉を使っていました。ですから、弁護士と一緒に拘置所に接見に行き細かい事情を聞く際に、理路整然と英文法に則った翻訳をすると混乱しました。

　「逮捕された5月4日の時点で、パスポートを所持していなかったら、警察に通報されて逮捕されるということを知っていましたか？」という質問を、
"At the time of your arrest on May the 4th, did you know that you would be reported to the police and be arrested, if you did not possess your passport?" と一文にして訳したら、相手はきょとんとしてしまいます。

　質問：You were arrested on May the 4th, weren't you?
　答え：Yes.

質問：At that time, did you know?
答え：What?
質問：If you don't have your passport with you, you will be reported and arrested.
答え：No, I didn't. I know now but not then.

　この会話では、「逮捕された今は知っているけれど、その当時は知らなかった」という答えを導き出す問答ですが、文法をまったく無視したやりとりです。
　コミュニケーションとはこういうものです。中学校英語の目標となる「簡単なコミュニケーション能力を養う」というのは何を意味していて何を目標とするのか、通訳現場でのコミュニケーションに苦労し続けた私には簡単に答えを出すことはできません。

異なるイントネーションと発音

　香港の英語、シンガポールの英語、インドの英語、イギリス人の英語、それぞれ独特の訛りと言語的文化があります。これらすべてに精通することはまず不可能でしょう。しかし、分からないから通訳しないということは、法廷という場である以上できません。何とかして聞き取ろうと努力し、また確認しながらすべてを言語変換しなければならないのです。
　あるとき、アフリカ人の事件の通訳に入りました。「強姦未遂事件」でしたが、被告人は被害者と合意の下であったと主張したため、否認事件として裁判は長期戦となりました。また被告人は裁判中、拘置所の一人部屋に収監されました。半年ほど経って体重が半分ほどになり、被害妄想、拘禁症と診断されました。弁護側は途中で精神鑑定を要求し、その申し出は受理されたのですが、結果は責任能力があるという鑑定で、裁判は続行しました。
　私は拘置所に弁護人の接見に通訳として同行。接見を重ねていくうち、被告人は自分が拘置所で殺されると弁護人に主張し始めました。

まず、白い粉が自分の部屋にまかれており、それがポイズンであると主張（通訳人の内なるつぶやき：拘置所の隣に製紙会社があり、そこの細かい埃が部屋に入ったのであろう）。

次に食事に毒が盛られていると主張。ご飯は白いものであるのに、茶色く色がついており、臭いものがご飯に混ざっているという（通訳人のつぶやき：秋であったので、五目飯であったのでは）。それから、毎晩、決まった時間に房の小さな扉が開き、電気銃で自分は撃たれる（通訳人のつぶやき：夜の見回りの小さな懐中電灯であろう）。このように語り続ける被告人の通訳をしていると、被告人の「自分は殺されかけている」という主張が通訳人の先入観をつくり上げてしまったことがあります。

次に被告人は、房の床に電気が走っていて、ベッドのスチールも電気が伝わっていると言いました。そのときに使ったのが「アイ フィール ホットボン」という英語です。とっさに私の頭に英語の綴りが出ました。"I feel hot-bone." つまり「私は骨が熱く感じる」と予測したのです、私は被告人が電流で感電させられていると理解しました。しかし、プロとしての自分が、その不確かな先入観による誘導を止めたのでした。とっさに「私はホットボンを感じます」と訳しました。速記官が「え？」と私を見ましたが、「そのまま置いてください」と言いました。

被告人の陳述が終わり、裁判官が質問する手続きがあるのですが、一人の裁判官が「先ほどホットボンと言ったけど、どういう綴りですか」と聞きました。通訳人の私は「How do you spell ホットボン？」と通訳しました。被告人は "H・E・A・R・T・B・U・R・N" と答えました（通訳人のつぶやき：え、それって「胸やけ」。よくぞ「骨が熱くなる」と訳さず、そのまま音声で記録してもらったものだ）。この裁判官と通訳人の連係プレイに、私は救われた思いで胸を撫で下ろしました。

後日、世界 YMCA 同盟の会議で彼と同じ国からの参加者に HEART BURN と紙に書いて見せ、読んでもらいました。するとやはり「ホットボン」と発音しました。それぞれの国でお国訛りがあることを理解しておかなければ大きな間違いを犯すところでした。このように、それぞれの国によって発音が異なるということを理解する必要はあります。

ある高校の校長が、「ALT（Assistant Language Teacher）として来てもらう外国人に、アフリカ、インド、シンガポールと異なるアクセントを持った人に来てもらい、生徒たちに英語がマルティプルカルチャーにおけるグローバル言語であることを理解してもらえたらよい」という発言をされましたが、私は反対です。子どもたちが吸い取り紙のように感性の強いときに、標準語的なきれいな英語を聞かせてあげたいと思うからです。我々通訳の訓練をするときは、オーソドックスなBBC（英国国営放送）を聞き取る訓練をします。CNN（アメリカのケーブルテレビ向けニュース専門局）が聞き取れてもBBCが聞き取れなければ通訳はできません。外国人のタレントさんが関西弁や東北弁で話をしてウケるのと目的が違います。将来は公式な国際的場面で交渉にあたる人材を養成するための英語教育を考えたいと思います。

通訳の等価性

　この「等価性」という言葉は翻訳学、通訳学においては大切なキーワードです。単語や言い回しをそのまま訳しても、その言葉が持っている文化を背景とした意味は通じないということです。

　たとえば、「寝耳に水」と聞いて"putting a drop of water in the ear, while sleeping."と訳す人はいないでしょう。「寝耳に水」を広辞苑で引くと「不意の出来事に驚く」と書いてあります。また英語の表現でいえば"a box on the ear."と言います。でも、すべての英語話者に、この表現が分かるわけではありません。そこで、その言葉が示す抽象的概念、あるいは状況を表す作業をする必要があるのです。通訳作業というのは、一度自分の中で言葉を飲み込み、咀嚼して、そして通訳する言語で一番理解しやすい表現を即時に見つけ出すのです。"a sudden unexpected surprising information"とでも訳しましょうか。

　また、アメリカの方言にkick the bucketという表現があります。

　　He was so miserable that he went into the attic and
　　<u>kicked the bucket.</u>

これを「彼はとてもみじめになり、屋根裏部屋に入りバケツを蹴った」と訳したら、まったく意味が通じません。正解は「屋根裏部屋に入り自ら死を選んだ」という意味になります。
kick the bucket＝die。それぞれの地域文化の中から生まれた言葉は、生きた言葉です。教科書を丸暗記する作業では得られない、感覚としての言語習得が必要です。

一単語多義性

裁判所で若いマレーシア人の通訳に入ったことがあります。この女性は「窃盗罪」の容疑での裁判でした。まず、なぜマレーシア人で英語の通訳がつくのか疑問でしたので裁判所に尋ねると、マレーシアで英語と中国語、マレー語の通訳をしていたということで、英語は堪能ということでした。

起訴状には「デパートの地下のパン屋でパンを万引きした」（筆者要約）と記述してありました。この女性はマレーシアに進出した日本のゼネコン会社の通訳をしていて、そこの技師と恋愛をし、結婚。日本に来て社宅に住み、夫は仕事で現場に行けば長く帰ってこない。日本語が話せないため、近所の人とも交流がない。夫からの生活費は少ない。そんな中で、長男が生まれ、その子だけが彼女の心の支えとなったのでした。そして、スーパーではお金がないため赤ちゃんのものを何回も万引きして捕まり、今回はパンを盗って、とうとう逮捕され起訴されたのでした。

被告人質問で、弁護人が「どうしてパンを盗ったのかね？」と聞きました。

質問：Why did you take the bread?

答え：Because it was interesting.

このまま「だって、おもしろかったから」と訳しそうになって、私はびっくりしました。自分に不利になる証言を被告人がこの場でするだろうかと思ったからです。そして裁判官に interesting という言葉にはい

ろんな意味がありますので、再度聞いてみてくださいとお願いしました。
　状況の説明を裁判官に促された彼女は次のような説明を始めました。
　"The bread in Malaysia is plain. But in Japan the bread has various shapes, such as a crab and Pikachu. So it was interesting."
「マレーシアのパンは単純だけれど、日本のパンはいろんな形がある、蟹やらピカチューやら。だからとても興味をそそった」という意味でした。
　おっと危ない。interesting の主語 it が何であるかによって、「(盗る行為が) おもしろい」のか「(パンが) 興味をそそる」のかで違いが生じ、その訳の違いによって、被告人は不利にも有利にもなるのです。
　通訳をするということは、ただ単語を置き換えるだけでなく、状況を判断し、「意味の等価」を意識しなければならないのです。ここにも、単語を丸ごと覚えるのではなく、思考作業の中で引っ張り出せる貯蔵庫を脳の中につくっておく必要があるのです。

日本の英語丸暗記法

　日本の英語学習の中で、私も単語帳を丸暗記して語彙を増やしていったように思います。特に、学期末試験では、習った単元に出てくる単語に、その単元で出てくる意味を横に書き必死で覚えた記憶があります。しかし、そうやって覚えた単語は、試験が終わるとすぐに忘れてしまっています。それはその単語の持つ状況、環境を立体的に理解して習得するのではなく、暗記するだけの作業に終始しているからです。
　人間の短期メモリーは長くて 10 秒だと言われています。これを中期メモリーに置き換えて貯蔵するには、「反復」か「他のものとの連想」が必要です。
　たとえば、生年月日を言われて、そのままだと 10 秒以内に忘れてしまいます。しかし、聞き終わった途端に声に出して 10 回繰り返すと記

憶に残ります。しかしながら、それでも次の日には忘れているでしょう。そこで思い出しながら記憶を繰り返すのが反復です。他のものとの連想とは、「1950年4月2日です」と聞いたら、自分より「1歳若く、エープリルフールの次の日」（筆者は1949年生まれ）と覚えます。すると、何日経っても頭の中で計算することができるのです。よく人の名前を覚えるときに、同名の知人の顔を思い浮かべればよいというのと同じです。

直訳できない言い回し

　日本語には、熟語漢字があり、その短い漢字の連語で抽象的な状況を表現することができます。
　たとえば、「四面楚歌」。これは英語の短い言葉では到底表現しきれないし、等しい単語や連語はありません。"Surrounded by enemies on all sides." とでも訳しましょうか。
　しかし、敵に四面包囲されたという状況以上に、「ああ、もうどんな策を講じても無駄である」というようなあきらめの境地がこの4文字には含まれていないでしょうか。日本語というものは奥が深いものです。
　裁判で「強姦事件」の被害者が法廷に出てきて証言したことがあります。裁判官が今の心境を聞いたところ、「親にも言えず、友達にも言えず、本当に悔しいと思いました」と言いました。
　この「悔しい」という言葉は、mortifying（屈辱的）、regretting（後悔する）、vexing（いらいらする）、galling（苦々しさ、憎悪を覚える）など、どの一言でも表せないのです。むしろ、レイプされた被害者は、これらすべての感情を持っているのです。この「悔しい」という言葉は、通訳仲間の勉強会でも話題になりました。淡路・阪神大震災のとき、親も兄弟も亡くした一人の高校生への外国人記者のインタビューに、その少年は「とても悔しい」と答えたのです。このときの悔しさは、悔しく思う対象がレイプされた女性とは異なります。天災であるから、怒りをぶつける対象がない状況の中で、annoying（悩ませる）、sorry（一人だけ

生き残って申し訳ない)、loneliness(孤独)という感情も追加されるでしょう。そのときに外国人記者の通訳をしていた人から「的確な訳が出せなかった」との発表がありました。いや、出せなかったのではなく一言では言えないはずなのです。

　日本語は状況に合わせて幾つにも訳せる表現を持っています。そして日本人は、生活経験の中からそれを解釈することができ、他者を理解することができるのです。主語もなく、単語一つで通じる言語でもあるのです。あるとき、裁判所で弁護人が被告人に次のような言葉を発しました。
　「で、とったん？」
　「誰が（主語）」「何を（目的語）」もなく、語尾が上がっているだけで質問であることは理解できます。音声で聞こえる「とる」には「取る、盗る、撮る、採る」などいろいろあります。"take" "steal" "rob" "shoot" "harvest" など、状況によって訳も違ってきます。
　ここで Did you rob? と訳すのと Did you steal? と訳すのでは、日本の法律の適用する罪名が変わってきます。つまり rob であれば「盗る」で強盗になり、刑法236条が適応して、有罪になれば懲役5年以上、ほぼ執行猶予なし。しかし、steal であれば「窃盗」になり、刑法235条が適用され、懲役10年以下で、判決によっては執行猶予の可能性があるわけです。このような専門知識を知った上で、注意して訳さないと法廷での混乱を通訳人が起こすことになりかねないのです。
　専門分野の言葉は、それ独特のものがあります。裁判の有罪判決で、刑期の言い渡しのときに使われる決まった表現があります。裁判のために長く拘置所に勾留されていた被告人には「未決勾留日数〇日のうち〇日を刑に算入する」という言葉です。「未決勾留日数」とは裁判審理中でまだ判決が出ていない間の身柄拘束という意味です。次に「算入」とは普通プラスと解釈しますが、ここでは、その〇日をマイナス計算しますという意味です。
　これらは法曹界の人たちにとっては常識であっても、その法律の分野

に素人の通訳人が初めて出くわすときは戸惑う言葉です。

　大江健三郎は「日本語は曖昧である。されど美しい」と言いました。本当にその通りだと思います。日本語を正確に理解するためには、日本文化と日本語をしっかりと習得し、深い思考の中で判断しなければなりません。

日本におけるバイリンガル教育

　あるとき、夫とテレビで洋画を日本語吹き替え音声で見ていました。内容に夢中になっていて、ふと気が付くと横に彼がいない。そして映画は日本語の吹き替えでなく英語に切り替わっていたのです。主人は映画に興味がなくなったのか、自分の部屋に引き上げる前に英語に切り替えたのです。しかし、映画に夢中になっていた私は、いつ言語が切り替わったのか気が付きませんでした。そのことに自分でびっくりしました。この瞬間、幼いころアメリカで生活する環境を与えられたお陰で、自分の中に言語アンテナが2本あることを実感しました。そして、このアンテナは無意識に自動的に切り替わることが分かりました。

　先ほど述べたように、スイスの鉄道の車掌は、ジュネーブを出たとき、英語でアナウンスをしますが、徐々に北に向かうにつれ、通路を歩きながらドイツ語になったり、スペイン語になったり、乗客の言語に対応しながら3言語で応対をするわけです。これにはかなり驚きました。また、スイスのある小学校を見学したとき、先生とは英語で話をしていた子が、迎えに来たお母さんに飛びついてフランス語で話す。これはスイスでは日常茶飯事です。

　しかし、この状況は、日本では、国籍の異なる親を持たない限り、なかなか見ることができない光景です。

インターナショナルスクールでの言語習得

　次女を小学3年生の秋から神戸にあるセントミカエルというインター

ナショナルスクールに入れたことは、実は私と同じ二つの言語チャンネルを日本で身に付けさせてやりたいと思ったからです。

　この試みは、小学3年生の9月から中学1年生の4年間、日本の義務教育を放棄させることになりました。3年生の2学期の時点でまったく英語ゼロの状況でインターナショナルスクールに入った彼女は、半年は自分から積極的に言葉を発しなかったそうです。しかし、友達ができるにつれ、だんだん英語を話すようになり、学校が楽しくなったようでした。家庭ではもちろん日本語の生活でしたが、神戸の学校に行くと、フィリピン、インド、ベトナム、中国、タイ、マレーシアなどの友達と一緒になり、神戸ならではの多国籍学校での英語漬け生活でした。9時から3時までは英語の世界。そしてまた家に帰って日本語の世界と両方の環境でした。

　しかし、残念なことに、すべての科目を英語で学ぶために、日本語がおぼつかなくなってきました。家庭で日本語の補習をし、漢字を日本の小学校並みに教えていけばよかったかもしれませんが、そのときはインターナショナルスクールについていくための英語力を身に付けることに精いっぱいでした。まずは宿題の英語が分かっていないので、先生と連絡帳を交わしたり、英語で毎日日記を書かせたり大変でした。娘は算数の九九は小学2年生のときに日本語で覚えています。しかし、インターナショナルスクールに入学してから、英語での覚え直しをしていました。

　セントミカエルインターナショナルスクールはイギリス式の学校だったので、5年生までしかなく、6年生になった娘を大阪インターナショナルスクール（OIS）に編入させました。そのインターナショナルスクールと千里国際学園中等部・高等部（SIS）は同じ建物の中にあり、真ん中に共通の図書館がありました。玄関を入ったホールから右と左にOISとSISが分かれています。私の娘が入ったOISは、外国企業の子どもや帰国生が数多く在籍しており、先生もすべて英語で授業をしていました。OISは、当然国際バカロレアの認定を受けている学校です。かたや、SISは、日本の教育基本法に基づいた一条校であり、帰国生徒

の受け入れを主たる目的として設立された私立学校です。この二つの学校にはそれぞれ校長がいて、この本の編著者である大迫弘和先生は当時SIS校長を務めながら、同時にOISの教育にもかかわっていらっしゃいました。日本の学校であるSISの生徒はインターナショナルスクールの生徒とともにオーケストラの演奏をしたり、体育祭、学園祭のような行事もすべて二つの学校の生徒が合同で開催していました。とにかく、学校に入ったら右と左に分かれる建物の中にあったのは、二つの学校ではなく一つの異文化空間でした。

　私は当時、神戸女学院大学文学部の教授として通訳プログラムを担当し教鞭を執っていました。大学の教員として、神戸女学院大学に入ってくる優秀な学生に出身高校を聞くことがあるのですが、優秀な学生の多くがSIS出身であったのは驚きでした。優秀と一言でいう中には、発音のよさ、英語に対する感性、生活感覚のある英語力、それ以上に積極的で、探究力が挙げられ、とにかくきらりと光る学生たちでした。この学生たちを育てた高校の教育方針、方法に何か人間教育の鍵があると感じていました。まさに生きた英語教育を受けた学生たちでした。
　この学校の説明は大迫先生に譲ります。私の娘は英語こそ流暢に話せるようになったのですが、日本の社会から遊離していき、かなりインターナショナル化した子どもになってしまいました。
　インターナショナルスクールでは、社会も歴史も日本のことは学ばず、世界のことを学びます。日本の学校では、歴史は卑弥呼の時代から始まって、平安、鎌倉、室町、戦国、江戸時代、明治、大正、昭和と通史的に知識が身に付いていくのに比べ、娘は日本人としての常識が身に付きませんでした。このままでは日本人としては通用しなくなると思い、中学2年生で地元の公立中学に戻しました。ここで彼女は、私がアメリカから帰ってきたときと同じ浦島太郎状態になりました。数学の応用問題を読んで理解することすらできません。社会の地名はすべて丸暗記するしかない状況です。だんだん勉強が嫌いになっていきました。
　どうすれば、英語と日本語のバイリンガル教育が日本でできるだろう

かというのが、そのときからの私の大きな課題でした。できるだけ早く言語習得を、それも論理ではなく感覚で身に付ける時期に英語教育を始められないだろうか。また、日本語環境を失うことなく、母語教育もしながら、日本人としてのアイデンティティーを持った国際人になる基礎力を付けられないか、ということを考え始めたのはこの頃でした。

日本における理想の英語教育

　高等教育の英語教育推進、高等学校における日本語バカロレア・プログラムの導入、中学、高校における英語教諭の英語レベル目標設定（英検準1級）、小学校における英語教科導入など、本当に様々な国際化の試みを、文部科学省は積極的に、また迅速に推進しています。しかし、もっと抜本的で効果的な教育方法はないものかと考えて一つの方法にたどり着きました。

理想的なグローバル人材育成

　日本においてバイリンガルになることができる教育環境はあるだろうかと考えたとき、まさに千里国際学園の手法を低学年に用いるべきだと思いました。これから、日本の高校で「日本語DP200校」構想が始まります。
　しかし、この環境を小学校でつくれたら、スイスの子どもが右を向いて先生と英語で話し、左を向いて母親とフランス語で話すような2アンテナ思考の基礎ができるのではないかと考えています。
　このバイリンガル小学校構想の基本的条件は、学校教育基本法における一条校であること。つまり、特別高い学費を必要とせず、今の私立小学校と同レベルか少し高いくらいに学費を抑えること。また、国語、社会は日本語で教えること。理科は、日本人教師と外国人教師がチームで教える教科、また算数、コンピューター、体育、そして美術、音楽といった感性的な教科は英語を母語とする人が教えることが理想的だと思

います。
　学校を出れば日本語の環境です。家庭では日本語での世界です。学校内では、インターナショナルな雰囲気を醸し出す環境にします。教室のレイアウトも、日本のスクール形式で先生との対面ではなく、グループでの学習、仲間との学習を中心として、競争社会から協働社会への転換を小学校で習得させるのです。国際バカロレアの認定を受けるインターナショナルスクールではなく、あくまでも日本の一条校設置認定を受け、日本の学習指導要領に基づいた教科内容を、IBの思考的教育手法を用いて、部分的に英語で教えるという折衷をしながらの小学校構想です。

　アメリカの神経生物学者であるエリック・レネバーグは、幼児の母語習得は、動物のそれと同じくある一定の期間、特定の環境にさらされなければ習得できないということを立証しました（Lenneberg E.H.『Biological Foundations of Language』）。
　これを「臨界期」と言い、その期間は5歳から10歳までとされています。つまりこの年齢は、母語として行動と言語が結びつき、それを感性で習得できる期間です。レネバーグはさらにその年齢以降では、母語の習得は無理であり、その場合は第二言語として身に付いていくと説いています。
　この「臨界期」に関しては多くの言語学者が研究し、母語習得の時期として証明しています。この臨界期以降は、子どもたちの思考は論理的解析による理解習得に変わっていきます。つまり、中学になって文法を通した解説をすることは第二言語習得としては効果的です。しかし、これから始まる小学校英語教科で、学問的に子どもの言語習得過程を理解せずして行うというのであれば、子どもにとって過度な負荷になってしまうのではと懸念しています。
　現在、アメリカではもはや6・3・3制を採っていません。戦後アメリカの教育内容を取り入れた日本が、そのままの区分を保持しているだけです。中教審ではこれを現代の子どもの心理と体の発達に合わせて見

直さなければならないという議論をしています。義務教育の6・3を5・4にするのか、まだ具体的な数字は出ていません。いずれにしても、母語習得の臨界期は5歳から小学5年生までであるとされていることを考えれば、小学校の6年間を5年間にすることは理に適っていることです。

まとめ

　二つの言語を6歳から10歳までの間で母語として習得させるバイリンガル教育は、まだ日本で本格的には制度化されていません。「概念、知識、技術、態度、行動」の五つのバランスの取れた国際バカロレア的手法で、また全人教育（バランスの取れた人間教育）をする学校ができ、英語と日本語を学校生活の中と教科の中に盛り込むことができれば、将来、2カ国語を駆使できる理想的なグローバル人材の予備軍ができるのではないでしょうか。

　これは夢のような話かもしれません。でも、いろんな手法を混ぜ合わせながら、日本の子どもに合ったグローバル教育内容を開発する試みは決して無駄ではありません。未来への飛躍を実現する人材育成の夢を追い求めたいと思います。

第 2 章

日本の教育の課題と国際バカロレアへの期待

新井健一

◇◆◇◆◇◆◇◆◇◆◇◆◇◆◇◆◇

　グローバル人材の育成が求められている中、国際バカロレアの認定校が増加することは、これからの社会を生きる日本の子どもたちにとって、どのような意味を持つのでしょうか。
　これからの社会とはどのような社会で、現在の日本の教育はどのような状況にあり、課題は何か、そしてこれからの教育とはどのようなもので、国際バカロレアに期待することは何かということについて、子どもたちへの期待も添えて本章では述べてみたいと思います。

これからの社会と教育

　これからの社会は予測不可能な時代と言われています。いつの時代も予測は難しいですから、これまでの時代が予測可能であったかというとそうではありません。しかし、社会はますます複雑化し、これまでの価値観や能力だけでは対処できない予期せぬ課題が多くなることと思います。20年後、30年後の社会とはどのような社会で、今の子どもたちがその社会に出て活躍し、たくましく生きるためにはどのような教育が必要なのでしょうか。

急激に変化する人口

　人口動態は社会の変化に大きな影響を与えます。およそ40年前、世界の人口は約40億人でした。それが現在は約70億人に達しています。人間の歴史からすれば40年というのはごくわずかな期間ですが、人口はその間に異常とも言える、急激な増え方をしたことになります。国連からは2050年には96億人という推計が公表されていて、今後も人口は増加することが予測されていますので、環境や資源、エネルギーなどに大きな影響を与えるでしょうし、これらのことは利害の衝突を招きま

すので、政治、経済の重要課題になります。地球の定員は何人なのかわかりませんが、次の40年間で100億人になることを想定しておかなければなりません。

一方、日本では少子高齢化が進み、すでに人口減少のトレンドに入っています。これは日本の歴史上かつてないことで、人口の構造が変わりますので、社会の構造そのものも変化せざるを得なくなります。こうした変化に対して、私たちはどのような方向を選択していけばいいのか、ということについては今現在、世界に模範はありません。自分たちで解を見つけなければならないのです。世界に追い付け追い越せと努力してきた時代ではなくなり、世界に先駆けて解決していかなくてはならない課題が生まれる時代になってきているのです。

ますますグローバル化する時代

世界の人口増加にともない、企業活動は市場を求めて海外に拡大しています。また、企業活動だけでなく、行政や市民などによる国際協力や交流なども盛んに行われてきています。成田空港ができてから30年で国際線の旅客者数は約5倍、世界の旅客者数もこの20年で2倍になっています。私たちは容易に国境を越えて移動することができ、グローバル社会が急速に進展しています。こうした変化は、グローバル化は一部の人だけに関係することではないということを意味しています。これまではグローバルというと国や一部の企業が関係することという印象があったかもしれませんが、これからは国だけでなく各地域が直接世界とつながって仕事をし、その地域の人や企業がかかわるという時代になっていきます。

グローバルといっても、海の向こうにグローバル社会という特別な地域があるわけではありません。世界は国と地域、そこに住む人たちの集合体ですから、これからは地域と地域、人と人が国境を越えてつながり、多様性を認め合いながら互いに協力して利害を調整してまとめていくことが求められるのです。

グローバル人材というと、国際競争力の観点から定義される場合と、

貧困、環境、エネルギーのような国際協力の観点から定義される場合とがあり、両者では意味合いが少し異なりますが、国の関係閣僚からなる「グローバル人材育成推進会議」では次のように定義しています。本書18ページにも載っていますが、ここで再度確認します。

　　要素Ⅰ：語学力・コミュニケーション能力
　　要素Ⅱ：主体性・積極性、チャレンジ精神、協調性・柔軟性、
　　　　　　責任感・使命感
　　要素Ⅲ：異文化に対する理解と日本人としてのアイデンティティー

　このほかに、幅広い教養と深い専門性、課題発見・解決能力、チームワークとリーダーシップ、公共性・倫理観、メディアリテラシーなどを挙げています。
　よく見ると、これは要素Ⅰの語学力を除いては、国内外を問わず必要な資質・能力で、グローバル人材に限りません。要素Ⅱは誰にでも求められますし、要素Ⅲも教養や倫理観と関係します。
　したがって、語学力はグローバル人材であるかないかを分ける能力といっても過言ではありません。

高度情報化時代
　情報通信技術の進展は、私たちの生活や行動、仕事の仕方や内容に、大きな変化をもたらしています。インターネットの普及により、大量の情報が世界中に流通するようになり、情報の入手や交換が容易になったため、仕事の仕方も内容も、そして産業構造も変化しました。そして、メディア産業や流通業などに直接影響を与えているだけでなく、すべての業種にとって、マーケティングの手段としても欠かせない存在になっています。
　多くの情報に、いつでもどこでも瞬時にアクセスできるようになりましたので、必要な情報はそのつど調達することができますから、むしろ大切なことは、現実場面でどのようにその情報を活用するかということ

になります。初めてロンドンを訪れた旅行者でも、スマートフォンを見ながら、自在に歩くことができます。お店の情報、交通手段、天気など情報が容易に入手でき、ほとんど東京を歩くときと変わりません。街を歩いていて、その場で情報を送ることもできるようになり、世界はますます狭くなりました。情報が時間的、空間的な壁を超えて流布する時代になってきているのです。組み込み型コンピュータの普及も大きな影響を与えています。現在の家電製品では、コンピュータを使っていない製品を探すほうが大変なくらいです。自動車は今や走るコンピュータですし、カードで電車に乗り、バーコード情報で飛行機に乗ります。預金もカードで管理していて、金額は数字でしかありません。これらのデジタル情報はますます有機的に結びつき、新たな価値が生み出されてくることと思います。パソコンが普及し始めたのは30年前、インターネットの普及が始まったのは20年前ですから、このような変化もわずか20～30年のことなのです。今後も世界を流通する情報量はますます増加すると予測されますし、新たなサービスが誕生してくるものと思われます。このような社会で求められる能力や資質をどのように身に付けるかは教育の重要な課題です。これまでですと、科学技術の進歩により、単純な仕事は機械に奪われるため、人間は付加価値の高い仕事ができるようにならないといけないといわれてきました。しかし、最近は付加価値の高い仕事でも、システム化、パターン化できる業務は、コンピュータに任せたほうが、24時間正確に稼働でき、コストが安いため、人間に取って代わるのではないかといわれ始めています。コンピュータに代用できない業務は何か、人間が行うべき業務は何かを考え、これまでにない新たな業務を生み出すことが求められますし、それを支える教育が必要となります。

日本の教育の状況

それでは、このような時代の変化を迎えている子どもたちに対する、日本の教育の現状はどうでしょうか。日本の子どもたちは、変化する

図表1　　　　　　　国際学習到達度調査（PISA）の順位

読解力

	2003	2006	2009	2012
1.	フィンランド	韓国	上海	上海
2.	韓国	フィンランド	韓国	香港
3.	カナダ	香港	フィンランド	シンガポール
4.	オーストラリア	カナダ	香港	日本
5.	リヒテンシュタイン	ニュージーランド	シンガポール	韓国
6.	ニュージーランド	アイルランド	カナダ	フィンランド
7.	アイルランド	オーストラリア	ニュージーランド	アイルランド
8.	スウェーデン	リヒテンシュタイン	日本	台湾
9.	オランダ	ポーランド	オーストラリア	カナダ
10.	香港	スウェーデン	オランダ	ポーランド

数学的リテラシー

	2003	2006	2009	2012
1.	香港	台湾	上海	上海
2.	フィンランド	フィンランド	シンガポール	シンガポール
3.	韓国	香港	香港	香港
4.	オランダ	韓国	韓国	台湾
5.	リヒテンシュタイン	オランダ	台湾	韓国
6.	日本	スイス	フィンランド	マカオ
7.	カナダ	カナダ	リヒテンシュタイン	日本
8.	ベルギー	マカオ	スイス	リヒテンシュタイン
9.	マカオ	リヒテンシュタイン	日本	スイス
10.	スイス	日本	カナダ	オランダ

科学的リテラシー

	2003	2006	2009	2012
1.	フィンランド	フィンランド	上海	上海
2.	日本	香港	フィンランド	香港
3.	香港	カナダ	香港	シンガポール
4.	韓国	台湾	シンガポール	日本
5.	リヒテンシュタイン	エストニア	日本	フィンランド
6.	オーストラリア	日本	韓国	エストニア
7.	マカオ	ニュージーランド	ニュージーランド	韓国
8.	オランダ	オーストラリア	カナダ	ベトナム
9.	チェコ	オランダ	エストニア	ポーランド
10.	ニュージーランド	リヒテンシュタイン	オーストラリア	カナダ

出典：国立教育政策研究所

21世紀社会を生き抜くための準備ができているのでしょうか。国際比較を中心に見てみたいと思います。

成功している義務教育

　日本の教育のレベルは国際比較をすると、義務教育レベルでは成功しているといってよいと思います。経済協力開発機構（OECD）が実施している国際学習到達度調査（PISA）では、おおむね常に上位グループに位置していますし、国際教育到達度評価学会（IEA）が実施する国際数学・理科教育動向調査（TIMSS）でも、常に上位グループに位置しています。

　同じ上位グループに位置している国の中で1億人の人口規模の国は日本だけですので、義務教育については世界の成功例と言えると思います。

　PISAは、義務教育を修了した15歳の子どもたちが、これからの社会に必要な能力を身に付けているかどうかを調査するもので、読解力、

図表2（その1）

国際数学・理科教育動向調査（TIMSS）における算数の成績（小学校）

第1回 1995年（平成7年）		第3回 2003年（平成15年）		第4回 2007年（平成19年）		第5回 2011年（平成23年）	
国／地域(26)	平均得点	国／地域(25)	平均得点	国／地域(36)	平均得点	国／地域(50)	平均得点
シンガポール	625点	シンガポール	594点	香港	607点	シンガポール	606
韓国	611	香港	575	シンガポール	599	韓国	605
日本	597	日本	565	台湾	576	香港	602
香港	587	台湾	564	日本	568	台湾	591
オランダ	577	ベルギー(フラマン語圏)	551	カザフスタン	549	日本	585
チェコ	567	オランダ	540	ロシア	544	北アイルランド	562

国際数学・理科教育動向調査（TIMSS）における数学の成績（中学校）

第1回 1995年（平成7年）		第2回 1999年（平成11年）		第3回 2003年（平成15年）		第4回 2007年（平成19年）		第5回 2011年（平成23年）	
国／地域(41)	平均得点	国／地域(38)	平均得点	国／地域(45)	平均得点	国／地域(48)	平均得点	国／地域(42)	平均得点
シンガポール	643点	シンガポール	604点	シンガポール	605点	台湾	598点	韓国	613点
韓国	607	韓国	587	韓国	589	韓国	597	シンガポール	611
日本	605	台湾	585	香港	586	シンガポール	593	台湾	609
香港	588	香港	582	台湾	585	香港	572	香港	586
ベルギー(フラマン語圏)	565	日本	579	日本	570	日本	570	日本	570
チェコ	564	ベルギー(フラマン語圏)	558	ベルギー(フラマン語圏)	537	ハンガリー	517	ロシア	539

出典：国立教育政策研究所

　数学的リテラシー、科学的リテラシーというように3分野の知識を活用する能力が問われます。実施年度によって順位は上下していますが、到達度という点ではトップとほぼ同程度と考えてよいと思います。2012年のPISAでは65の国や地域が参加し、OECD加盟国中では、参加している34カ国の中で2つの分野が1位でした（図表1）。

　TIMSSは、算数・数学と理科について小学校4年生と、中学校2年生を対象に国際比較をしていますが、ここでも日本の子どもたちは上位にいます（図表2その1～2）。TIMSSとPISAでは参加国の顔ぶれが多少異なりますが、2011年のTIMSSは63の国や地域が参加していて、日本はその中ですべて5位以内という結果でした。したがって、日本は全国津々浦々に質の高い義務教育が行われている、世界に稀有な国であると言えます。

　これは、学習指導要領と教科書で学ぶべき内容を示し、指導書で方法を示し、授業研究によって授業力を向上させるという、日本独自のシステムが功を奏したものと思います。

図表2（その2）

国際数学・理科教育動向調査（TIMSS）における理科の成績（小学校）

第1回 1995年（平成7年）		第3回 2003年（平成15年）		第4回 2007年（平成19年）		第5回 2011年（平成23年）	
国/地域(26)	平均得点	国/地域(25)	平均得点	国/地域(36)	平均得点	国/地域(50)	平均得点
韓国	597 点	シンガポール	565 点	シンガポール	587 点	韓国	587 点
日本	574	台湾	551	台湾	557	シンガポール	583
アメリカ	565	日本	543	香港	554	フィンランド	570
オーストラリア	565	香港	542	日本	548	日本	559
オランダ	557	アメリカ	536	ラトビア	542	台湾	552
チェコ	557	ラトビア	532	イングランド	542	アメリカ	544

国際数学・理科教育動向調査（TIMSS）における理科の成績（中学校）

第1回 1995年（平成7年）		第2回 1999年（平成11年）		第3回 2003年（平成15年）		第4回 2007年（平成19年）		第5回 2011年（平成23年）	
国/地域(41)	平均得点	国/地域(38)	平均得点	国/地域(45)	平均得点	国/地域(48)	平均得点	国/地域(42)	平均得点
シンガポール	607 点	台湾	569 点	シンガポール	578 点	シンガポール	567 点	シンガポール	590 点
チェコ	574	シンガポール	568	台湾	571	台湾	561	台湾	564
日本	571	ハンガリー	552	韓国	558	日本	554	韓国	560
韓国	565	日本	550	香港	556	韓国	553	日本	558
ブルガリア	565	韓国	549	エストニア	552	イングランド	542	フィンランド	552
オランダ	560	オランダ	545	日本	552	ハンガリー	539	スロベニア	543
スロベニア	560	オーストラリア	540	ハンガリー	543	チェコ	539	ロシア	542
オーストリア	558	チェコ	539	オランダ	536	スロベニア	538	香港	535
ハンガリー	554	イングランド	538	アメリカ	527	香港	530	イングランド	533

出典：国立教育政策研究所

　特に授業研究のように、他の教員の授業を見て批評し合うという文化は、教員がそれぞれ独立している海外ではあまり見られないことで、LESSON STUDY と英訳されて海外に紹介されてもいます。

模索する高等教育

　一方、高等教育はどうかということを世界の大学ランキング（図表3）で見てみると、義務教育とは少し違う状況にあります。

　上位は欧米の大学が占めていて、日本の大学が出てくるのは 27 位、次は 54 位でその次は 128 位という状況です。27 位はアジア最高位ですので善戦と言えるかもしれませんが、義務教育の国際比較の状況と比べると、全体としてはさらなる奮起が望まれる状況です。

　また、大学の機能には研究と教育がありますが、大学は研究によって評価される傾向が強いため、教育は後回しの傾向があり、このことが大学教育の質保証の議論につながり、やがて社会に出て活用できる能力の育成が求められるようになりました。

図表3　　　　　　　世界大学ランキング 2012-2013

世界ランク	アジア順位	国内順位	大学名
27	1	1	東京大学
54	7	2	京都大学
128	13	3	東京工業大学
137	15	4	東北大学
147	17	5	大阪大学
201-225	22	6	名古屋大学
251-275	32	7	首都大学東京
276-300	37	8	東京医科歯科大学
301-350	41	9	北海道大学　九州大学　筑波大学
351-400	52	12	慶應義塾大学　早稲田大学

出典：The Times Higher Education

　図表4は、大学教育で指導している能力と、企業が採用時に重視する能力とを比較したものです。これを見ると、大学教育で力を入れている内容と、企業が求めている内容にはズレがあることがわかります。企業側は人材育成コストを抑えて、より高い競争力を得ていくためにはよりよい人材を広く集め、できるだけ早く戦力化したいわけですから、社会に必要な基本的能力や態度の育成を大学側に求めてきています。かつてのように、学歴で採用し、企業が育成し直すというような余裕がなくなってきたわけです。最近では国籍を問わず採用する日本企業も出てきており、日本の大学生は国際的な競争にさらされてきています。このことは、大学の実績に影響し、大学経営にとっても大きな課題となります。

　さらに近年では、オンラインでしかも無料で学習できる大学の講座が広がり、海外の上位の大学の講座が無料で受講できるようになり、修了証も発行されるようになりました。

　学習する意欲さえあれば、いつでもどこでも無料で世界最高レベルの

図表4

企業が採用時に求めるスキルは大学の教育とギャップがある

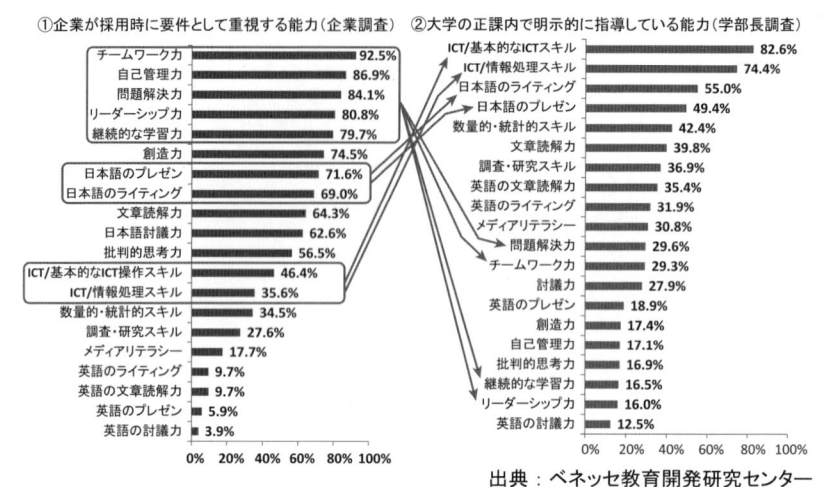

①企業が採用時に要件として重視する能力（企業調査）

スキル	%
チームワーク力	92.5%
自己管理力	86.9%
問題解決力	84.1%
リーダーシップ力	80.8%
継続的な学習力	79.7%
創造力	74.5%
日本語のプレゼン	71.6%
日本語のライティング	69.0%
文章読解力	64.3%
日本語討議力	62.6%
批判的思考力	56.5%
ICT/基本的なICT操作スキル	46.4%
ICT/情報処理スキル	35.6%
数量的・統計的スキル	34.5%
調査・研究スキル	27.6%
メディアリテラシー	17.7%
英語のライティング	9.7%
英語の文章読解力	9.7%
英語のプレゼン	5.9%
英語の討議力	3.9%

②大学の正課内で明示的に指導している能力（学部長調査）

スキル	%
ICT/基本的なICTスキル	82.6%
ICT/情報処理スキル	74.4%
日本語のライティング	55.0%
日本語のプレゼン	49.4%
数量的・統計的スキル	42.4%
文章読解力	39.8%
調査・研究スキル	36.9%
英語の文章読解力	35.4%
英語のライティング	31.9%
メディアリテラシー	30.8%
問題解決力	29.6%
チームワーク力	29.3%
討議力	27.9%
英語のプレゼン	18.9%
創造力	17.4%
自己管理力	17.1%
批判的思考力	16.9%
継続的な学習力	16.5%
リーダーシップ力	16.0%
英語の討議力	12.5%

出典：ベネッセ教育開発研究センター

講義を受けることができるようになってきているのです。これは、高等教育が国境を越えて、グローバル化することを意味します。日本語の壁に守られてきた日本の大学も、外堀が埋まってきている状況で、このままだと日本の大学は国際的階層化に飲み込まれるかもしれません。

　また、日本の大学の入学者は、高校卒業後すぐに入学する学生の比率が極めて高く、25歳以上の社会からの学び直しで入学する率が低いというのも課題です。入学者に占める25歳以上の比率は、OECD平均が約20%であるのに対し、日本は約2%と調査国中で最下位です。この要因は、雇用制度などの社会構造的背景もありますが、日本の大学が生涯学習機関として機能していないことを意味しています。このことは、生涯学習社会における人材育成という観点から、検討すべき課題です。

日本の教育の課題

　このような状況にある日本の教育の課題について考えてみたいと思い

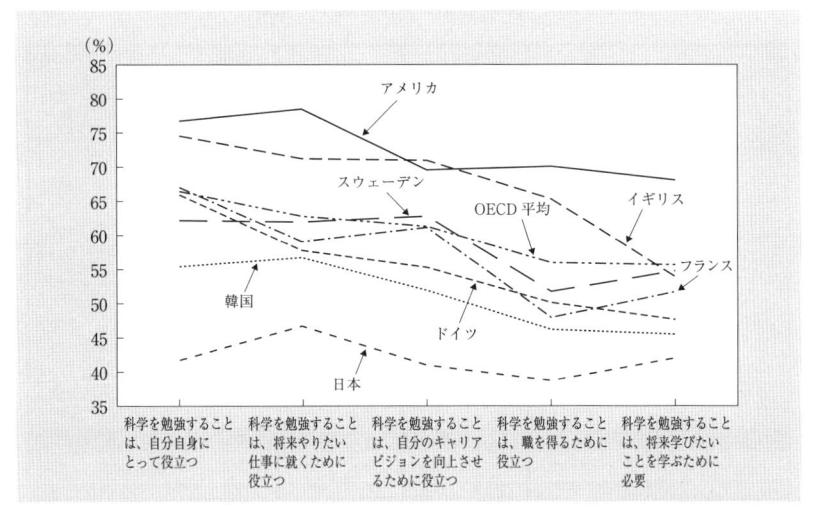

図表5　学習と仕事を関連づけて考える者の割合

出典：労働経済白書

ます。高等教育の課題は先に少し触れましたが、義務教育も成功しているとはいえ、課題がないわけではありません。これまではよくても、これからも大丈夫とは限りません。義務教育と高等教育の間にある高校教育にも課題があります。これからの社会で活躍していくために、義務教育から高校、大学までの改善すべき気がかりな課題をいくつか指摘しておきたいと思います。

低い学びの社会的効用感と、社会につながる力の欠如

　PISAでは得点だけでなく、意識や態度などを質問紙で調査しています。2006年のPISAで「科学の学習が自分の将来にとって役に立つと思いますか」という質問がありました（図表5）。その質問に対して日本の子どもたちの回答は、「思わない」と回答する比率が極めて高いという結果となりました。これはOECDの平均からははるかに乖離しています。この傾向は、TIMSSの2011年調査でも同様の回答結果が報告されています（図表6その1〜4）。「将来、自分が望む仕事につくために、数学でよい成績をとる必要がある」「数学を使うことが含まれる職

図表6（その1） 中学校2年生における「将来、自分が望む仕事につくために、数学で良い成績をとる必要がある」の結果

国／地域	強くそう思う 生徒の割合(%)	強くそう思う 平均得点	そう思う 生徒の割合(%)	そう思う 平均得点	そう思わない 生徒の割合(%)	そう思わない 平均得点	まったくそう思わない 生徒の割合(%)	まったくそう思わない 平均得点
日本	22.7	585.4	39.0	571.7	30.0	564.0	8.3	528.2
オーストラリア	52.9	508.3	31.1	510.3	11.5	493.1	4.5	473.7
台湾	17.2	641.9	32.7	622.1	34.7	609.1	15.3	546.8
イングランド	55.7	503.6	28.7	516.6	12.2	511.4	3.3	477.4
フィンランド	21.3	525.6	46.3	517.4	24.6	505.8	7.8	492.1
香港	32.6	604.3	42.2	586.0	19.6	576.8	5.7	514.6
ハンガリー	49.0	509.1	32.8	502.2	13.5	510.0	4.7	478.2
イタリア	24.0	507.9	36.7	502.5	31.2	494.5	8.1	466.6
韓国	29.5	650.0	42.0	610.7	21.8	586.0	6.6	550.3
ロシア	51.6	538.7	29.3	543.8	14.8	538.4	4.4	529.3
シンガポール	49.6	609.0	37.7	612.1	9.9	627.4	2.8	575.1
スウェーデン	37.8	490.4	42.3	485.5	17.2	480.5	2.8	452.9
アメリカ	62.4	513.5	23.7	512.0	9.6	500.9	4.3	485.6
国際平均値	53.7	474.4	28.8	468.2	12.2	459.3	5.3	436.0
アメリカ・マサチューセッツ州	57.1	565.0	27.2	559.6	11.0	554.8	4.6	535.1
カナダ・オンタリオ州	60.9	516.7	26.6	507.5	8.9	492.1	3.5	479.0

出典：国立教育政策研究所

図表6（その2） 中学校2年生における「数学を使うことが含まれる職業につきたい」の結果

国／地域	強くそう思う 生徒の割合(%)	強くそう思う 平均得点	そう思う 生徒の割合(%)	そう思う 平均得点	そう思わない 生徒の割合(%)	そう思わない 平均得点	まったくそう思わない 生徒の割合(%)	まったくそう思わない 平均得点
日本	4.3	599.8	13.6	604.4	46.3	573.4	35.8	545.6
オーストラリア	14.3	531.8	31.0	520.9	29.9	503.8	24.8	473.2
台湾	7.4	645.4	17.9	645.4	41.1	620.4	33.6	568.7
イングランド	13.3	520.7	28.8	523.2	33.0	507.8	25.0	481.6
フィンランド	5.8	544.9	21.8	540.6	38.2	519.3	34.2	486.8
香港	14.8	613.5	28.7	596.3	35.3	586.4	21.1	552.4
ハンガリー	17.2	512.8	24.9	512.8	32.3	507.3	25.7	491.6
イタリア	11.7	526.5	27.8	517.8	35.9	492.9	24.7	471.6
韓国	4.6	660.0	14.5	668.2	50.3	615.3	30.7	575.8
ロシア	13.3	562.8	26.8	556.6	39.0	532.4	20.9	517.5
シンガポール	17.7	620.4	37.2	618.5	29.0	609.3	16.1	586.8
スウェーデン	8.8	498.7	26.5	504.3	42.1	486.1	22.6	456.7
アメリカ	16.3	526.2	28.5	523.9	28.1	511.5	27.1	487.0
国際平均値	21.9	480.0	29.7	479.7	26.2	470.8	22.2	448.6
アメリカ・マサチューセッツ州	15.3	579.6	29.0	567.3	28.4	562.6	27.2	542.6
カナダ・オンタリオ州	20.3	538.6	33.9	522.5	25.3	500.2	20.5	477.1

出典：国立教育政策研究所

業につきたい」という設問に対しては、「強くそう思う」と答えた比率が、国際平均に対して極めて低い結果でした。理科についても「将来、

図表6（その3） 中学校2年生における「将来、自分が望む仕事につくために、理科で良い成績をとる必要がある」の結果

国／地域	強くそう思う 生徒の割合(%)	強くそう思う 平均得点	そう思う 生徒の割合(%)	そう思う 平均得点	そう思わない 生徒の割合(%)	そう思わない 平均得点	まったくそう思わない 生徒の割合(%)	まったくそう思わない 平均得点
日本	18.1	581.1	29.2	570.3	37.5	551.7	15.2	518.3
オーストラリア	29.2	549.7	24.2	520.3	29.2	508.5	17.4	490.2
台湾	13.9	606.8	20.8	578.2	43.3	561.3	22.0	528.6
イングランド	43.9	543.2	26.3	530.3	21.8	530.2	8.0	509.7
香港	25.3	554.8	36.4	533.0	30.1	531.4	8.2	505.5
イタリア	16.8	528.6	24.3	503.7	45.1	495.5	13.8	482.4
韓国	18.8	599.2	34.6	565.9	35.5	547.1	11.0	518.7
シンガポール	41.5	611.2	34.9	583.6	18.4	567.7	5.2	547.0
アメリカ	41.1	539.8	24.8	523.9	21.1	519.0	13.0	500.2
国際平均値	43.9	498.2	26.0	478.3	20.2	470.6	9.9	452.3
アメリカ・マサチューセッツ州	39.3	582.4	25.9	567.4	21.7	557.5	13.0	540.7
カナダ・オンタリオ州	37.3	538.1	27.1	513.8	24.3	511.7	11.3	501.6

出典：国立教育政策研究所

図表6（その4） 中学校2年生における「理科を使うことが含まれる職業につきたい」の結果

国／地域	強くそう思う 生徒の割合(%)	強くそう思う 平均得点	そう思う 生徒の割合(%)	そう思う 平均得点	そう思わない 生徒の割合(%)	そう思わない 平均得点	まったくそう思わない 生徒の割合(%)	まったくそう思わない 平均得点
日本	7.5	600.5	12.8	587.4	45.4	560.2	34.3	533.0
オーストラリア	18.7	560.1	22.0	538.0	29.8	514.5	29.6	487.9
台湾	8.9	608.2	16.6	588.2	42.4	563.7	32.0	539.5
イングランド	26.0	552.7	25.4	538.7	27.6	530.8	20.9	509.5
香港	19.6	555.2	29.3	533.8	35.3	535.1	15.8	516.7
イタリア	15.2	532.9	23.4	507.9	42.3	492.7	19.0	486.5
韓国	10.6	615.7	19.4	587.7	46.6	552.1	23.4	528.7
シンガポール	27.1	616.9	32.8	593.2	27.2	578.1	12.9	552.3
アメリカ	27.4	544.4	23.3	535.8	23.0	524.3	26.2	501.1
国際平均値	30.7	500.3	25.5	486.1	24.3	480.0	19.5	464.9
アメリカ・マサチューセッツ州	27.5	585.5	22.4	576.4	24.7	569.6	25.4	539.1
カナダ・オンタリオ州	26.4	543.1	24.3	525.8	26.1	512.1	23.2	500.9

出典：国立教育政策研究所

自分が望む仕事につくために、理科でよい成績をとる必要がある」「理科を使うことが含まれる職業につきたい」に対する回答は、国際平均と大きく乖離して低い結果でした。これらの回答と得点を見てみると、「強くそう思う」ほうが得点が高いという結果でした。つまり、ここには将来的にその学習が必要だと思えば思うほど得点が高い、という相関が見られます。自分にとって学習科目が将来必要だと思う子どもが増え

図表7

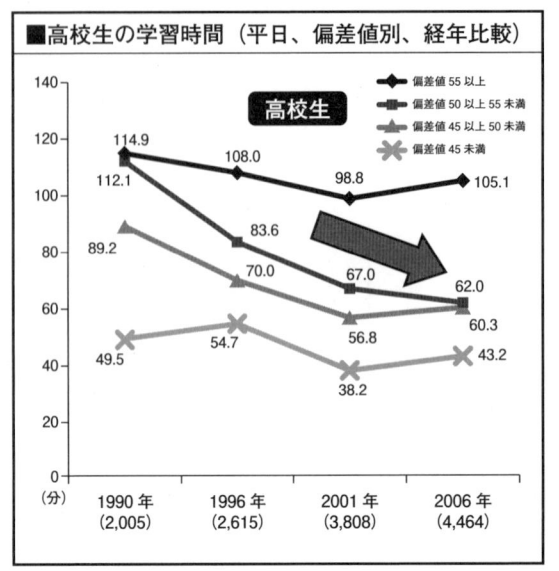

■高校生の学習時間（平日、偏差値別、経年比較）

高校生

凡例：
◆ 偏差値 55 以上
■ 偏差値 50 以上 55 未満
▲ 偏差値 45 以上 50 未満
✕ 偏差値 45 未満

年	偏差値55以上	偏差値50以上55未満	偏差値45以上50未満	偏差値45未満
1990年 (2,005)	114.9	112.1	89.2	49.5
1996年 (2,615)	108.0	83.6	70.0	54.7
2001年 (3,808)	98.8	67.0	38.2	56.8
2006年 (4,464)	105.1	62.0	43.2	60.3

（分）

注1）平均家庭学習時間は、「ほとんどしない」を0分、「3時間30分」を210分、「それ以上」を240分のように置き換えて算出した。
注2）横軸（　　）内はサンプル数。

出典：ベネッセ教育研究開発センター

れば、成績がさらに伸びるではないかと推測することができるのですが、国際比較では、日本の子どもたちはテストのスコアは高いけれども、自分にとって必要と感じていないという特異な状況なのです。この傾向は、2012年のPISAでも同様の結果となりました。

　それでは、日本の子どもたちは何のために学んでいるのでしょうか。図表7は、ベネッセ教育研究開発センターが高校生を対象に行ったものです。経年で見ると成績中位の生徒の学習時間が激減しています。これは、大学全入時代といわれ、推薦入試などで入試が学習の動因にならなくなってきていることを表しています。子どもたちにとっては、入試が学習の目的になっていて、将来の役に立つとか、社会に活用できるというようなことが目的になっていないということです。したがって、試験が終われば勉強しない、試験に関係ないことは勉強しない、教えて

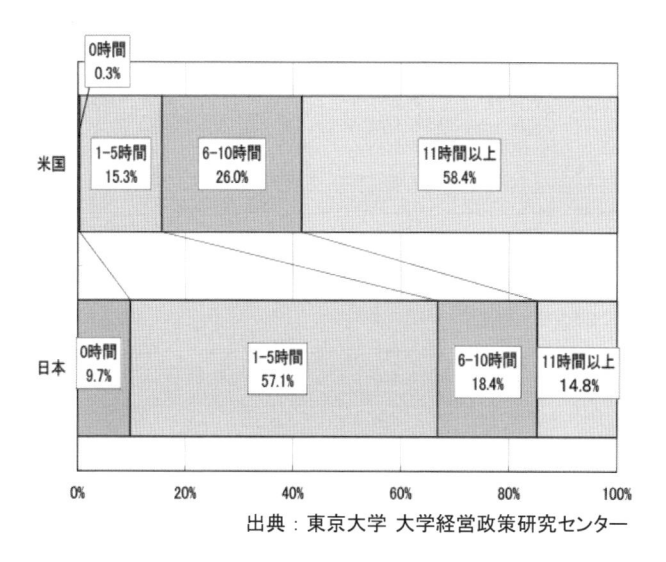

**図表8　授業に関連する学修の時間（1週間あたり）
　　　　日米の大学一年生の比較**

米国
- 0時間 0.3%
- 1-5時間 15.3%
- 6-10時間 26.0%
- 11時間以上 58.4%

日本
- 0時間 9.7%
- 1-5時間 57.1%
- 6-10時間 18.4%
- 11時間以上 14.8%

出典：東京大学 大学経営政策研究センター

もらっていないことは知らなくてもよい、という志向が強くなります。この傾向は大学へ引き継がれ、大学生の学習時間も国際比較をすると短いものになっています（図表8）。これは、生涯学習社会、予測不可能といわれる時代に、日本の教育の大きな課題といってよいと思います。

　日本の教育は、学習指導要領、教科書、指導書、授業研究という世界に冠たるすぐれたパッケージがありますが、あまりにでき過ぎて完結しているため、教室の中で手続き的に学習を進めれば修了でき、その評価は試験という形で行われます。そのため、スコアは取れますが、自分や社会にとってどのような意味があるのか、何のために学ぶのかということを深く考えたり体験したりする機会がないまま、目前の試験のために学ぶということになるわけです。

　同じくベネッセ教育研究開発センターが世界6都市の小学生に対して2006年に実施した調査（図表9）では、社会観を問う質問に対して、東京の子どもたちは総じて反応が弱い傾向がありました。「いい大学を卒業すると幸せになれる」という質問に「とてもそう思う」と答えた比

図表9　世界6都市の小学生の社会への意識

いい大学を卒業すると将来、幸せになれる
とてもそう思う　／　まあそう思う

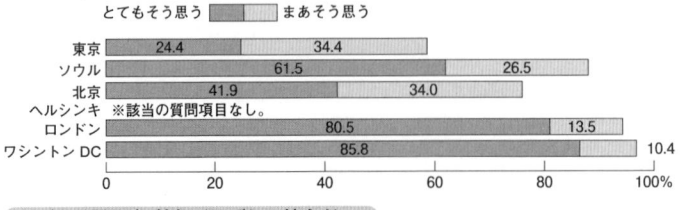

	とてもそう思う	まあそう思う
東京	24.4	34.4
ソウル	61.5	26.5
北京	41.9	34.0
ヘルシンキ	※該当の質問項目なし。	
ロンドン	80.5	13.5
ワシントンDC	85.8	10.4

（わが国は、）競争がはげしい社会だ
とてもそう思う　／　まあそう思う

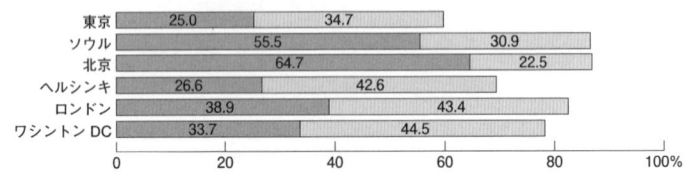

	とてもそう思う	まあそう思う
東京	25.0	34.7
ソウル	55.5	30.9
北京	64.7	22.5
ヘルシンキ	26.6	42.6
ロンドン	38.9	43.4
ワシントンDC	33.7	44.5

（わが国は、）努力すればむくわれる社会だ
とてもそう思う　／　まあそう思う

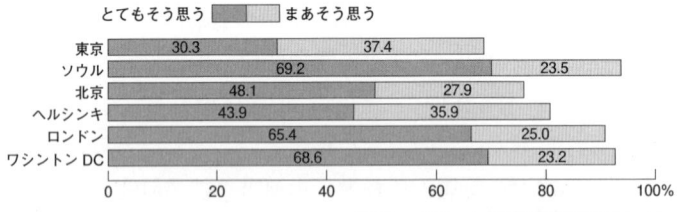

	とてもそう思う	まあそう思う
東京	30.3	37.4
ソウル	69.2	23.5
北京	48.1	27.9
ヘルシンキ	43.9	35.9
ロンドン	65.4	25.0
ワシントンDC	68.6	23.2

出典：ベネッセ教育研究開発センター

率は東京の子どもが最も低く、ロンドンやワシントンDCの子どもと比べて大学への意識が低いことがわかります。「（わが国は）努力すれば報われる社会だ」に対して「とてもそう思う」が最も低い結果であったことは、背景に何があるのか考えさせられる結果でした。2009年の子ども生活実態調査（図表10）での「40歳くらいになったとき次のようなことをしていると思いますか」という将来像に関する質問については、「多くの人の役に立つ」「お金持ちになっている」「有名になっている」「世界で活躍している」という社会とかかわる項目に対しては、小学生、中学生、高校生ともに低い数値を示しています。一方で「自由にのんび

第2章　日本の教育の課題と国際バカロレアへの期待　　　77

図表10　2009年の子ども生活実態調査

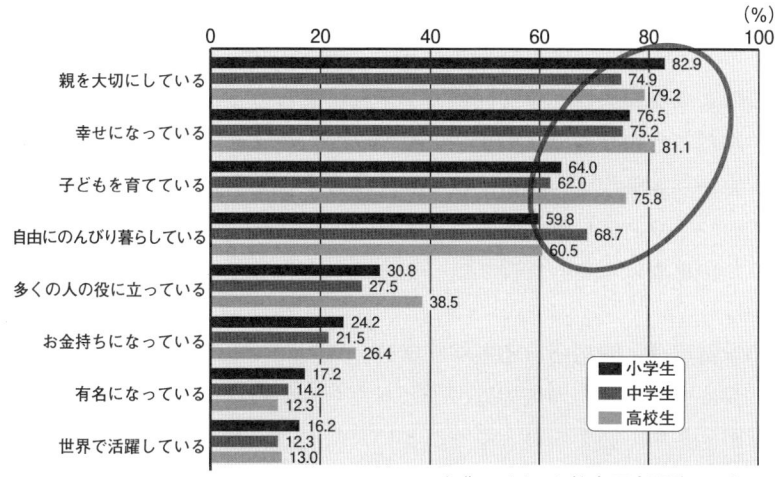

Q. あなたが40歳くらいになったとき、次のようなことをしていると思いますか。

項目	小学生	中学生	高校生
親を大切にしている	82.9	74.9	79.2
幸せになっている	76.5	75.2	81.1
子どもを育てている	64.0	62.0	75.8
自由にのんびり暮らしている	59.8	68.7	60.5
多くの人の役に立っている	30.8	27.5	38.5
お金持ちになっている	24.2	21.5	26.4
有名になっている	17.2	14.2	12.3
世界で活躍している	16.2	12.3	13.0

出典：ベネッセ教育研究開発センター

り暮らしている」のような項目の数値が高いことと併せて考えてみると、社会と積極的にかかわるような意識が稀薄に思えます。

　前出の世界6都市調査で、勉強の効用について聞いたところ、「一流の会社に入るため」「お金持ちになるため」「社会で役に立つ人になるため」「心にゆとりがある幸せな生活をするため」「尊敬される人になるため」という選択肢に対して、総じて東京の子どもは効用感が低いという結果でした（図表11）。子どもたちが選択肢には無い他の効用感を持っていて、それが引き出せなかったのかもしれませんが、質問の範囲での学習の効用感は低いということになります。
　こうした課題を解決するためには、学んでいる内容と社会とのつながりとか、どのように役に立つのかという社会的な有用性について、リアリティをもって伝えることが必要であると思います。社会の現象、現実を各教科の知識を活用して理解し、考えるような活動によって社会を理解していくことにもなり、生きた学びとなっていくことでしょうし、結

果的にはそのほうが、学習の定着もよくなるはずです。現実場面と知識を行ったり来たりしながら、学習の社会的な有用性を理解させるような授業設計が大事で、その際に現実場面の課題設定はとても重要になります。

　このような傾向は大学も同様で、学部によって差はありますが、大学で学んだことが社会でどのように役に立つのかイメージできないケースが多く、理論を現実の場面で使うように考えさせることが求められています。つまり、学びを探究していく社会的意義を常に意識し、考えさせることが重要になるわけです。

低い学習意欲、求められる主体的学び

　社会につながる力の欠如は、子どもたちの学習意欲や主体性の欠如につながります。必要ないと思うことに対しては、意識が向かないのは無理もないことです。

　2006年のPISAの調査によると、「趣味で読書をすることはない」と答えた生徒の割合はOECD平均37％に対して、日本の生徒は44％、「科学について学ぶことに興味がある」は、OECD平均63％に対して、日本の生徒は50％、「数学で学ぶ内容に興味がある」は、OECD平均53％に対して、日本の生徒は33％と、いずれも日本の生徒の学習に対する意欲は、OECD平均を下回っています。前出の世界6都市調査でも「授業で習ったことをさらに調べる」「自分の興味を持ったことは学校の勉強と関係なく調べる」という項目は、6都市の中で東京の子どもが最も低い状況でした（図表12）。これは自ら学ぶという姿勢に課題があるということです。

　主体的に、意欲をもって学ぶことは、学びのエンジンのようなものです。これからの予測不可能な時代では、生涯にわたって学ぶことが必要で、そのためには学ぶ意欲を高めることが重要になるわけですが、ここに表れているように学習意欲の低さが気がかりなことです。

　そもそも私たち人間は、好奇心や学ぶ意欲を持っているはずです。新

第2章　日本の教育の課題と国際バカロレアへの期待　　　79

図表11　世界6都市の小学生の「勉強の効用」意識

とても役に立つ　　　まあ役に立つ

一流の会社に入るために

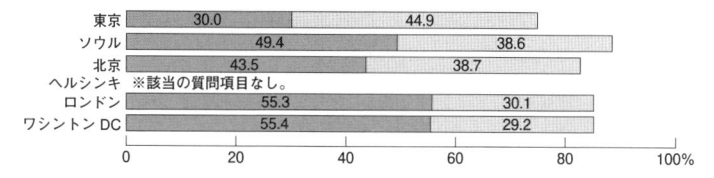

都市	とても役に立つ	まあ役に立つ
東京	30.0	44.9
ソウル	49.4	38.6
北京	43.5	38.7
ヘルシンキ	※該当の質問項目なし。	
ロンドン	55.3	30.1
ワシントンDC	55.4	29.2

お金持ちになるために

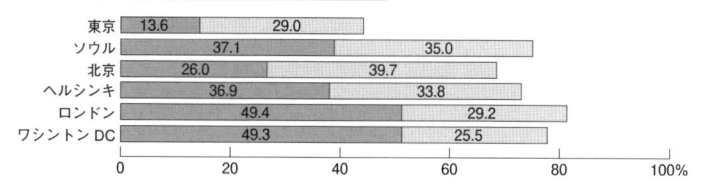

都市	とても役に立つ	まあ役に立つ
東京	13.6	29.0
ソウル	37.1	35.0
北京	26.0	39.7
ヘルシンキ	36.9	33.8
ロンドン	49.4	29.2
ワシントンDC	49.3	25.5

尊敬される人になるために

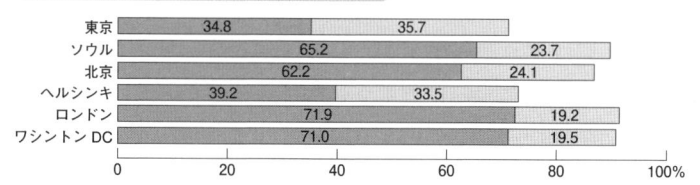

都市	とても役に立つ	まあ役に立つ
東京	34.8	35.7
ソウル	65.2	23.7
北京	62.2	24.1
ヘルシンキ	39.2	33.5
ロンドン	71.9	19.2
ワシントンDC	71.0	19.5

社会で役に立つ人になるために

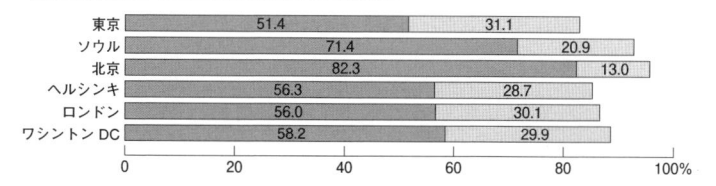

都市	とても役に立つ	まあ役に立つ
東京	51.4	31.1
ソウル	71.4	20.9
北京	82.3	13.0
ヘルシンキ	56.3	28.7
ロンドン	56.0	30.1
ワシントンDC	58.2	29.9

心にゆとりがある幸せな生活をするために

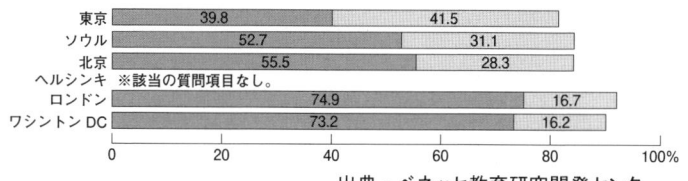

都市	とても役に立つ	まあ役に立つ
東京	39.8	41.5
ソウル	52.7	31.1
北京	55.5	28.3
ヘルシンキ	※該当の質問項目なし。	
ロンドン	74.9	16.7
ワシントンDC	73.2	16.2

出典：ベネッセ教育研究開発センター

しい知識や技術を覚えたり、新しいことに気付いたりすることはとても刺激的なことです。意欲は内面的なものですので目に見えるわけではありませんから、学習意欲があるか無いかということは、主体的に取り組むかどうかという行動や態度などで測ることになります。つまり本来内在している意欲を、主体的な行動として引き出すことが重要になるわけです。

「教育」は英語で EDUCATION、その語源は「引き出すこと」です。これは学習者一人ひとりの資質を引き出すという意味ですが、それが日本語では「教育」、つまり教え育てるという意味になります。「勉強」は英語では STUDY、語源は「夢中になること」です。それが日本語の勉強は「精を出して努めること」になります。どちらも少し、語源と日本語のニュアンスが違います。子どもたちの学習意欲を高めるためにはどのようなアプローチがいいのか、原点に立ち返って見直してみるとよいのではないでしょうか。視点を変えて見直すことで改善につながるのではないかと思います。このことは大学でも同様の課題となっています。与えられたテーマには取り組みますが、自ら課題を探して解決するような態度には至っていないため、どのようにして学ぶ意欲に火をつけ、主体性を引き出すかが課題になっています。

このような子どもたちの学習意欲の低下を表すデータを見ていると、「近頃の子どもは……」と批評したくなりますが、それは適切ではありません。今の教育の在り方のどこかにその原因があり、責任は大人にあるはずだと思っています。子どもたちが本来持っている主体的な学びを引き出し、夢中になって取り組むようにしていくためにはどうしたらいいかを考えていく必要があります。

これからの社会に必要な学び

これからの社会の変化や日本の教育の状況と課題から考える、これからの社会に必要な学びとはどのようなものでしょうか。予測不可能といわれる社会に備えて、社会につながる学び、主体的な学びを実現し、学

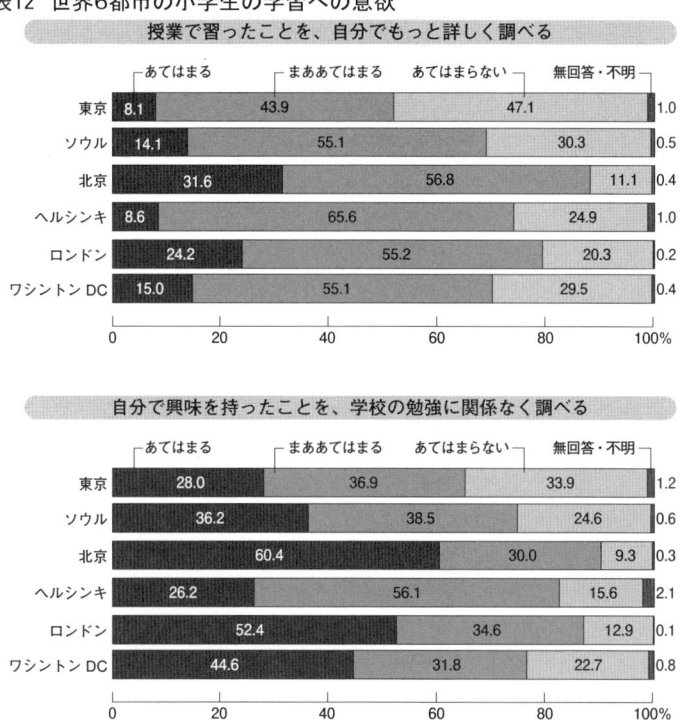

図表12　世界6都市の小学生の学習への意欲

授業で習ったことを、自分でもっと詳しく調べる

都市	あてはまる	まああてはまる	あてはまらない	無回答・不明
東京	8.1	43.9	47.1	1.0
ソウル	14.1	55.1	30.3	0.5
北京	31.6	56.8	11.1	0.4
ヘルシンキ	8.6	65.6	24.9	1.0
ロンドン	24.2	55.2	20.3	0.2
ワシントンDC	15.0	55.1	29.5	0.4

自分で興味を持ったことを、学校の勉強に関係なく調べる

都市	あてはまる	まああてはまる	あてはまらない	無回答・不明
東京	28.0	36.9	33.9	1.2
ソウル	36.2	38.5	24.6	0.6
北京	60.4	30.0	9.3	0.3
ヘルシンキ	26.2	56.1	15.6	2.1
ロンドン	52.4	34.6	12.9	0.1
ワシントンDC	44.6	31.8	22.7	0.8

出典：ベネッセ教育研究開発センター

習意欲を高めるためにはどのような教育が必要になるのか考えてみたいと思います。

21世紀に必要な資質、能力

　グローバル社会では英語力は必須であると思います。英語が使えると使えないとでは、得られる情報や発信できる情報の量に大きく差が出るからです。しかし、必要な能力は英語だけではありません。そもそも、日本の教育はどのような資質・能力の育成を目指しているのでしょうか。

　日本の学習指導要領では「生きる力」の育成を掲げていて、知識の習得度合よりも活用力を問うOECDのPISAの能力観に近い考え方です。

学習指導要領では、「生きる力」を育成するために、知識の習得と活用、探究を通して、思考力、判断力、表現力を育成するとしています。これまでは知識の習得は実践してきましたが、活用、探究にはどのように取り組むか、思考力、判断力、表現力のような力はどのように育成し、評価したらいいかが課題であり、そのために主体的学び、協働的な学びの実践が模索されています。

そもそもこれまでは、知識が基礎で、活用はその上に成り立つものであり、基礎知識を十分に学んだあとに活用、探究型の学びを行うという考え方が強かったと思います。

しかし、それではなかなか活用、探究に取り組むことができません。サッカーの練習でパス練習は大事ですが、パス練習ばかりを完璧に行おうとしていたら、いつまで経ってもゲーム形式の練習ができません。ゲーム形式の練習を通してパス、ボールを止める、蹴ることの重要性を感じ、さらに高い技術の獲得を目指して練習するようになるのではないかと思います。そのために、初めにゲーム形式の練習から入り、疑問や課題をまず感じさせることで基本の大切さを理解させ、意欲を高めるようにする方法もあります。そもそも、知識には基礎的知識もあれば高度な理解をともなう知識もありますし、活用力にも基礎的活用力と高度な活用力があるのではないかと思います。一口に知識といっても、必ずしもそれがすべて基礎的であるとはいえないのです。初めに必要な知識を与えておいて、活用型の学びに移行するとか、これまでの知識をもとにまず活用型の学びに取り組み、その後、さらに深めるために必要な知識の習得を促すというような、習得と活用の連鎖が必要なのだと思います。その際、意欲的に取り組めるような活用、探究のためのテーマ設定が重要です。そして、そのテーマは各教科の側面から見ることができる、横断的なテーマが望ましいと思います。

たとえば、環境にかかわるような気象をテーマにして、国語や英語で関連する文献を読み、意見をまとめて表現し、算数・数学で気象データのグラフを扱い、天気について理科で取り組み、地理的に社会で扱うというように、取り組むテーマを各教科の視点で分解し、習得、活用の連

鎖が可能になるようなシラバスを組めば、教科の知識が社会につながる生きた力として認識できるようになると思います。

　教科は必要な知識を体系的にわかりやすく学ぶためのもので、それは社会につながらなければなりません。

　そもそも学習のゴールは知識の習得ではなく、活用、探究であって、知識はそのために必要なものだと思います。知識は活用できてこその知識で、それだけでは21世紀に必要な資質・能力が十分であるとはいえません。

　社会の課題に有効に働く力を育成するための組み立てが求められます。

　さて、こうした活用型の授業を行うとき、活用を通して学ぶ思考力、判断力、表現力などの能力をどのように評価するかということが問題になります。これは、小学校、中学校、高校だけでなく、大学でもこのような汎用的能力の育成を質保証として掲げてみたものの、それをどのように評価するかということが課題になっています。

　この評価は、習得型の学習評価と違って測りにくいものですが、現在、世界の研究機関が交流し合って研究開発を行っています。そもそもPISAなどは、そのような過程から生まれたものです。得点による評価以外に、ルーブリックやポートフォリオのような評価を活用する方法もありますので、様々な方法を組み合わせて、学習者の状況を把握することが重要です。どのような評価にもバイアスがありますので、活用する教員は評価方法について正しく理解する必要があります。

　かつて、偏差値が理解不足のために独り歩きして、教育現場から評価が遠ざけられたことがありました。このことがその後の評価に対する理解と活用の停滞を招きましたが、その間に世界では様々な評価方法が研究開発されてきています。

　重要なことは、評価して学習者にラベルを貼ることではなく、次の学習にどう生かすかですので、教員の日頃の観察している情報と併せて適切に活用することが大事です。

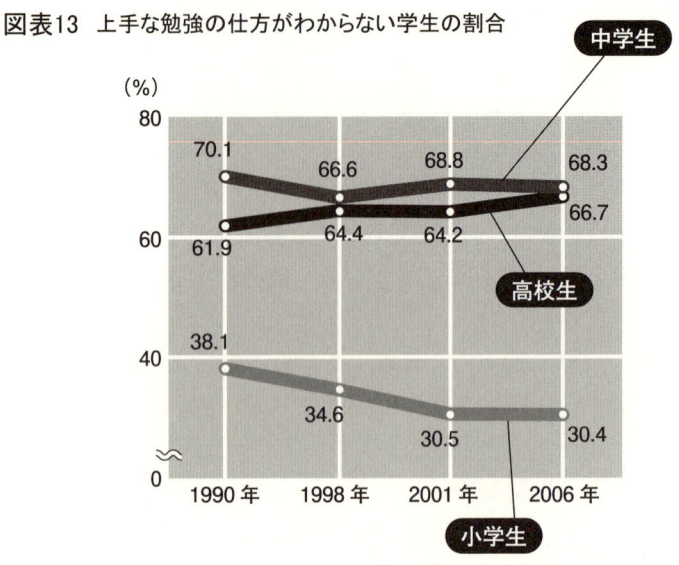

図表13　上手な勉強の仕方がわからない学生の割合

年	中学生	高校生	小学生
1990年	70.1	61.9	38.1
1998年	66.6	64.4	34.6
2001年	68.8	64.2	30.5
2006年	68.3	66.7	30.4

出典：ベネッセ教育研究開発センター

　また、評価というと客観評価と考えがちですが、自己評価も使いようによっては重要であると思います。自己評価は客観性に欠けますが、自己評価によって問題点が意識化されますし、自己評価の能力を高めること自体が重要なことですので、うまく他の評価と組み合わせると有効であると思います。

学ぶ力を育てる

　図表13のように、小学生のうちはそれほどでもありませんが、中学、高校と進むにつれて、勉強の仕方がわからないという生徒が多くなります。学習内容が複雑になると、学び方が身に付いているかどうかは重要です。学び方がわからないから勉強する気になれないということにつながるでしょうし、すべての学習に意欲を持てと言われても、なかなかそのようなわけにはいきません。むしろ学ぶ意義や学び方を考え、それを活用して学習に取り組んでいるうちに、興味を持つということにつながると思います。学習意欲を高めるためにも、学ぶ力の育成は重要なこと

なのです。

　学ぶ意義を理解し、課題に対して必要な情報や知識を集め、思考、判断して解決するための方略を、各教科の学習を通して身に付けることは、高校、大学だけでなく、生涯にわたって学ぶ上では重要ですし、学習場面だけでなく、先々の仕事のあらゆる場面で求められる能力です。このような学習は、実は日本の授業でも取り入れているのですが、多くの場合は意図的、計画的に意識づけて経験させていないので、能力として定着できているわけではありません。教科の内容の定着が優先されるため、このような学びが必要な能力として意識されることが少ないのです。学ぶ意義や学び方を意図的、計画的に各教科の中に埋め込み、繰り返し実践させながら、先々の学習場面で有効に活用できるようにすることが重要です。

　このことは、大学でも必ずしも明示的に行われているわけではありません。本来、深遠な学問の探究の過程で、様々な課題発見や課題解決の実践を繰り返しているはずですが、これらが意図して組み込まれているわけではありません。

　小学校、中学校、高校、大学を通して、繰り返し学び方を身に付けていくことができれば、生涯にわたって必要な、様々な課題解決のために有効な能力を身に付けることができるようになると思います。

地域社会と学び

　活用型、探究型の授業を行うためには、取り組むべき課題の設定が重要になりますが、地域社会はその課題の宝庫であると思います。それぞれの地域には、固有の歴史、文化があり、生活があります。史跡、祭り、街、産業、自然などは、国語、算数・数学、理科、社会、外国語、図工、体育など各教科の生きた教材になるはずです。地域社会の課題に目を向けて、さらに国内外の広い地域と比較して考える、また逆に世界の課題から自らの地域社会の課題と結びつける、というように考えていくことで、学んでいることと社会のつながりを意識でき、学ぶことの意味が理解できるようになると思います。これらの材料を教材化するため

には、地域の大学は重要なリソースとなります。大学には多くの専門家と学生がいますので、地域社会の課題解決には大事な存在であり、大学にとっても大きな役割であると思います。

　もし、地域経済の課題解決に貢献できない経済学部とか、地域文化の発展に貢献できない人文系学部とか、地域のスポーツに貢献できない体育系学部があるとすれば、それは存在価値を見直すべきです。

　英語の学習を例に取ると、最近では使える英語を学べるようにするため、英語を話す機会を増やしていますが、日本人同士では教室などで英語で話す必然性を感じません。そこで、大学の留学生の協力を得るとか、姉妹校などと地域の文化やよさを伝え合うような仕組みを年間カリキュラムの中に入れたり、地域の姉妹都市との交流事業に協力したりして、英語を使う必然性をつくると意欲的に臨めると思います。姉妹校や姉妹都市がなくても、地域のよさを英語でホームページにレポートするような活動をして、地域の活性化と併せて考えてもいいと思います。

　本来地域のよさはその地域の重要な財産ですから、広く伝えて価値を共有する必要があり、そのよさを伝えていくということは、各地域の義務であると思います。このような活動を通して、実践知、経験知、行動力など、教科書や座学では得られない能力の育成が可能になることと思います。

　このような学びには、情報通信技術（ICT）の利活用が有効です。スクリーンは現実の社会とつながる窓になりますし、意見交換、情報共有が時間、空間を超えてできます。ICTそのものは道具ですので、効果は使い方次第ですが、これからの学びにはなくてはならないものです。また、高度情報化社会の中で、ICTを活用した表現力、コミュニケーション力、メディアリテラシーなどを高めることは、必須の教育課題です。

個人と社会と教育

　そもそも、教育とは何のために行われるのでしょうか。教育には、学習者個人の充足のためと、よりよい社会の形成のためという二つの側面

があります。資格や入試などのためや個人の興味、関心というような個人的充足という目的と、教育によって良識と教養を持った市民が増えることにより、民主的で文化的で安全な社会を形成するという目的があると考えられるのですが、一般に日本の多くの人は前者の個人的側面を考えがちではないでしょうか。前者であっても、そのことが後者につながりますが、基本的には目的が個人のものであるという意識が強いように思います。勉強する、しないは自分の勝手ではなく、社会の構成員としてよき市民であることを目指し、健全な社会を維持、発展するために勉強してもらうことが必要なのです。

　日本では20歳で成人し、選挙権が与えられますが20歳で急に社会のことを理解できるようになるわけではありません。その前から、社会の仕組みやさまざまな情報を批判的、論理的に考え、判断できる力を身に付けなければなりません。その上で、適切な投票行動をして、よりよい社会の形成に貢献できるように準備することが重要です。しかし、残念ながら日本の20代の投票率は、世代別投票率の最下位で、このままでは、今後少子化が進む中、若者の意見が反映されにくい社会になる可能性があります。

　そのような観点からすると、学びと社会とのかかわりが薄く、受験などの個人の充足目的の色彩が強い日本の教育は、個人のための目的と社会のためという目的のバランスを欠いていると思います。この二つの要素がバランスよく、連動しながら学べるような設計が必要であると思います。

国際バカロレアへの期待

　国際バカロレア（IB）では、プログラムに「IBの学習者像」として、探究する人、知識のある人、考える人、コミュニケーションできる人、正義感のある人、心を開く人、思いやりのある人、挑戦する人、バランスのとれた人、振り返ることができる人、という10項目を掲げ、探究

型の学び、協同型の学びを実践しています。そして、世界の仕組みや社会の構造を考えさせ、考えるにあたっては、考え方、探究方法を学ぶことができます。さらには、協同型でともに学び合うことで学習意欲を高め合い、同時に多様性やコミュニケーションの大切さを学んでいくことができます。

このことは、先に述べた日本の教育の課題である、社会的効用感、学習意欲・主体的学び、学ぶ力の育成という問題に対して、具体的な解決策を提示しています。そして、IBではこれらの資質、能力を認定資格として評価する仕組みを持っています。これは日本の受験で問われる能力とは異なる観点で、より社会に必要なものであり、さらに汎用的な能力が問われるものでもあるわけです。

もちろん教科の学習が必要ないというわけではありません。むしろ教科は、このような汎用的な能力を育成するために必要なことで、探究するためには系統的な知識が必要ですので、IBでは教科を通して汎用的能力が育成できるように設計されているというわけです。

そして、IBの資格取得は、海外の大学に留学するためのパスポートを手に入れたことになりますので、グローバル人材の育成のためにとても有効な手段になります。グローバル人材の定義についても、IBではすでに人間像としてモデル化されていて提示されているのです。

もちろんIBにも課題はありますが、IBの存在が日本の教育の改善につながり、日本の教育のよさと、IBのよさを生かして、さらに進化した教育の提供につながればよいのではないかと期待しています。そして何よりも、進路の選択肢が増えるということは日本の子どもにとってとてもプラスであると思います。

子どもたちへの期待

日本の子どもたちは内向き志向だと言われています。

確かに日本人の留学生数は減っていますが、実態は欧米への留学数が

激減し、アジアへの留学生は増えています。全体が減っていることには変わりはないのですが、このことをどのように理解すればいいでしょうか。子どもたちは、今や国内、海外を問わず多くの情報を得ることができます。リーマンショック以来の経済的問題や就職などの問題も背景にはあるでしょうが、海外に行く気になれば以前より安価に行くことができます。海外は以前より特別なところではなく、必要と思えばいつでも行けるところなのですが、その必要性を感じていない、または感じさせていないために、結果的に欧米への留学生が減っていると考えることはできないでしょうか。その間に、新興国は経済力をつけ富裕層を中心に積極的に海外留学をして、グローバルなネットワークの中に身を置き、将来を設計してきています。日本の子どもたちは、好むと好まざるとにかかわらずグローバルな競争にさらされてきているのです。したがって、日本の子どもたちには、日頃から社会や世界を感じさせる工夫が必要ですし、情報だけでなく実際にそれらを体感することが必要です。

　海外を経験することは、日本のよさに気付くことでもあります。日本独特の価値観が海外と違うからダメなのではなく、そのことが誇れることだと気付く機会になると思います。安全、清潔、もてなし、高いサービス力、固有の文化、自然など日本の強みを実感できることは重要な学びです。

　一方で、世界を見ることは、かつて世界が遠かったときの感覚ではなく、国境を越えて多様な選択があることを理解させることにもつながります。

　子どもたちにはこのような経験を通して、状況を冷静にとらえて、新しい時代を切り開いていってほしいと思います。

　デジタルの世界には、生まれたときにはまだデジタル技術が一般的ではなかったデジタルイミグラントと、生まれたときからデジタルに接しているデジタルネイティブという分け方があります。両者の傾向には特徴があり、デジタルイミグラントに比べてデジタルネイティブはデジタルへの接し方が冷静で、必要性は十分感じていても、過度な期待もしていないように見えます。この点、グローバル人材も似ているのではない

かと思います。いわば、グローバルイミグラントとグローバルネイティブです。高度情報化と航空航路網の発達で、もはや世界は狭くなりました。かつて世界が遠かった時代の感覚を引きずっているグローバルイミグラントの世界観ではなく、日本と海外を区別しないボーダーレス感覚のグローバルネイティブの世界観からすれば、内向き、外向きという分け方自体が意味を持たないのかもしれません。

　そもそも、「近頃の若い者は……」という言い方は昔からあったようですが、これまでの時代感覚で、新しい時代の意識や行動を評しているので、必ずしもその通りというわけではありません。新しい世代なりに先人の不易な知見を守りつつ、革新を続けていくことが重要です。そして、学んで考えるだけでなく、行動することが大事です。知識は蓄えるだけでなく、活用し、社会に役に立てるためのものです。そのときに必ずしも現実は学んだ理論のようには動きません。現実の状況を見極めて新たな解決策を生み出さなくてはならないことのほうが多いと思います。したがって、行動すること、経験することによる実践知が重要になるわけです。

　教育はこのような活動の源泉として機能していくようにならなければなりません。国際バカロレアの導入が、日本の教育のグローバル化への大きなドライブになることを期待しています。また、そのような環境で学んだ子どもたちが、グローバル人材としてこれからの社会で活躍していくことを期待しています。

第3章

国際バカロレアと「学び」

カイト由利子

◇ ◆ ◇ ◆ ◇ ◆ ◇ ◆ ◇ ◆ ◇ ◆

娘たちの経験から

　この章では、国際バカロレア（International Baccalaureate：IB）で学んだ子を持つ母としての観察と、大学の外国語教員としての観察——この二つの視点から、国際バカロレアにおける「学び」について述べてみたいと思います。

　私の娘は、花（長女）が1979年広島で、尚美（次女）が1983年ケニアのナイロビで生まれました。花はケニアで幼稚園を過ごしましたが、初等・中等教育は、二人ともアメリカの公立小学校で、1990年からは神戸にあるインターナショナルスクールで受けました。その後、それぞれアメリカ東部の大学を卒業し、しばらく仕事をしたのち、花は公衆衛生の、尚美は教育学の修士課程を修了しました。娘二人が高校でIBを勉強したのはずいぶん前になりますが、今でも鮮明に記憶に残っていることがあります。

大学での単位認定

　IBの高等部のプログラム（Diploma Programme：DP）の修了書や単位は、海外の多くの大学でも単位として認められています。たとえば、娘たちが通ったアメリカの大学では、このDPの単位が教養科目の単位として認められていたため、娘は数学など苦手なクラスを履修せずに済み、ずいぶん得をしたと思ったようです。ここで、DPの大学での単位認定について少し紹介しておきます。

　IBのカリキュラムは、国際的に通用する規準で設定されています。

よって IB 最終試験合格者（IB 資格者）は、大学入学の資格を有すると見なされます。また、入学資格を得るだけでなく、単位認定もされます。娘が大学に入った当時は、アメリカでは IB の認知度はあまり高くありませんでしたが、二人とも DP で取った単位が教養科目（数学、生物、ヨーロッパ史）の単位認定を受け、必修科目が免除されました。日本の大学でも、外国語、簿記などの検定試験、奉仕活動などが単位認定されることがありますが、私の知る限り、そのような事例は限られていると思います。

学びの目標が明確に

　単位認定の場合、科目で学習する内容と目標を明確にすることが、必要条件となってきます。英語の TOEFL（トーフル）[i] や IELTS（アイエルツ）[ii] などのテストの例を見てみましょう。いずれも、海外留学などに必ず求められる、英語能力を証明する標準テストです。テストの点数は、ある一定の点数を獲得すれば、英語圏の大学・大学院の授業が理解でき、課題もこなせる言語運用能力があることを示します。よって、この「～ができる」を示すスコアは、大学のクラスが履修可能か否かの目安になります。日本の大学の単位互換の例を見てみますと、TOEFL iBT 試験（インターネット受験）でスコアが 68 ～ 87 点であれば 4 単位、88 点以上であれば 6 単位と認定されることがあります（例：日本大学文理学部英文学科）。

　また、関西大学における語学の単位換算では、1 学期は 1 週間 90 分で 15 回の授業です。TOEFL iBT 試験のスコアがある一定の点数以上であるなら、宿題などを含め、1 学期 30 時間勉強したと換算し、2 単

---

[i] TOEFL: Test of English as a Foreign Language. ETS という非営利団体が行っている「外国語としての英語」テストである。

[ii] IELTS: International English Language Testing System. ブリティッシュ・カウンシル、ケンブリッジ大学などが共同運営しているプログラム。

位が認められます。このように、多くの大学では、TOEFL のスコアを提出することにより、単位を取得することができます。TOEFL iBT88 点は、英語圏での大学・大学院で勉強するに値する英語能力を持っているレベルですが、先の日本大学の例のように 6 単位と見なされることもあります。これは 3 学期分、つまり 1 年半学習したことに値する単位です。

　TOEFL をあまりご存じでない方もいらっしゃるかもしれません。しかし、2013 年 9 月、教育再生実行会議が行った第三次提言「これからの大学教育等の在り方について」では「大学入試等における TOEFL 等の活用を進める」と謳っています。この提言は、「日本人留学生を 12 万人に倍増し、外国人留学生を 30 万人に増やす」という項目に記載されています。つまり、TOEFL のスコアが、入学試験の一部に代用されるということです。TOEFL スコアの入試査定活用は、すでに例があります。TOEFL を所管している機関によると、509 大学の調査回答では、219 校が「すでに活用」し、287 校が「利用なし」と回答しています（国際教育交換協議会）。テストの活用理由については、「英語運用能力を客観的に測定できる試験」(133 校)、「スコアで評価される内容が明確だから」(36 校) となっています。TOEFL スコアの入試査定活用は大学に留まらず、首相提言と同時期に、大阪府の教育委員長が、大阪府の高等学校の入学試験に TOEFL や英語検定試験を 2017 年度から活用すると発表しました（朝日新聞デジタル）。これらの検定テストの点を換算した上で、従来型の入試テスト（英語）の得点と比べて高い方を採用するとのことです。

　この大学の単位認定が、IB と何の関係があるのだろうとお考えの方がいらっしゃるかもしれません。ここでは IB と TOEFL や IELTS を比較することが目的ではありません。注目していただきたいのは、このように単位認定されることには、「学び」の考え方が表れているということです。IB や標準テストでは、「学びの目標が明確に設定されてい

る」ということに注目していただきたいのです。たとえば、TOEFL や IELTS では、スコアにより英語圏での大学入学が認められていますが、TOEFL テスト自体は、合格・不合格を決めるテストではありません。しかし、言語の4技能が点数で示されるので、ある一定のスコアを取れば、英語で行われる大学の授業についていく能力があると判断できるのです。

> The relationship between TOEFL iBT scores and academic placement at colleges and universities also provides evidence that the test scores are related to other indicators of academic language proficiency. In many English-medium colleges and universities, some international students are judged to have sufficient English-language skills to take content courses without needing additional English-language instruction. (TOEFL, 2011)
>
> TOEFL iBT のスコアは、学業に必要な言語運用能力を示している。だからこそ、このスコアが大学（単科、総合）入学審査に使われるのである。よって、英語圏の多くの大学（単科、総合）では、外国人学生でも TOEFL iBT である一定の点数に達していれば、専門科目を履修するために必要な英語運用能力を備えていると見なし、外国語として英語を勉強する必要がないとしている。（筆者訳）

次に、IELTS の例を見てみましょう。IELTS のテストの結果も、合格・不合格ではなく、英語力のレベルを表す0から9のバンド（9が最も英語力が高い）で示されます。二つの例を見てみましょう（IELTS Guide）。

> Band 6: Competent user: has generally effective com-

mand of the language despite some inaccuracies, inappropriacies and misunderstandings. Can use and understand fairly complex language, particularly in familiar situations.
バンド6：有能なユーザー：不正確さ、不適切さ、および誤解がいくらか見られるものの、概して効果的に英語を駆使する能力を有している。特に、慣れた状況においては、かなり複雑な言語を使いこなすことができる。

Band 9: Expert user: has fully operational command of the language: appropriate, accurate and fluent with complete understanding.
バンド9：エキスパート・ユーザー：十分に英語を駆使する能力を有している。適切、正確かつ流暢で、完全な理解力もある。

　数学か理系のクラスを理解するにはバンド7の英語力が必要となり、歴史、哲学、文学などのクラスを履修する場合は、最低7.5の英語力が必要だとされています。このような「～ができる」という到達レベルの記述は、IBの場合も明確に示されています。

IBの目標設定

　ここでは、IBのカリキュラムのうち、MYP(Middle Years Program：小学校6年生から高校1年生までのプログラム)の「言語」の中で、ある「日本語」のクラスを取り上げてみましょう。これは、中学1年生・2年生のクラスで使われた「映画の鑑賞文の課題」の単元からの引用で、担当の西澤緑先生からいただいたものです。この学校は、神戸市にあるインターナショナルスクールであり、教育言語は英語です。目的などに、英語やカタカナ語の用語も使用されています。まず、この単

元の目的に加え、この課題の計画が明確に示されていることに注目してください。

Japanese 6/7『風の谷のナウシカ』
1 目的——地球はどのように変わったのか。これからどのように変わっていくのか。
・映画のテーマを分析し、自分の考えをまとめる。
・Analytical thinking ―宮崎駿の意図を分析する。
・Idea Development ―言いたいことをしぼり、言いたいことをよく表すエピソードを選ぶ。
・Organization ―つなぎ言葉を使い、文の組み立てを考える。
2 スケジュール
10/15 　　　テーマについてディスカッション。グラフィック オーガナイザーを作る。
10/17 　　　下書き rough draft を Google docs[iii] で作成。
10/19/22　 Graded Discussion
10/24/25　 In-class Essay

Plagiarism に注意！
他人の文をコピーしたり、他人に書いてもらった場合は0点。
Write in your own words!

このような目標提示は、学習指導要領などにも見られますので、皆さ

[iii] 教材、課題、宿題などがすべてインターネットに掲載されている。下書きは、そこにアップロードしなさいとの指示である。

んも授業や授業参観などでご覧になっていることでしょう。下記に見られるような評価については、どうでしょうか。

> 3 評価
>   鑑賞文
>   みなさんが映画の評論家だとして、映画『風の谷のナウシカ』で、宮崎駿は何を伝えようとしているのかを分析し、鑑賞文を書く。
>   〈注意〉
>   ＊感想文ではありません。あらすじを長く書いたり、「好き、嫌い」を書いてはいけません。
>   ＊言いたいことがよく表れているエピソードを選ぶように。
>
>   原稿用紙　600字—800字
>   ＊J6(日本語レベル6)：です／ます体
>   ＊J7(日本語レベル7)：だ／である体「私は〜思う」のように、「私」を主語にしないで、客観的に書く。自分の考えをはっきりと述べること。
>   J7 鑑賞文の表現の例
>   　　〜　がわかる　（わかります）
>   　　〜　が示している　（示しています）
>   　　〜　を表している　（表しています）
>   　　〜　を描いている　（描いています）
>   　　〜　が伝わってくる　（伝わってきます）

　鑑賞文を書く前に、すでに評価規準が示されています。評価の対象が三つ（内容、構成、言語）あり、それぞれ評価規準が（0〜10点）で示

されています。そのうち、まず、「内容」についての評価規準の一部を見てみましょう。

> （1〜2点）　映画の理解が非常に浅い。間違っている。
> 　　　　　　好き嫌いなど、主観的な説明に終わっている。
> （7〜8点）　映画のテーマをうまく説明している。作者の伝え
> 　　　　　　たいことを的確にとらえていて、映画をよく理解
> 　　　　　　していることがわかる。
> 　　　　　　なぜそう思うのか、具体的に適切なエピソードを
> 　　　　　　示し、説明している。
> （9〜10点）「キラリと光る」鋭い分析が見られる。映画をか
> 　　　　　　なり深く理解していることがわかる。なぜそう
> 　　　　　　思うのか、具体的に適切なエピソードを示し、
> 　　　　　　「なるほど」と思える説明をしている。

また、「言語」についての評価規準の一部を見てみると、

> （1〜2点）　文法、段落、句読点、表現、漢字の間違いが多い
> 　　　　　　ため、意味がうまく伝わらない。
> 　　　　　　語いが少なく、英語が混ざることがある。
> 　　　　　　漢字を使っていない。
> 　　　　　　一文の長さが短く、単文が多い。
> 　　　　　　だ／である体、です／ます体が混ざっている。
> （7〜8点）　文法、句読点、表現の間違いがほとんどない。
> 　　　　　　語いが豊かで、抽象的表現、客観的表現などを混
> 　　　　　　ぜて、表現に変化をもたせている。
> 　　　　　　鑑賞文にふさわしい表現を使っている。（「私は

> ......思う」が混ざっていない。Japanese7)
>
> （9〜10点）　文法、句読点、表現の間違いがない。
> 　　　　　　　語いが豊かで、抽象的表現、客観的表現など高度な表現を的確に使える。
> 　　　　　　　鑑賞文にふさわしい表現を使っている。（「私は......思う」がない。Japanese7)

　この２週間の課題で、どのような鑑賞文ができたのでしょうか。ここで、ある例を紹介したいと思います。

> 　　　　　　『風の谷のナウシカ』　鑑賞文
> 　「多すぎる火は何も生みはせん。火は一日で森を灰にするが、水と風は100年かけて森を育てる」——これは映画『風の谷のナウシカ』の中で出てくるセリフの一つである。このセリフは当たり前の事のようだが、その裏に自然と人間の共生、そして自然を大切にしなければならないという、この映画のテーマが隠されている。
> 　まず、この文は比喩を使って現代社会が、自然を大切にしなければいけない事を非常にうまく表している。この場合「火」とは兵器のことで、「森」とは人間の住む地球、そして「水と風」は自然の事である。この映画では、人間が巨神兵を使って戦い、たった７日間で地球が汚れ腐海ができる。腐海の植物は毒を出し、虫は人間を襲い、「火の七日間」の戦争から1000年経っても、地球は人間が住めない場所になっている。巨神兵は核兵器のシンボルと考えられる。つまりこの比喩は、核兵器すなわち、戦争は地球をすぐに崩壊させるのに対し、自然は何千年かけて地球を育てるという意味を持つのである。
> 　そしてこの映画を理解するにはもう一つ重要なセリフがあ

第3章　国際バカロレアと「学び」

> る。それは次の大ババの予言である。「そのもの青き衣をまといて金色の野に降りたつべし、失われし大地との絆を結び、終に人々を青き清浄の地へ導かん」。映画の中では、人間社会は発展しすぎ、そのとき限りの欲望のため世界が崩壊するまで戦争を続けた。その結果、世界の大半が腐海に飲み込まれて、ほとんどの人間はそれを守る王蟲（オーム）を憎み、全滅を試みる。つまり人間と自然は対立し、大地との絆は遠く失われた状態に陥っている。この予言の意味とはその絆を元に戻すことである。この予言を実行する役目を担っているのが主人公のナウシカで、人間の悪事のせいで怒り狂った王蟲の群れを自分を犠牲にしてまで鎮め、大地との絆を取り戻す。ナウシカのこの行いは明らかに自然との共生を願う気持ちが反映されている。
>
> 　この映画のテーマ、「自然との共生」は今の世界に欠けている部分だ。先に述べたとおり、人間は先を考えずに自分の欲望を満たすために行動する。現代では一時の利益を見込んで100年後、1000年後の地球に及ぼす影響も考えずに自然を破壊したり戦争をしたりする事がしばしばある。宮崎駿はこの映画を通じて我々人間がしてきた愚かな行いを考え、これからの事を考え直すようにと強く訴えている。

　この生徒の家庭言語は日本語ですが、1年生からインターナショナルスクールで教育を受けているため、学習言語は英語です。1年生から日本語は話せたものの、読み書きを勉強したのは5年前とのことです。短期間の日本語学習歴とはとても思えないほどの鑑賞文ですね。

　さて、これまで、(1) 単位認定には、科目Aと科目Bのマッチングが必要であるため、それぞれの科目で何を、どのぐらい学習したかという内容確認が必要であること、(2) TOEFLやIELTS等がそれぞれ目標レベルを明確にしていること、(3) IBのカリキュラムも、評価規準

を示すことで、目標レベルを明らかにしていることを見てきました。

　このように到達目標が明確になっていることは、IBのカリキュラムでは、Backward Design（Wiggins & McTighe, Richards）と呼ばれています。Backwardとは、「うしろから」つまり「逆から」という意味です。これまでのカリキュラムの組み立ては、「『教えるべき学習内容』（『知識』や『スキル』）がまずあり、それを教えて、最後に（あとから）評価をする」というものでした。

　しかし、これでは何のために勉強するのか、学んだ知識やスキルが実生活のどんな「学び」に結びつくのか、ほとんど意識されることはありません。英語教育を例にとってみますと、まず文法と単語を教えるという「学習内容」はあるものの、共有されているのは「いつかは、英語ができるようになる」といった程度の感覚です。この反省から、まず、学習後の到達目標を明らかにし、そこから学習項目を選択しようという考えが生まれてきました。

　『風の谷のナウシカ』の例を見ますと、Backward Designを使って、まず目標が明記してあります。ここでは紹介していませんが、クラスでは単元の最初に、IBの学習者像から、Inquirer「探究する人」とか、Knowledgeable「知識のある人」などについて、ディスカッションしたと聞いています。そして、具体的に「地球はどのように変わったのか。これからどのように変わっていくのか」という探究心をそそる問い（inquiry question）が提示され、「映画テーマを分析、自分の考えをまとめる」という目標が示されています。つまりこの単元は、単に日本語を学ぶに留まらず、「環境問題という大きな問題を考えていこう」という最終目標から編み出されたもので、そして二次的な到達目標として「物を深く理解し、題材を分析し、説得力のある鑑賞文を書くこと」が示されています。

　このBackward Designの考え方は、最近日本の外国語教育で注視されている「Can-do評価（章末［1］参照）」（例：JF日本語スタンダード、

NCSSFL-ACTFL Can-Do Statement）などでも見受けられます（国際交流基金）。これらは、ヨーロッパ言語共通参照枠（European Framework of Reference for Languages）がその発端となっています。

さて、話を前に戻しますと、日本では、高等学校で履修した科目が、大学で単位認定を受ける例があるでしょうか。最近は、高等学校と大学の連携が実施されていますが、高等学校で取得した単位が大学の単位として認められる例は、高等専門学校の例のみのようです。大学などの学修が、高等学校にて単位認定をされることはあるようですが、ごく例外を除いて、高等学校の単位がそのまま大学の単位として認定を受ける例は、まだ日本では少ないようです。IB の DP が、大学で単位認定されるということは、そのレベルの高さを物語っていると思います。

学習レディネス

娘が IB の DP を履修したことによって、大学の単位がもらえたことは嬉しいことでしたが、それ以上に嬉しいことがありました。それは、大学での学習レディネスです。アメリカの大学では、しっかり勉強をします。議論ができるようになるまで論文を前もって読んでおくなどクラスの課題のために学生は多くの時間を費やします。しかし娘たちにとって、クラスでの議論、レポート作成、試験準備は、非常に楽だったようです。むしろ、高校時代の IB の授業の方が大変であったとのことです。

IB は、大学卒業後も履修者をあと押ししているようです。最近、次女尚美は教員を目指すことを決め、アメリカのある大学のオンライン修士課程にて、修士号と教員免許を取得しました。2013 年 5 月に修士号取得と教員免許を持って、ベルギーで就職活動を始めたのですが、ヨーロッパのインターナショナルスクールは 8 月半ば始まりなので、5 月には正規採用の枠はなく、代理教師として志願し面接を受けました。その面接の場では、教育学の修士号取得よりも、高校で受けた IB 修了総合点の方が注視されたとのことでした。高い授業料を支払い頑張って取得

した修士号と教員免許だったので、ある意味残念だったようですが、高校のIBの成績がそのように重視されることを大変驚いていました。これは、IBがヨーロッパで始まり、周知度が高いことの表れかもしれませんが、11年前のIB修了書スコアが面接の設問にあること自体が、IBがしっかりした教育課程としてヨーロッパで認知されていることを物語っています。日本の標準テストとしては、大学入試センター試験がありますが、この試験は、海外での認知度はまったくないと言っても過言ではありません。

教員養成

　さて、ここで教員養成について見てみましょう。アメリカ、ヨーロッパの教員養成は、日本と随分異なります。おそらくこれも、教育に関する考え方の相違が、背景にあると思われます。

　日本では、教師を真剣に志望する学生がある一方、「ついでに教員免許も取っておこう」「もしかしたら、教員になるかもしれない」と教員免許を取得する学生もいると思います。ちなみに、2011年度の公立学校教員の採用試験選考の実施状況を見てみますと、受験者総数は178,380人、採用者総数は29,633人、つまり、16.6％が採用となっています[iv]。その他私立学校の教員採用もありますので、この数字は正確ではありませんが、実際教師になる人は、大学で教職課程を履修するごく少数の人です。「ペーパードライバー」と同じように「ペーパーティーチャー」もたくさん存在するということになります。

　これに対し、アメリカ、ヨーロッパでは、教員免許は、「もしかしたら」の考えでは、なかなか取得できないものです。尚美が経験したアメ

[iv] 2011年度公立学校教員採用選考試験の実施状況について
http://www.mext.go.jp/a_menu/shotou/senkou/1314470.htm

リカの大学のオンライン修士課程は、スカイプを使用した授業で、ヨーロッパに住んでいたため、時差により夜中にクラスを履修することとなりました。その後、教育実習が課されました。日本では、教育実習は短く２～３週間ですが、彼女の場合は、合計５カ月の実習（10週間が２回で20週間）が課されました。教育実習中は、毎日実習校に行き、授業の観察、指導担当の先生との面談（そのうち３回ビデオ収録）、そして実習（レッスンプランの提出とビデオ収録。１学期に３回）が求められました。同時に授業を履修しながらの実習でしたので、忙しかったようです。

このように、海外の大学の教育実習は、日本の大学の教育実習とは大きく異なっています。日本では、教員資格は国家資格ではなく、地方自治団体が所管しています。それで教育実習の期間は中学校教諭の免許状取得希望者は３週間以上、高等学校教諭の免許状のみの取得希望者は２週間以上となっています。しかし、尚美の場合は、実習時間が長いのみならず、またその間に課された課題も多く、その点が日本の教育実習とは異なると言えるでしょう。

もう一点異なることは、教員免許が、終身免許ではないことです。たまたま尚美は、カリフォルニア州の初等教育の免許を取得しましたが、アメリカ全体に以下のような「予備免許状」の制度が定められているようです。

> カリフォルニア州以外の47州がこのような「予備免許状」の制度を運用しており、「予備免許状」の期限は２年あるいは５年で有効性が失効するために、有効性を維持するためには、「更新」する、換言すれば正式の教員資格を取得することが必要となる。（山田礼子『ホームページに大学戦略を見る』）

日本でも、2009年から教員免許の終身制度が改善されています。しかし、アメリカの例と比較すると、まだまだ緩やかな更新制度のようです。文部科学省によると、「10年に1回、大学などが開設する30時間以上の免許状更新講習を受講・修了する」とあります。更新講習の内容は別として、免許更新に課されるまでの時期が2倍から5倍長いことになります。また、文部科学省の「教員免許更新制」のHPには、『※不適格教員の排除を目的としたものではありません』[v]の但し書きがあります。これは、「予備免許状」制度がこれまでの終身制度に代わって定着するには、程遠いことを物語っています。

　このような研修——文部科学省では「講習」と呼んでいますが——は、どの専門的職業においても必要です。アメリカでの教員養成現場では、"Don't teach the way you were taught."(「自分が教わったように、教えてはならぬ」)とよく言います。確かに、教育において「教わったとおりに教える」ことも必要ですが、「教わったとおり」ばかりでは、十分ではありません。学習する内容、目標、方法などは、日ごと変化しているからです。特に、学習方法については、最近の技術の発達により、どんどん変化しており、新たなツール(道具)を使って学ぶことが求められています。教育実習期間が2〜3週間では、「教わったとおり」にしか、教えられないかもしれません。

　ある私立の学園では、低学年から「ワン・ツー・ワン」(one-to-one)といい、生徒一人ひとりが自分のパソコンを持って授業にのぞむ制度を活用しています。娘たちが通ったインターナショナルスクールでも、「ワン・ツー・ワン」は幼稚園から活用しており、カリキュラム(教材を含む)も、すべてHPに掲載されています。前述した『風の谷のナウシカ』の課題では、生徒が書く作文の下書きは、紙で提出するのではな

---

[v] http://www.mext.go.jp/a_menu/shotou/koushin/001/1316077.htm

く、デジタルのドキュメント（Google Docs.）で提出します。また先生のHPで宿題や課題を見ることができ、お互いに議論をすることも可能です。先生からのコメントや修正もデジタルで掲載されます。といっても、実際の授業は対面授業とスクリーンに向かってする授業であり、「ブレンディド（融合型）授業」となっていますが、私が経験した黒板とチョーク、教科書、テストなどの紙媒体を使った学習とは、ずいぶん異なっています。どちらがいいかは、今後の評価によると思いますが、生徒や学生が情報を交換しているツールが大きく変化してきており、もうすでに逆戻りができないと思われます。

「ワン・ツー・ワン」や「e-ラーニング」のようなインターネットを活用しての学習方法などは、研修を通じて学びます。教師は専門職ですので、定期的な知識や技術の向上を欠かすことはできません。前述のインターナショナルスクールでは、すでに「ワン・ツー・ワン」を実施しています。カリキュラムはすべて電子化され、近い将来は、紙媒体の教科書は使用しないとまで考えているそうです。この学校では、多くの時間、エネルギー、予算をかけて、研修をたえず定期的に行っています。このような学習ツールのみならず、カリキュラム学習においても、IBでは、カリキュラムの内容、目標、評価が常に修正され、そのつど研修が行われています。

　これまで、国際バカロレアのうち高等部のプログラム（Diploma Program：DP）を学習した娘たちの体験から、(1) DPの汎用性（世界の大学入学の資格を得る、大学で単位認定が可能）、(2) DPの可視化（到達目標を明確にすることで、単位認定などが可能となる）、(3) DPの向上性（カリキュラム、教授方法、教室管理などが向上するよう定期的に研修をする）を見てきました。

IB の導入のためには

　さてここで、IB のこれからの話をしましょう。最近、IB がにわかに注目されてきています。その大きな理由は、この本の「はじめに」でも述べられているように、文部科学省が掲げた「IB の DP 実施校を 2018 年までに 200 校に増やす計画」にあります。私の意見は、「素晴らしいカリキュラムであるので、多くの高等学校でぜひ導入をしてほしい」と「果たして 2018 年までに可能か」の二つです。なぜ進めてほしいと思っているか――前向きな意見については、これまですでに触れました。これから、IB へのカリキュラム改革の可能性について述べたいと思います。

誰がカリキュラムの見直しを行うか

　カリキュラム改革には、何かが――しかも大きく――変わらなければなりません。誰が、何を、どのようにして進めるか、を考える必要があります。

　まず誰が行うのか。2013 年の春、ある IB のシンポジウムで、「改革には教員の意識改革が必要だ」との発言がありました。教育現場の教員は、もちろんかかわっていかなければなりません。しかし、教員だけでよいのでしょうか。私は、そう思いません。教育に携わるすべての構成員に関係するものであると思っています。

　つまり、教える（教員）・学ぶ（学習者）・教育の管理をする（管理者）・教える支援をする（保護者）、教育にかかわるすべての構成員（教員、管理者、学習者・保護者）がこのプロセスに関与するべきだと考えます。学習評価を策定している国立教育政策研究所でも、同じような考えを示していて「外国語科における評価規準の作成、評価方法等の工夫改善」について、次のような言及があります。

　　　<u>校長のリーダーシップ</u>の下で組織的・計画的に取り組

み、学校としての評価の方針、方法、体制、評価結果などについて、日頃から教師間の共通理解を図り、授業研究等を通じ教師一人一人の力量の向上を図る必要がある。どのような評価規準、評価方法により評価を行ったのかといった情報を保護者や生徒に分かりやすく説明し、共通理解を図ることが重要となる。信頼される評価を行うためには、評価が目的に応じて、保護者や生徒などの関係者の間でおおむね妥当であると判断できるものであることも重要な意味をもつ。(下線部筆者)

「重要な意味をもつ」とはどういうことか、それについては後ほど英語教育の視点から考えてみたいと思います。

では、何を変えればいいのでしょうか。少し大きい点ではありますが、カリキュラムの見直しが必要だと思います。カリキュラムは、複雑です。カリキュラムには、教育理念に基づき、what（学習内容に含まれるもの——学習の目標、内容、教材など）、how（教授法——教える方法、時間配分）と、outcome（成果、到達できた目標）が含まれています。日本では、文部科学省がカリキュラムを統括しており、「学習指導要領」[vi]などがそれに該当します。

ここでは、教育理念、学習目標を取り上げてみます。2012年の『新学習指導要領・生きるちから』と『国際バカロレアの教育理念』を比較すると、あまり差はないようです（章末［1］参照）。両方とも、国際社会の平和や共存を目指す市民を育成するために、知識と技術の習得、好奇心や探究心、意欲の涵養を目指すと謳っています。文部科学省は、

[vi] 新学習指導要領・生きる力
http://www.mext.go.jp/a_menu/shotou/new-cs/youryou/index.htm

『国際バカロレアのカリキュラムは、学習指導要領が目指す「生きる力」の育成や新成長戦略が掲げる課題発見・解決能力や論理的思考力、コミュニケーション能力等重要能力・スキルの確実な習得に資するものである』[vii]（下線部筆者）とし、二つのカリキュラムが少なくとも同じ教育理念を共有しているとの立場を示しています。

　教育理念は、どのような学習者を育成し、どのように人材育成するかを示す大きい目標ですから、双方に共通点があることは、ある意味当然だと思います。また、総論では多くを共有しながら、各論では相違があることもよく理解できます。教育理念をさらに具体化した学習目標も、学習指導要領と国際バカロレアでは、似た表現がよく見られます。

何を見直しするのか──［見える化］した目標

　それでは、何が異なるのでしょうか。それは、国際バカロレアの学校では、教育理念や学習目標が、日ごとの学習に繋がっているということです。国際バカロレアは学習者像を提示し、全人格教育を目指しています（章末［2］参照）。それによると、ただ知識を学ぶのではなく、異文化に対する理解力と寛容性の養成、そして社会人としての自覚と責任感を涵養するとしています。学習者像では、「探究する人」「知識のある人」「考える人」「コミュニケーションができる人」「信念を持つ人」「心を開く人」「思いやりのある人」「挑戦する人」「バランスのとれた人」「振り返りができる人」を挙げています。前述の神戸にあるインターナショナルスクールでは、この10項目は、各教室、IB コーディネーター室などに、掲示されています（下記写真参照。本棚の右側に、10の学習者像が掲げられています。

[vii] http://www.mext.go.jp/component/a_menu/education/detail/__icsFiles/afieldfile/2012/09/14/1325261_1.pdf

この10の学習者像のポスターは、学校中に掲示されていて、さらに、毎日の学習の中でも［見える化］しています。同じインターナショナルスクールの小学校3年生のクラスでは、学習者像を1カ月に一つ選び、その月のテーマとして生徒に意識喚起を図っているとのことです。たまたまこのクラスを訪問しているとき、授業の中で"Who was the risk-taker today?"と教師が訊いているのを聞きました。さらに、課題ごとに「振り返り」をすることが課されています。

　同じ学校の日本語のクラスで課された生徒の振り返りの一例を紹介します。ここでは、多文化、人類の多様性について、自分が何を学んだか、自分が何を心がけるかなどが書いてあります。

Cultural Difference
by 16kimir in March 8, 2012・Filed under All Work, Embracing Human Diversity, Modern Language TaggedGrade 8

In Japanese, we were given a chance to learn about other countries' cultural differences through a unit. We were assigned to read some paragraphs about differences that other people experienced, as well as create a skit of our own with our own cultural differences. I was partners with Kayla and we decided to do Korea vs. America. I have learned a lot of things about the American culture, like walking around the house with shoes on. I also learned about Indian, Japanese, and Chinese cultures and how they treat other people.

From this unit, I have learned that it is really important that I don't act foolishly in others' countries without knowing what is right and wrong to do. what I have learned can help me in the future, when I visit other countries and I can respect their culture.

I chose "Embracing Human Diversity" because I learned about cultures of other countries.

文化の違い
(2012年3月8日　8年生、『人類の多様性を受け入れて』)

日本語のクラスで、ある単元を通じていろいろな国の文化について学ぶことできました。さまざまな国での体験について文章を読み、自分の文化認識について寸劇をしました。私は、ケイラとペアを組み、韓国とアメリカの比較を課題として取り上げました。アメリカでは靴をはくなど、たくさん勉強しました。またインド、日本、中国の文化や、それぞれが他の国をどのように理解しているかを学びました。

この単元では、外国で、正しいこと、正しくないことをよく理解し、行動することが、どんなに大切かを学びました。これから外国に行ったとき、その文化を尊敬することができるようになり、今回習った事が役に立つと思います。

この単元では、外国の文化について勉強したかったので、『多様性を受け入れて』を選択しました。

最近、日本の学校の教室を参観する機会がありましたが、教育理念などが掲示されているのを、私はこれまで見たことはありません。日本の学校でもおそらく授業で、「振り返り」などを書く課題はあると思われますが、ここで大切なことは、その「振り返り」が「なぜ学校で勉強するか」「どのような人になるか」「そのために今何を学んだか」など、日ごとの学習とつながっているかどうかなのです。また目標と実際の学習に一貫性があり、分かりやすくなっているかどうかが大切です。要するに、生徒にとって、教育理念に書かれているような「知識や技術が習得でき、社会に貢献できる人になる」に、「いつかなるだろう」ではなく、今の学習が理念につながっていること——つまりカリキュラム全体が［見える化］している必要があります。これが日本の学校とIBの学校で、大きく異なっていることと言えます。IBの学校では、教室の活動の中で可視化した目標は、「なぜ学習するのか」が明確にされており、学習の動機付けにもつながっています。日本では「なぜ勉強するのか」——たとえばある生徒が、受験以外に勉強の目標がない、誰かに言われて、また周りの圧力から勉強している、そしていつかは「○○になるだろう」と思っていたとすると、やる気や学習のわくわく感は出てこないと思われます。学びの喜び（Joy of learning）を味わうこともないかもしれません。

どのような方法で見直しを進めるか

カリキュラム見直しのためには、教育にかかわる教師、管理者、生徒、保護者を含めたすべての構成員の研修が必要だと思います。専門職であれば、どの職であれ研修は必至です。カリキュラム改革は研修なしでは実現しないと、よく言われています。先に述べたように、日本では最近になって、教員免許は終身制度から研修を課して更新する制度に変わってきています。これは歓迎すべきことですが、課されている時間はまだまだ緩やかです。

1980年度から日本ではゆとり教育が提案されました。2002年ごろか

ら実質的に開始され、学校週5日制や「総合的な学習の時間」が新設されました。「総合的な学習の時間」に対しては、いろいろな批判がありますが、その前提となる教育の考え方は、IB のプログラムと共通する点が多くあります。体系的に調査したわけではありませんが、当時現場におられた管理者や先生たちの話によると、この新設のカリキュラム見直しのための研修が十分ではなく、むしろ教員の裁量に任されていたとのことでした。新カリキュラムの意義も不明確なまま、人的予算もなかったとのことです。この認識が正しければ、カリキュラムの見直しを進めることが不可能であったことが分かります。ちなみに、IB の例を見ると、研修にかなり重点を置いています。IB では、研修は必須であり、初年度では、教師全員、校長、IB コーディネーター、ときには理事までも研修に参加することを義務づけています。また研修は、初年度のみでなく定期的に、加えて参加者のレベルによる研修が継続して行われています。

カリキュラムの見直しに求められるもの

　カリキュラムの見直しには、常に多くの課題があります。それは、見直しには多くの要因が含まれているからです。外国語教育の例を見てみましょう。1980 年代ごろから、コミュニカティブ・アプローチ（Communicative Approach Teaching：CLT）と呼ばれる教育が広まり、1990 年ごろから、アジアでもその流れが広がりました。しかし、日本での英語教育を見ると、まだ訳読や文法指導が中心の授業となっています。なぜ CLT が日本で定着しないか多くの研究がされています。その要因として、クラスの多すぎる生徒数、教材不足、評価の困難さ、教員と学習者のビリーフ（信条）、教師の英語能力不足などが指摘されていますが、それらに加え、大学入試が大きい要因であると主張されています。

　カリキュラムの見直しには、教室環境（人数、授業コマ数、設備）、教育環境（カリキュラム、高校や大学への連携——入学試験、教員研修、保護者の要望、学習者のビリーフ）などが含まれ、それらがすべて包括

第3章　国際バカロレアと「学び」　　　　　　　　　　　　　115

的に検討されなければなりません。

　最近の研究によると、日本の学校現場は CLT への理解はあるものの、実践がまだ定着していない状況のようです。前述の研究では、教師はおおむね CLT の理念（例「コミュニケーション能力の育成が大切」「言葉は使うことで効果的に習得する」「間違いは学習の一環」）は前向きにとらえていて、Gorsuch 氏の研究から10年ぐらいの経過を見ると、CLT の認識度は少し高まってきているようです。しかし、CLT を認識・理解していることが、即実践につながっているわけではないようです。たとえば、CLT の実践には課題があると認識している（Gorsuch,G.『Japanese EFL teachers' perceptions of communicative, audiolingual and yakudoku activities: The plan versus the reality. Educational Policy Analysis Archives』）、CLT の理論と実践の狭間にある教師の姿を描き（Sakui,K.『Wearing two pairs of shoes: Language teaching in Japan)、60％は CLT の理念に賛成しているが、その半数の30％のみが実践をしている（西野孝子『コミュニカティブ・アプローチに関する日本人高校英語教師の信条と実践』）、CLT 導入が入学試験の準備としては、問題がある（Underwood,P.R.『Teacher beliefs and intentions regarding the instruction of English grammar under national curriculum reforms: A theory of planned behaviour perspective』）などが指摘されています。CLT では、グループワークやペアワークなどをしますが、生徒がなかなか参加しないなどの指摘もあります（Storch, N.『Collaborative writing: Product, process, and students' reflections』）。

　これらの研究は、CLT が定着するために多くの提案をしています。まず入試改革（文法の知識をテストするのではなく、コミュニケーション能力を測るテスト）を提案しています。最近、入試試験に TOEFL を活用するなどの動きがあります。このテストは、スコアが「Can-do 評価」という目安を明らかにしていますので、測っている能力があまり明確ではないテストよりよいかもしれませんが、果たして TOEFL が包括的に見て、入学試験に最適であるかどうかは、これから検討されるべき課題です。さらに、一クラスの人数制限と授業時間の増加も指摘され

ています。一教室の生徒数が40名では、英語を発信して会話をやり取りしたり、問題解決したりする課題は、なかなかうまくいきません。生徒数を減らすには予算が必要です。また、教員養成と教員研修の必要性も叫ばれています。西野氏は、高等学校の教師876名のアンケート調査をしました。その中で、教師が受けた教員養成課程について、「大学の英語科教育法では、主に理論的な内容が扱われている」と述べています。つまり、実践的な模擬授業などは少ないということです。また前述のように、日本では、まだまだ教育実習も非常に期間が短く、新たなアプローチも実践できないので、教員養成のやり方（自分が教わったクラスに配置され、教わった先生のもとで実習する）には限界があると言えます。このような状況では、CLTのような新しいアプローチは、育ちにくいと思われます。これまでの研究をまとめますと、新しいアプローチCLTについては、教師は知識を持ち、前向きに取り込もうとしています。しかし、教師が持っている知識や教育現場での実践には差があると言えます。

　それでは、「教育の実践の場でどのような教鞭をとるか」の研究を見てみたいと思います。よく言及されていることは、教育の実践が自分の経験に基づいているということです。
　Nishimura氏とBorg氏は、高等学校での英語教育の文法指導に焦点をあて、指導とその根拠となるビリーフについて研究しましたが（Nishimura, M. & Borg, S.『Teacher cognition and grammar teaching in a Japanese high school』）、指導法は、教師自身の学習・指導経験が大きく影響していたと結論づけています。つまり、外国語教育の理論や教授法などを基にしたという根拠はなかったとしています。この研究は3名の事例研究なので、一般化はできないとしても、示唆的な結果を示しています。
　また、教師のビリーフと教育現場の実践とは深い関係があるとされています。Zhen Lin氏は、教師のビリーフの研究をまとめ、教育活動は、教育環境とビリーフにより構築されているとしています（Lin, Z.『Lan-

guage teachers' attitudes, beliefs, professional knowledge, and views on professional development: An exploratory study at a preschool TEFL setting』)。また、Richards 氏によれば、教師のビリーフは2種類あるそうです。一つは専門職である教師としてのビリーフ（カリキュラム、単元、教材、教室活動、教え方）、もう一つは教育哲学、「よい授業とは何か」など個人的な教育観のビリーフです（Richards, J.『Curriculum approaches in language teaching: Forward, central, and backward design』)。

　これまでの研究では、教師の経験が、教鞭や新しいアプローチの導入などに重大な影響を与え、自らの経験がビリーフを形成すると言われています。Michel Fullan 氏は、改革には現場の実践者が自分のビリーフは何かを見極め、再評価する必要があるとしています（Fullan, M.『Managing evaluation and innovation in language teaching: Building bridges』)。専門知識にせよ、個人的な哲学にせよ、それが何であるか、まず自ら認識し、再確認をすることが求められているのです。しかし、自分のビリーフは何か、それがどこから来ているか、なぜそのようなビリーフを持っているかなどをはっきりと認識することは、なかなか容易ではありません。

　西野氏は、自らの論文の結びに、下記のように述べています。

　「いきなり CLT を使えと言われても、今まで蓄積した学習経験や教育経験を否定してスイッチを切り替えることは難しい。言語教師の認知は複雑な構造をもち、多様な信条や知識が共存している。『コミュニケーションも大切だが暗記も大切』『CLT を使いたいが自信がない』『生徒が望まない教え方を無理に使いたくない』などの様々な考えを調整しつつ、制約を克服しつつ、教師は実践を積み重ねていく」

　DP 校を 200 校にするという教育改革は大胆なもので、グローバル化した国際社会で活躍する人材を育成するには、ふさわしい試みと思われます。しかし、この構想に向けてのカリキュラム見直しは、大きい課題をもたらしています。繰り返しになりますが、教室環境、教育環境とい

う重大な要因が関連しています。カリキュラム見直しに必要な内面的な要因——教師、管理者、学習者、支援者についてはどうでしょうか。全員、それぞれ自分の経験からビリーフを持っています。Backward Design アプローチ、カリキュラムの［見える化］などへの改革は、このような関係者の理解や認識を再評価することから始まります。というのは、皆がそれぞれのビリーフを持っていますが、「それが何か」「どのアプローチに基づいているか」などは、自分でも明確に認識していないからです。研修により学習する必要がありますが、英語教育のカリキュラム改革の例を見ると、これは、長い道のりだと思われます。

　IB の理念や目標は、幸い『学習指導要領』と共通する部分があります。あとは、どのように実現するかです。そのためには言わずもがな、IB の研修の機会と研修の時間を保証し、時間と予算をかけて取り組むことが喫緊の課題です。そしてカリキュラム見直しのためには、ロードマップを作成し、専門家と現場の関係者が協働し研修を重ねることが不可欠だと言えるのではないでしょうか。

[参考]
[1] Can-do statements（日本語の例）
　　http://jfstandard.jp/pdf/jfs2010_01.pdf
A レベル：基礎段階の言語使用者
A1：非常に短い、準備して練習した言葉を読み上げることができる。
　　例えば、話し手の紹介や乾杯の発声など。
A2：身近な話題について、リハーサルをして、短い基本的なプレゼンテーションができる。
B レベル：自立した言語使用者
B1：自分の専門でよく知っている話題について、事前に用意された簡単なプレゼンテーションができる。
B2：事前に用意されたプレゼンテーションをはっきりと行うことができる。C レベル：自立した言語使用者
C1：複雑な話題について、確かなきちんとした構造を持ったプレゼンテーションができる。
C2：話題について知識のない聴衆に対しても、自信を持ってはっきりと複雑な内容を口頭発表できる。

[2] 新学習指導要領と国際バカロレア：教育理念
改訂の基本的な考え方（文部科学省[viii]）
〈教育の目標に新たに規定された内容〉
能力の伸長、創造性、職業との関連を重視
公共の精神、社会の形成に参画する態度
生命や自然の尊重、環境の保全
伝統と文化の尊重、それらをはぐくんできた我が国と郷土を愛し、他国を尊重、国際社会の平和と発展に寄与

[viii] 新学習指導要領・生きる力
　　http://www.mext.go.jp/a_menu/shotou/new-cs/youryou/index.htm

[3] 国際バカロレア：教育理念　人材育成の目標
世界の文化、言語の関係を考え、共存をめざす市民を育てる
生徒のアイデンティティと文化に対する感覚を育てる
生徒の普遍的な人間的価値に対する認識を深めさせる
地域社会との期待と要求に応えつつ国際的な内容を提供する
学習の喜びと発見の精神を培う好奇心と探究心を育てる
自律あるいは協力して知識を学習、習得するための技術を身につけ、生徒がこの技術と知識をあらゆる分野に適用するようにさせる
教授法の多様性と柔軟性をめざす
適切な評価と国際的な標準を提供する

第4章

日本の教育改革と国際バカロレア

大迫弘和

「ゆとり教育」から「IB」へ

　2018年までに国際バカロレアのDP認定校200校を目指すという目標に関連して、2013年の1年間に出されている提言には以下のものがあります。序章にも書きましたが、改めて時間順に並べますと、

　○教育再生実行会議第三次提言「これからの大学教育等の在り方について」(2013年5月28日)
　「国は、国際バカロレア認定校について、一部日本語によるディプロマプログラムの開発・導入を進め、大幅な増加 (16校→200校) を図る」

　○日本経済団体連合会「世界を舞台に活躍できる人づくりのために」
　―グローバル人材の育成に向けたフォローアップ提言―
　(2013年6月13日)
　「語学力のみでなく、コミュニケーション能力や異文化を受容する力、論理的思考力、課題発見力などが身に付くIBディプロマ課程 (16歳～19歳対象) は、グローバル人材を育成する上で有効な手段の一つである」
　「ディプロマ取得者に対する社会における適切な評価も重要であり、大学入試における活用や、企業も採用時や人材活用において適切に評価することなどが重要である」
　「我が国においても、入試の際、TOEFLやTOEICなどの英語能力の4技能を測定できる外部試験を活用することや、

入試において IB 資格を活用する大学を拡大することなども検討すべきである」

○日米文化教育交流会議（カルコン）教育タスクフォース報告書（2013 年 6 月 13 日）
「国際バカロレア資格を取得可能なプログラムを拡充する」

○「日本再興戦略―JAPAN is BACK―」（2013 年 6 月 14 日閣議決定）
「一部日本語による国際バカロレアの教育プログラムの開発・導入等を通じ、国際バカロレア認定校等の大幅な増加を目指す（2018 年までに 200 校）」

○教育再生実行会議第四次提言「高等学校教育と大学教育との接続・大学入学者選抜の在り方について」（2013 年 10 月 31 日）
「大学は、入学者選抜において国際バカロレア資格およびその成績の積極的な活用を図る。国は、そのために必要な支援を行うとともに、各大学の判断による活用を促進する」

　特に最後の「教育再生実行会議第四次提言」は IB の国内普及を進めるにあたってきわめて現実的な課題になってくる「受け皿」について、国としての方向性を示したとても大きな意味を持つものです。
　さて、このように、今回の「IB200 校プロジェクト」は「国レベル」で推進されているものですが、10 年ほど前、同じく「国レベル」で展開され、いい意味でも悪い意味でも一世を風靡した「ゆとり教育」とは大きな違いがあるように思います。
　「日本の教育はこのままでよいのか」という問いかけが根底に流れていることは「ゆとり教育」でも「IB200 校プロジェクト」でも同じです。小中学校は 2002 年度から、高等学校においては 2003 年度から実質

に開始された「ゆとり教育」は、学習内容および授業時数を3割削減、完全学校週5日制実施、「絶対評価」の導入、そして「総合的な学習の時間」の新設をその柱としていましたが、その結果は皆さんご存知のように「失敗」でした。特に基本的に「学校裁量」に任された「総合的な学習の時間」は現場の先生方を苦しめました。しかし、その「失敗」は決して「ゆとり教育」の旗振り役と言われた文部科学省の一官僚の責任ではありません。その方の官僚としての優秀さ、責任感の強さが、あたかもその方が失敗の責任者であるかのような叩かれ方を生み出しただけだと思います。私は「ゆとり教育」がうまくいかなかったのは、小中高の学校現場だけの、ある意味「孤独な戦い」だったためだと思っています。しかし今回の「IB200校プロジェクト」は、IBが初等中等教育のプログラムですから小中高が直接の現場としてかかわるのは言うまでもありませんが、初中教育の学校現場のみならず大学・企業・財界・政界、まさに産官学が総出で関係しています。ここに「ゆとり教育」の取り組みとの根本的な違いがあります。

　東京都教育委員会のまとめを参考にすると、前掲の「日本再興戦略—JAPAN is BACK—」（2013年6月14日閣議決定）において、日本経済の再生に向け、「大胆な金融政策」、「機動的な財政政策」、「民間投資を喚起する成長戦略」という三つの政策を、「3本の矢」として同時展開していくこととしていますが、このうち三つ目の政策である成長戦略を実行・実現するため、「日本産業再興プラン」「戦略市場創造プラン」「国際展開戦略」の三つのアクションプランを打ち出しています。このうちの「日本産業再興プラン」において、真のグローバル人材を育てるため、「教育再生実行会議」の提言を踏まえつつ、「グローバル化に対応した教育を牽引する学校群の形成を図ること」などにより、「2020年までに日本人留学生を6万人（2010年）から12万人へ倍増させる」ことなどを目指す「グローバル化等に対応する人材力の強化」を掲げ、その中に「一部日本語による国際バカロレアの教育プログラムの開発・導入等を通じ、国際バカロレア認定校等の大幅な増加を目指す（2018年までに200校）」ことが盛り込まれているのです。

このように見ていくと、今回の「IB200校プロジェクト」が正に「国のレベル」で展開されるものであることが実感できると思うのです。
　今でも「どうせ今回のIBも『ゆとり教育』のようにうまくいかない」と冷ややかな視線を感じることがあります。しかし、「ゆとり教育」がなぜうまくいかなかったか、その理由を今回の「IB200校プロジェクト」を推進している文部科学省の皆さんははっきりと認識し、決して同じ轍を踏まないように動いているように感じます。

IBと私

　今回日本語DPのプロジェクトを通じて多くの新しい仲間と出会いました。今、皆で仕事を分け合って、力を合わせながら進んでいますが、ふと、その方々と随分前から一緒に仕事をしていたような錯覚に陥ります。
　「大迫先生と初めてお会いしたのは5月の広島でのフォーラムのときでした」と言われ、「えっ、まだ知り合ってから1年も経っていないんだ」とびっくりするようなことがよくあります。この期間、IBに関して本当にいろいろなことがありましたので、それゆえの感覚なのだろうなと思うのです。
　私がIBの授業を初めて担当したのは1991年のことでした。IB Japaneseの授業を担当しました。生徒は長期にわたりアメリカで生活していた日本人帰国生徒1名。生徒はその子一人だけ。生徒1名、先生1名の授業でした。1991年ですから、まだMYPもPYPも存在しなかったときですので、そう思うと随分前のことになります。1対1という関係でしたからその生徒は、今もときどき近況を知らせてくれます。今、ロンドンに駐在している彼女から、つい最近届いた手紙（メール全盛の今、手紙を送ってくれるのがとても彼女らしいと思っています。これもIB教育の成果でしょうか）には、次のようなことが書いてありました。
　「就職して最初の数年は女性社員の数も少なく、また海外経験のある人も少なかったので、『これから海外でのビジネスを伸ばしていかなけ

ればならない』と会社が言っていても、実際の職場では自分は他の日本人とは感覚が違うと言われて面倒な思いをしていました。しかし最近になって、人材の多様性を高め、異なる価値観を認めるようになっていかないとまずい、と本気で会社も思うようになったようで、自分のような経歴の人間もいた方がいいと考えが変わりました。したがってだいぶ居心地がよくなりました。腐らないで頑張ってきてよかったです」

　さてその後、私は20年近くにわたりIB教育に関係するいくつかの学校の校長を務め、現在は今回の「200校プロジェクト」の実現のために、文部科学省およびIBOに対し、必要に応じ協力をしています。2013年4月に校長職をお引き受けしましたリンデンホールスクール中高学部（福岡県）も2013年10月に無事IBの認定校になっています。また広島女学院大学の客員教授として務めているIB調査研究室室長の仕事もIBの国内普及に対する貢献を目的にしています。

　これまで著作や講演でIBについて、その誕生から現在までの流れや、IBの持つ四つの教育プログラムについて説明をしてきました。本章では、「200校プロジェクト」に直接かかわる情報をできるだけ提供し、プロジェクトの進展に寄与できたらと思います。特に2014年に入ってから、様々な新しい動きがあるため、そのことも書いておきたいと思います。もちろん、話の流れ上必要なIBの基礎情報は混ぜながら書き進めていこうと思います。

『DP原則から実践へ』

　「200校プロジェクト」は、これまで英語・フランス語・スペイン語で実施されていたディプロマプログラム（以下DP）について、一部を日本語で行う「日本語DP」の実施に向け、文部科学省とIBOが合意に達したことにより道が開けたということはすでに序章に書いた通りです。

　この「一部」という表現についてですが、DPの六つの教科群にある全30科目のうち「日本語（文学）」「歴史」「経済」「化学」「生物」の5

科目のみが「日本語で実施される」ということですから、確かに「一部」ということになるかもしれません。

しかし、DPのコア（必修要件）であるTOK/EE/CASも日本語で実施することができるようになりましたので、日本語DPを学ぶ高校生にとっては3科目が日本語、3科目が英語、三つのコアが日本語、ということになり、学習プログラム全体の3分の2が日本語になるので、「一部」という表現は幾分そぐわないようにも思えます。

DPを「日本語で実施する」とはどういうことかというと、次の3点になります。

①授業が日本語で行われる。
②最終統一試験が日本語で行われる。
③担当教員のための資料が日本語になる。

本書の執筆中も、IBの日本語翻訳チームが着々と翻訳作業を進めています。私も監修という立場でこの翻訳作業にかかわっています。

翻訳されるものは各科目に直接関係する資料の他に、IBの教育の本質を伝える文書、IB校になるために必要な情報などがあります。

翻訳チームがまず日本語翻訳に取りかかった文書は"The Diploma Programme：From principles into practice"（『DP 原則から実践へ』）です。今回、監修という作業の中でこの『DP 原則から実践へ』を読み返し、改めてここにIBの、DPの本質が凝縮された形で示されていることを実感しました。限られた量になりますが、日本語DPの広がりに直接的にかかわると思う部分を今から抜粋してみたいと思います。もちろんIB教育を実践するにおいてはまずプログラムの最上位に置かれる「IB Mission Statement(IBの使命)」と、使命を実現するための「IB Learner Profile(IBの学習者像)」を深く理解していなければなりませんが、ここでは『DP 原則から実践へ』の中からIB教育の本質をより具体的に見てみることにします。

まず『DP 原則から実践へ』から次の二カ所を見てください。

(1) IB の初代事務総長であるアレック・ピーターソンは、DP を知識や技能を身に付けることを超えたところにある「全人的」な教育を目指すもの、と説明しました。それは「自己の内的環境と外的環境の両面における、身体的、社会的、倫理的、美学的、精神的な側面を理解し、修正し、享受するために、個人の能力を最大限に育てる」（ピーターソン）ためのものなのです。「生徒が国際的な視点や理解を身に付けるのをうながすことは不可欠であるが、それだけでは十分ではない。生徒は、社会に望ましい貢献をするためのスキルや価値観、そして『行動する意志』をも身に付ける必要がある。責任ある市民とは、コミュニティーに積極的にかかわり、共感できる心を持つ豊かな知性を持った市民である。若者が精一杯人生を楽しむよううながすこともまた重要であり、全人的な教育には、人生体験を豊かにし得る芸術や娯楽、スポーツに触れることも含まれる。全人教育を完全なものとするには、余暇を楽しむことも推奨されなければならない」（ピーターソン）。

(2) DP は 1960 年代の創設当初より、生徒が新しい状況の下でも適用することが可能な、自立した学習方法や技能を身に付けることの重要性を唱えてきました。つまり、「学び方を学ぶ」（ピーターソン）ことに重きを置いてきたのです。現代の情報化社会では、情報や知識の量が急激に上昇するにつれ、ただ知識を獲得するだけではなく、知識を学び、適用し、評価することが今までになく重要になっています。

これらのピーターソン初代 IBO 事務総長の言葉が、今なぜ、日本において DP の導入が図られようとしているか、さらに今、日本におい

て必要とされる教育はどのようなものであるかを伝えています。

　アレックス・ピーターソンはIBの生みの親と言ってもよいイギリスの教育者で、ウェールズのカーディフにあるIBOカリキュラムセンターは彼の貢献をたたえ「Peterson House」と命名されています（余談になりますがIBOの事務総長と言えば、第7代事務総長に、2014年1月からIB関係者からの信頼を一身に集めているシバ・クマリ氏が就任されました。IBOにとって初めての女性事務総長です）。

　『DP原則から実践へ』に引用されているピーターソンの言葉をもう一つ続けます。

　「教育の目標は知識の獲得ではなく、多様な考え方で発揮できる知力を育成することである」

　さて2013年10月1日に「200校プロジェクト」の第1陣とも言うべき5校の一条校が「候補後申請」をしましたが、そのいずれもが学年全体ではなく学年の一部生徒での実施の形を予定しています（これらの学校は2014年3月に無事「候補校」になりました）。おそらく、今回の「200校プロジェクト」において、既存の学校が学年全体でDPを実施するのはかなり難しいのではないかと思っています。学年全体での実施はそもそもDPを実施することを目的として創設された学校以外では簡単ではないでしょう。「一部実施」それ自体は問題はないのですが、「一部実施」の際に注意しなくてはならないことは『DP原則から実践へ』の中に書かれています。以下の通りです。

　「地域や国の教育制度、あるいは別の国際的なプログラムや資格を保持しながら、進路の選択肢の一つとしてDPを導入している学校もあります。この方法がうまく機能する場合もありますが、学校がDPと他の教育プログラムとの関係を吟味し、整合性を確保することが重要です。あくまでも（校内の一部分としてではなく）学校全体としての理念や実践が、IBの理念

およびIB学習者像と矛盾していないことを確実にしなければなりません」

　これはすなわち、国内の一条校において、その一部でIBを実施した場合も、学校全体がIBの考え方を尊重する教育、理念的に近い教育を実施しなくてはいけないということです。たとえば学年の一部でDPを導入し、そこではIBの探究型概念学習を行っていても、DP以外のコースの生徒に対しては受験対策の事実暗記型学習にひたすら力を入れているようなことではダメ、ということになります。

　その意味でも、個人的には200校の先生方は（DPを担当しない先生方も含め）全員IBの教員研修に出席することがよいと考えています。

IBの学習者像

　次に『DP原則から実践へ』（なおMYPには『MYP原則から実践へ』があり、PYPにはそれに相当するものとして"Making the PYP happen"があります）より"IB Learner Profile"（IBの学習者像）について考えてみたいと思います。

　2012年11月にIBOは四つのプログラム（PYP/MYP/DP/IBCC）を視覚的に表すプログラム図の改訂を行いました。DPについて言えば、それまで関係者にとっては「DPの六角形」として馴染み深かったプログラム図が円形に変わり、他の三つのプログラムもすべて同様に円形になり、四つのプログラム図の形状の統一が図られました（161ページ参照）。

　そのプログラム図の改訂のねらいは「IBの四つのプログラムの一貫性」を示すことでした。それゆえ円形で示された四つのプログラム図の、それぞれの最外周には、プログラム名と"International mindedness"というIBの基本命題が書かれるというスタイルになっています。そして円の中に入っていくと、各プログラムの構成要素がその重要度順に外側

第 4 章　日本の教育改革と国際バカロレア

から中心に向かって置かれていく構造になっているのです。
　それでは円の中心、すなわち IB プログラムにとって一番大事なものが置かれる場所には何が据えられているのでしょうか。そこには"IB Learner Profile"（IB の学習者像）が置かれているのです。IB の四つのプログラム図をすべて円形にした作業に込められたもう一つのねらいがそこにあります。
　『DP 原則と実践』の中に「IB の学習者像」に関連した次のような文章があります。

> 「情報化により相互に関連し合う 21 世紀の世界の現実を前に、多くの教育者は、何が重要なのか、何を学校で教えるべきかを再考、再評価せざるを得ない状況になっています。私たちはまた、生徒たちがこのような複雑な世界に存在する社会的、道徳的課題に向き合うための力を備える必要性を認識しています。伝統的な学問領域だけでは、彼らはこのような課題に対処する備えはできません。生徒たちは、現代の世界の相互関連性や複雑性を理解し、対処していくために必要なスキルや考え方、道徳的・倫理的価値を身に付ける必要があるのです」

　このような必要性を具体的に満たすものとして「IB の学習者像」があります。
　私はこれまで何度か以下のような質問を直接受けたことがあります。
　「DP を日本語で行って意味があるのですか？」
　この質問が外国人から発せられた場合は、IB が英語文化の「占有物」としてとらえられていることを感じます。またこの質問が日本人から発せられた場合は、IB が「英語教育」と勘違いされていることを感じます。
　最近ある都市の教育長が「私のところは IB はやらない。TOEFL をやる」と発言されていることを耳にしましたが、これも同じように IB を英語教育と誤認していることから出た言葉だと思います。

私は「DPを日本語で行って意味があるのですか？」という質問に対して、必ず次のように答えています。
「IBの本質は何語でも通じます」
　なぜなら私は、IB、そしてDPの「本質」はまさに「IBの学習者像」にあると考えるからです。プログラム図の中心に置かれている「IBの学習者像」、それこそがIBプログラムの核であり、本質である、そう考えているのです。IBは、もちろんDPも、中心に置かれた「IBの学習者像」にたどりつくために、それぞれのプログラムの各要素が設計されている教育プログラムなのです。
　1968年に誕生したDPは、草創期においては祖国を離れて学んでいる高校生たちの大学進学の道の保障という要素を持っていたので、現在もDPが「大学進学にとって有用なプログラム」として認識されることが多いのはある意味自然なことだと言えます。しかし『DP原則から実践へ』には次のような文章があるのです。

　　「IBの学習者像が示す特性はDPが開発された1960年代当初
　　　からDPの理念および着想に内包されています」

　高校教育が次の段階の教育、すなわち大学教育へのつながりの中で実践されることは、高校教育の重要な役割の一つです。現在、大学とのつながりの中でのあるべき高校教育の役割について、教育再生実行会議で具体的な提言がなされています。しかし、高校教育プログラムであるDPの「大学進学にとって有用なプログラム」という要素を軽視するわけではありませんが、大学進学だけに目を奪われ、DPの45点満点のスコアばかりに関心が集まってしまうのであれば、それはIBの、そしてDPの本質を見誤ったDP導入になってしまいます。
　日本が、より成熟した社会を実現するためには、1点刻み、1点を争う点数至上主義の教育、試験日当日限りの一発勝負入試を克服していく必要があります。
　DPもまた、そのような「点数至上主義」の中で導入されてしまうな

ら、それは「第二の偏差値」を生むだけの結果になってしまい、今回の日本の教育の命運がかかったDP導入は、まったくその意味を失ってしまうことになるでしょう。

　教科の学力をないがしろにしてはなりません。しかし、これまではそのことのみに終始してきた日本の学びを、「現代の世界の相互関連性や複雑性を理解し、対処していくために必要なスキルや考え方、道徳的・倫理的価値を身に付ける」ことをゴールとした学びに変えていくことが必要です。たとえば、IB教育に関係するアメリカの教育者の一人、Lynn Ericksonはこれまでの「事実暗記型教育」を「2次元モデル」、その上部に「概念の形成」を置いた教育を「3次元モデル」と呼んでいます（142ページでも詳しく述べています）が、私はこれまでの日本の教育が事実暗記型教育ということとは異なる意味で「2次元」であったと思っています。
　これから必要なのは、これまでの「2次元」教育の上に「IBの学習者像」のような全人的な目標を置いた「3次元モデル」です。なぜなら、それこそが成熟した社会を目指す国に必要な教育であるからです。

　IBOは、「IBの学習者像」についての柔らかな見直しを2013年9月に発表しました。IBOがさらなる発展のための見直し作業を行うときは必ずそうであるように、この作業についてもIB教育にかかわる人々の意見が集められました。2011年3月から10月にかけて6000人のIB関係者（主に先生方）が意見を出しました。そこで確認されたことは「IBの学習者像」の10の像、すなわち「探究する人・知識のある人・考える人・コミュニケーションできる人・信念のある人・心を開く人・思いやりのある人・挑戦する人・バランスのとれた人・振り返りができる人」については、「そのままにすべし」ということでした。
　これは「IBの学習者像」が、IB教育の本質として、IBに携わる人々から圧倒的に支持されていることを意味しています（ただし「挑戦する人」の英語である"Risk-takers"については多くの人から、言葉の選び

方についての意見があり、"Courageous"との併用が許されるようになりました)。

　DPを実施する日本の一条校が、「IBの学習者像」をどのように位置付けていくか。日本語DPの導入が日本にとってどのような意味と価値を生み出すかの鍵がそこにあるように思います。

　それではここで、今回の「IBの学習者像」の改訂の内容を書いておきます。
　「IBの学習者像」を説明するdescriptor(具体的叙述)の中には、IB教育の本質を示す大切な言葉が散りばめられており、今回の「IBの学習者像」のdescriptorの改訂から今IBが目指している変化の方向とはどのようなものかを読み取れるように思います(旧来の10の学習者像の日本語訳はIBの公式訳になりますが、新しいバージョンの日本語訳は現在IBOの翻訳チームが翻訳の作業を進めている段階なので、ここでは大迫試訳を代わりに載せておきます)。
　個人的には今回の改訂で、主語が「they」から「we」に変わったこと、そして「コミュニケーションできる人」にlistening carefully(注意深く耳を傾けること)が、「正義感のある人」にrights(権利)が、「挑戦する人」にCourageous(勇気のある)が、そして「バランスのとれた人」にspiritual(精神性)が加わっていることに目が引かれました。

　IB learner profile IB　IB学習者像(旧)
　The aim of all IB programmes is to develop internationally minded people who, recognizing their common humanity and shared guardianship of the planet, help to create a better and more peaceful world.
　IB learners strive to be.
　すべてのIBプログラムの目標は、おたがいを人間として認め合い、地球を守る責任を分かち合い、よりよい、より平和な世界の構築に貢献できる国際感覚を身につけた人々を育むことに

ある。
IBを学ぶ人はこんな人になろうと努力する——。
IB learner profile IB　IB 学習者像（新）
The aim of all IB programmes is to develop internationally minded people who, recognizing their common humanity and shared guardianship of the planet, help to create a better and more peaceful world.
As IB learners, we strive to be.
すべてのIBプログラムの目標は、お互いを人間として認め合い、地球を守る責任を分かち合い、よりよい、より平和な世界の構築に貢献できる国際感覚を身に付けた人々を育むことにある。
IBを学ぶ人として私たちはこんな人になろうと努力する——。

Inquirers　探究する人（旧）
They develop their natural curiosity. They acquire the skills necessary to conduct inquiry and research and show independence in learning. They actively enjoy learning and this love of learning will be sustained throughout their lives.
好奇心あふれ、探究と調査のためのスキルを身につけている。自主的に学ぶことができる。生涯にわたって学ぶことを積極的に楽しむことができる。
Inquirers　探究する人（新）
We nurture our curiosity, developing skills for inquiry and research. We know how to learn independently and with others. We learn with enthusiasm and sustain our love of learning throughout life.
私たちは好奇心を育て、また探究と調査のために必要なスキルを身に付けます。私たちは自分一人で学ぶ方法を知っていると同時に人とともに学ぶ方法も知っています。私たちは情熱を

持って学び、生涯にわたって学ぶことを楽しみ続けます。

Knowledgeable　知識のある人（旧）
They explore concepts, ideas and issues that have local and global significance.
In so doing, they acquire in-depth knowledge and develop understanding across a broad and balanced range of disciplines.
地域や地球規模の重大な問題や事柄について、常に考えている。広くバランスのとれた学問領域について理解と知識を深めている。
Knowledgeable　知識のある人（新）
We develop and use conceptual understanding, exploring knowledge across a range of disciplines. We engage with issues and ideas that have local and global significance.
私たちは広い学問領域における概念的理解や発展的知識を深め、活用します。私たちは地域にとって、地球にとって重大性を持つ考えにかかわっています。

Thinkers　考える人（旧）
They exercise initiative in applying thinking skills critically and creatively to recognize and approach complex problems, and make reasoned, ethical decisions.
複雑な問題を認識し立ち向かうために、批判的かつ創造的に思考し、理性的で倫理的な決断を導き出せる。
Thinkers　考える人（新）
We use critical and creative thinking skills to analyse and take responsible action on complex problems. We exercise initiative in making reasoned, ethical decisions.
私たちは複雑な問題を分析し、それらの問題に対して責任ある

行動を取れるように、批判的かつ創造的な思考方法を用います。私たちは理性的かつ倫理的な結論を導き出します。

Communicators　コミュニケーションできる人（旧）
They understand and express ideas and information confidently and creatively in more than one language and in a variety of modes of communication. They work effectively and willingly in collaboration with others.
様々な言語やコミュニケーションの手段を使って、考えや情報を理解し、自信を持って創造的に表現できる。まわりの人たちと進んで協力し合い、効果的にものごとに取り組むことができる。

Communicators　コミュニケーションできる人（新）
We express ourselves confidently and creatively in more than one language and in many ways. We collaborate effectively, listening carefully to the perspectives of other individuals and groups.
私たちは二つ以上の言語を用い、また様々な方法を用い、自分自身のことを、自信を持って、また創造的に表現します。私たちは他の人や他の集団の見方に注意深く耳を傾けながら、効果のあがる協力をします。

Principled　信念のある人（旧）
They act with integrity and honesty, with a strong sense of fairness, justice and respect for the dignity of the individual, groups and communities. They take responsibility for their own actions and the consequences that accompany them.
誠実かつ正直で、公平な考えと道義感を持ち、まわりの人々や地域社会を尊重して行動することができる。自分の行動とその結果に責任を持つことができる。

Principled　信念のある人（新）

We act with integrity and honesty, with a strong sense of fairness and justice, and with respect for the dignity and rights of people everywhere. We take responsibility for our actions and their consequences.

私たちは誠実さと正直さ、公平と正義に対する強い意識、そして世界のすべての人々の持つ尊厳と権利に対する尊重の気持ち、それらを大切にしながら行動します。私たちは自分たちの行動とそれがもたらす結果に対して責任を持ちます。

Open-minded　心を開く人（旧）

They understand and appreciate their own cultures and personal histories, and are open to the perspectives, values and traditions of other individuals and communities. They are accustomed to seeking and evaluating a range of points of view, and are willing to grow from the experience.

自国の文化や自分の歴史を理解し、尊重し、他の人々や地域社会の持つ伝統、価値観、視点に心を開くことができる。常に色々な人の意見に耳を傾け、検討し、それらの経験から成長しようとしている。

Open-minded　心を開く人（新）

We critically appreciate our own cultures and personal histories, as well as the values and traditions of others. We seek and evaluate a range of points of view, and we are willing to grow from the experience.

私たちは自国の文化や自身の歴史に対して、他国や他者が持つ価値や伝統と同じく、深く理解します。私たちは様々な意見に耳を傾け、検討し、それらの経験から進んで成長しようとします。

Caring　思いやりのある人（旧）
They show empathy, compassion and respect towards the needs and feelings of others. They have a personal commitment to service, and act to make a positive difference to the lives of others and to the environment.
他の人の気持ちや必要としていることに共感し、尊重し、慈愛を示すことができる。まわりの人々の生活や環境をよくするために、個人的にかかわり、積極的に行動し奉仕し続ける。
Caring　思いやりのある人（新）
We show empathy, compassion and respect. We have a commitment to service, and we act to make a positive difference in the lives of others and in the world around us.
私たちは共感と思いやりと尊重を示します。私たちは他の人々の生活と私たちの周りの世界がよいものになるように奉仕し、行動します。

Risk-takers　挑戦する人（旧）
They approach unfamiliar situations and uncertainty with courage and forethought, and have the independence of spirit to explore new roles, ideas and strategies. They are brave and articulate in defending their beliefs.
不慣れな状況や不確実性に、勇気と気構えを持って臨むことができる。今までにない、方策、考え、役割を試そうとする自立的な精神を持っている。恐れず自分の信念を明言することができる。
Risk-takers（Courageous）　挑戦する人（新）
We approach uncertainty with forethought and determination; we work independently and cooperatively to explore new ideas and innovative strategies. We are resourceful and resilient in the face of challenges and change.

挑戦する人（Courageous という言い方も可）
私たちは不確かなものに対して気構えと決意を持って立ち向かいます。私たちは自立的に、協力的に動き、今までにない考えや改革的な方策を広げます。私たちは挑戦や変化に対して機略縦横かつ弾力的に向き合います。

Balanced　バランスのとれた人（旧）
They understand the importance of intellectual, physical and emotional balance to achieve personal well-being for themselves and others.
自分とまわりの人々が幸せな生活を送るためには、知・情・体がいずれも大切であることを理解している。

Balanced　バランスのとれた人（新）
We understand the importance of balancing different aspects of our lives—intellectual, physical, (spiritual) and emotional—to achieve well-being for ourselves and others. We recognize our interdependence with other people and with the world in which we live.
私たちは私たち自身と周りの人たちがともに幸せな生活を送るためには、知性、健全な体、（精神性）および感情といった、私たちの生活における様々な面をバランスよく持っていることが大切だと理解しています。私たちは他の人々との、そして私たちの生きる世界との相互依存性を認識しています。

Reflective　振り返ることのできる人（旧）
They give thoughtful consideration to their own learning and experience. They are able to assess and understand their strengths and limitations in order to support their learning and personal development.
思慮深く自分自身の学習や経験を見つめ直すことができる。自

分の学びや成長を支えるために長所と限界を理解し、評価することができる。

Reflective　振り返ることのできる人（新）
We thoughtfully consider the world and our own ideas and experience. We work to understand our strengths and weaknesses in order to support our learning and personal development.
私たちは世界について、そして私たち自身の考えや経験について深く見つめます。私たちは私たち自身の強さと弱さを理解するように努め、自らの学びと成長を支えます。

なお、この「IB の学習者像」の見直しは IB 関係者の意見を集めて実施されたと書きましたが、2014 年 2 月 12 日、私は一通の「Mission Statement Review」という件名のメールを「IB Communications」という IBO の一部署から受け取りました。つまりそれは IB プログラムの最上位に置かれている「Mission Statement（IB の使命）」の見直しの意見を IB 関係者に求めるものでした。

「Mission Statement までこのようなプロセスで見直していくのか」と、IB の運営の仕方に大きな驚きを、もちろんそれはポジティブな意味で、感じたのでした。

「IB の学習者像」についてもう一つ興味ある情報として、中国にある IB 校がこれを漢字で表しており、私たちには分かりやすいもでもあるのでここで紹介しておきます。

Inquirers　　　　　　究
Knowledgeable　　　知
Thinkers　　　　　　考
Communicators　　　話
Principled　　　　　　義

Open-minded	寛
Caring	仁
Risk-takers	挑
Balanced	健
Reflective	省

　Principled の「義」、Open-minded の「寛」、そして Caring の「仁」、とても面白いと思いました。

探究

　今見たように「IB の学習者像」の descriptor（具体的叙述）には、IB 教育の本質を伝える言葉が宝石のように散りばめられています。

　Inquirers　探究する人（新）
　We nurture our curiosity, developing skills for inquiry and research.
　私たちは好奇心を育て、また探究と調査のために必要なスキルを身に付けます。

　ここで言う「探究」とはどのようなことでしょうか。
　前述したことでもありますが、Lynn Erickson は、これまでの「事実を暗記する」教育を「2 次元モデル」と呼び、それに対して「探究」によって概念を形成することを目標とするカリキュラムモデルを「3 次元モデル」と呼んでいます。そして、21 世紀の子どもたちに必要なカリキュラムは、「2 次元モデル」ではなく「3 次元モデル」であり、「2 次元モデル」から「3 次元モデル」へ移行する必要があるというのが彼女の主張です。
　2 次元モデルで重点が置かれるのは特定のトピックに関連した「事実の学習」になります。教科書の内容をカバーすることや内容を暗記することが大切で、そして、学習の目標は、事実に関する知識が「どれぐら

いあるか」「どれぐらい正確か」といったことになります。

　しかし、これからの時代に求められる教育は、大量の知識を記憶することに時間をかけるのではなく、質を重んじて高次元の思考を可能にすること、すなわち「3次元モデル」の教育です。質のよい移転可能な概念や原理は、重要なトピックや事実を深く「探究」することからしか生まれません。こうした教育には時間もかかり、また知識の「量」もある程度限られてしまう可能性はあります。しかし、概念につながらない知識がいくらあっても、それが他に生かされることはないのです。

　ですから、ここで敢えて「探究する」の反対の言葉を書くならばそれは「暗記する」という言葉になるでしょう。

　概念・原理・移転可能な考えの指導に重点を置く「3次元モデル」をEricksonは「Concept-based instruction（概念型教育）」と呼び、一方2次元モデルを「Fact-based instruction（事実型教育）」と呼びました。「Concept-based instruction（概念型教育）」の学習の目標は、具体的事実や事例に裏づけされている、より深い概念的な理解の形成です。

　概念的な理解が形成されると、それはいろいろな時代や場所、様々な文化や状況で、移転、もしくは活用可能になります。

　生徒は、概念が形成されていることを証明できるように学習する、ということになります。そして教師は、生徒がそのような学習ができるように手助けしなければいけない、ということになります。

　コンピューターサイエンスを学ぶ学生が大学1年生のときに学んだ（記憶した）知識が大学卒業時には時代遅れになっているような現在の状況の中で、どのような学びが必要になるのでしょうか。

　繰り返しお伝えしているように、必要なことは「事実の暗記」ではなく「概念の活用」なのです。

　探究型概念教育のカリキュラムは、学習者の感性に訴え、学習者の意欲を高めます。なぜなら「探究」とは人間誰もが本来持っている知の獲得方法だからです。また概念レベルの理解は保持され、その後の学習にとっての基礎となったり、相互作用を生んだりします。

IBプログラムのすべてに通底している International mindedness という命題も概念ベースのカリキュラムでなければそれを育てるのは難しいのです。

実際に「Concept-based instruction（概念型教育）」として探究の学習をどう計画するか、どう振り返るか、どう評価するか、ということについては、PYPの「Unit of Inquiry（探究の単元）」を見てみると、とてもよく分かります。しばらくそれを見ていくことにしましょう。

第3章でも触れられている Wiggins & McTighe が『Understanding by Design』の中で述べている「Backward design（逆向き設計）」は、PYP/MYPの中で使われている言葉は違いますが、基本的な組み立て方はPYP/MYPともこの「逆向き設計」の考え方に基づいています。

探究型学習とは、広い意味では、生徒の理解を今現在のレベルから、次のより深いレベルへと引き上げる、生徒もしくは教師によって始められる一連の作業である、と言うことができます。これは、「構成主義」によるアプローチで、私たちは周りの世界を理解しようとするとき、疑問に思ったり、計画を立てたり、分析したり、何かをつくり出したり、振り返ったりしますが、この本能的な探究心によってはじめて思考が様々なレベルや形で活性化されることになります。すなわち探究によって思考が動き出し、意味を自分なりに構築していく。これまでの知識や経験をもとにして、かつ自分なりの用意が整い、探究が行われるとき、新しい知識が「構成」され、新しく、そしてより深い理解が生まれる。

「探究」が最も効果的で最善の学習方法と言えるのは、そのような意味においてです。

また、学びというものは社会的影響を受けながら発達しますので、探究は個人より共同作業でするのがより効果的だと考えることができます。このような考え方は「社会構成主義」と呼ばれます。

IB（とりわけPYP/MYP）で「探究」という場合、基本的には「structured inquiry（計画された探究）」を行うことになります。教師が問いかけをし、あらかじめ学習経験を計画しますが、探究の結果はある意味

「先のお楽しみ」ということになります。生徒の提案で探究が進むこともありますし、個人やグループが学習経験を別に計画して実行することもあります。もちろんそうした流れは推奨されています。

　さて、PYP の「探究の単元」では、まず最終目標である「セントラルアイディア」とは何かをはっきりさせる必要があります。

　「セントラルアイディア」とは、聞き慣れない言葉ですが、PYP の探究型学習にとっては最重要単語と言えるものです。「セントラルアイディア」とは概念的思考が必要となる永続的で普遍的な理解を表した記述のことを言います。それは掘り下げられる探究を生み出し、生徒の現段階での「Transdisciplinary theme（教科を超えたテーマ）」の知識と理解が広がるものでなくてはいけません。Transdisciplinary theme とは、

- Who we are　私たちは何なのか
- Where we are in place and time　私たちはどのような時代、場所に生きているのか
- How we express ourselves　私たちはどうやって自分を表現するか
- How the world works　世界はどう動いているか（世界の仕組み）
- How we organize ourselves　私たちは自分たちをどう組織しているのか（社会の構造）
- Sharing the planet　地球を共有すること

の六つになります。この六つのテーマを、毎年、繰り返していくのです。1 年生の段階で「Who we are 私たちは何なのか」を探究し、2 年生の段階でも「Who we are 私たちは何なのか」を再び探究するといったように。

（セントラルアイディアの例）＝必ず一文で示されなければなりません。

テーマ「Who we are」→セントラルアイディア「家族の歴史を知ることは自己理解につながる」

テーマ「Where we are in place and time」→セントラルアイディア「過去と現在の出来事は未来の形成に関係している」
テーマ「How we express ourselves」→セントラルアイディア「メディアは人々の決定に影響を与えている」
テーマ「How the world works」→セントラルアイディア「世界で、子どもたちは、様々な挑戦とリスクに向き合っている」
テーマ「How we organize ourselves」→セントラルアイディア「政治のシステムと決定は平等な機会及び社会的正義を支えることもあり、脅かすこともある」
テーマ「Sharing the planet」→セントラルアイディア「水は生命にとって欠くことができないものであるが、多くの人にとって限られた資源になっている」「紛争の平和的解決はよりよい人生を導く」

　PYPの「探究の単元」では次に「総括的評価 Summative assessment（総括的評価）」のためのタスクを考えます。
　またそれぞれの「探究の単元」には、次にあげる、キーコンセプトとスキルが用意されます。
(1) 八つある「キーコンセプト」を一つの単元において三つまで使い、一年間に全部のコンセプトがカバーされなければいけません。この「キーコンセプト」が、探究活動の「よすが」になっていきます。
　　Form（形態）・Function（機能）・Causation（原因）・Change（変化）・Connection（関連）・Perspective（見方）・Responsibility（責任）・Reflection（振り返り）の八つです。
(2)「Transdisciplinary skills（教科を超えたスキル）」も目標として含まれます。教科を超えて、どの教科でも必要となるスキルです。PYPでは「思考スキル」「社会的スキル」「コミュニケーションスキル」「リサーチスキル」「自己管理スキル」に分類されています。

　なお評価について簡単に触れておくと、PYPの評価は、よし悪しではなく、前向きで厳格で客観的なフィードバックが目的であるべき、と

されています。評価は三つの分野、すなわち「評価」と「記録」と「報告」によって成り立っています。
　以上が PYP の「探究型学習」の基本的説明です。

　さて、ここまで「探究型」の学習について、そして「探究」とはどのようなことかを見てきました。ここまでのお話しをするきっかけとなったのは「IB の学習者像」の「探究する人」の descriptor（具体的叙述）にあった「探究」という言葉でした。
　このように IB の教育の本質を語る際、「IB の学習者像」を、あるいはその descriptor（具体的叙述）を使うことは有効な方法です。違う言い方をするなら「IB の学習者像」に IB 教育の本質が詰まっている、ということになると思うのです。

IB の特徴

　私は IB の教育の特徴を、以下の三つにまとめています。
（1）探究型概念学習
　　　IB の学習は事実記憶型学習ではなく探究型概念学習である。
（2）リベラルアーツ型学習
　　　IB ではすべての領域の学習をバランスよく万遍なく行う。たとえば DP においては六つの教科学習（言語二つ、社会科学、自然科学、数学、芸術）と三つの必修学習（TOK ＝「知」について学ぶ、CAS ＝奉仕活動等、EE ＝小論文）をすべての履修者が学ぶことになっている。
（3）「使命」「学習像」「学習プログラム」三層構造、そして全人教育
　　　IB は最上位に「IB の使命（IB Mission Statement）」を持ち、その下に、宣言された「使命」を実現するための人物像「IB の学習者像（IB Learner Profile）」が置かれる。IB の四つの学習プログラムは「使命」を実現するための「IB の学習者像」を生み出すために実践される。この構造の中で IB の「全人教育」が実現され

る。

　ここまで（1）の特徴について書いてきました。次の（2）リベラルアーツ型学習に入る前に「探究型概念学習」にまつわる日本国内に根深く浸透している誤解について書いておくことにします。
　その誤解とは「探究型の学習では『基礎学力がつかない』」というものです。
　これはまったく誤った考え方です。
　本書の第2章にもあるように、探究と基礎学力は行ったり来たりしながら双方を深めていくもの、基礎学力をもとにまず活用型の学びに取り組み、その後発展させるために必要な知識の習得を促していく「連鎖」の関係にあるものです。
　基礎学力について、それがまるでお決まりのパッケージのように、ただ機械的に「この時期にはこの内容を」といった風に教え込まれるのではなく、基礎・基本さえも、探究ベースで子どもたちの中で「構成」されていくこと。そのことによって、初めて基礎・基本が活用可能な「概念」を生みだし、その後の人生に生かされる本当の意味での基礎・基本になり、生涯に渡って学ぶ続ける人にとっての基礎・基本となる。そのような考え方こそが何より大切で、「探究型の学習では『基礎学力』がつかない」といったような考え方からは一刻も早く抜け出さなくてはなりません。
　日本で「探究型の学習では『基礎学力がつかない』」といった誤解が形成されたのは、「総合の学習の時間」がうまく組み立てられなかったこと、そして「ゆとり教育」全体に対して何らかの意図を持って仕掛けられたネガティブキャンペーン「低学力論争」に起因しているように思います。
　この「基礎学力」の問題ではもう一つここで書いておきたいことがあります。それは現在日本語DP200校プロジェクトの推進の中で、DPを修了した高校生に、日本の大学に門戸を開放してもらう取り組みの中のことです。この取り組みはIB日本アドバイザリー委員会が委員会の

中心テーマに掲げ、また文部科学省の IB 担当部署である文部科学省大臣官房国際課の職員の方々が大いに力と時間とエネルギーを注いでくださっているところです。

　IB 日本アドバイザリー委員会ではその議論の中で「信頼された世界統一試験で結果を残し DP を修了した生徒に『基礎学力』に問題があるというのは絶対におかしい」と繰り返し説明をしても、大学によっては「大学内では『基礎学力』へのこだわりが強く、DP 修了生でも、基礎学力の証明が求められる」といった見解が示されたりします。これまで各大学で行ってきた AO 入試で、一芸入試と呼ばれるような実施もあり、学力不問入試といった批判も出る中、入学後の「基礎学力」の問題が大学教官の間でトラウマのようになっているからだと思います。しかし DP については、そのトラウマから解放されることは至極簡単です。本書の巻末資料にもある DP の最終試験問題をお見せし、「この問題が解ける生徒に『基礎学力』が不足しているとお考えですか？」と問えばいいだけですから。

　さて IB の特徴としての二つ目、リベラルアーツ型の学習について考えていきたいと思います。
　「リベラルアーツ」という言葉をまず確認すると（ウィキペディアより）、原義的には、

> リベラル・アーツ（英：liberal arts）とは、ギリシャ・ローマ時代に理念的な源流を持ち、ヨーロッパの大学制度において中世以降、19 世紀後半や 20 世紀まで、人が持つ必要がある技芸（実践的な知識・学問）の基本と見なされた 7 科のことで、具体的には文法学・修辞学・論理学の 3 学、および算術・幾何・天文学・音楽の 4 科のこと。

となっています。日本では多くの人が「基礎教養科目＝人文科学・自然科学・社会科学の 3 分野」といった意味で使っているように思います。

IBの特徴としての「リベラルアーツ型」について、私は以下のことを考えます。

　最初に思うのは、IBが西欧のものであるということ、まさに「ギリシャ・ローマ時代に理念的な源流」を持つものである、西洋の知性によって生み出されたものであるということです。イギリスのAレベルは高校の最後の2年間を3ないし4科目に勉強を絞り込みますが、そのことをIBはよしとせず、「ギリシャ・ローマ時代に理念的な源流」を持つ学習スタイルを選んでいるのです。
　「理系」「文系」という言葉は日本の中で極めて日常的に使われています。「化学が好き」「歴史が好き」「数学が好き」というように、人によって好きなものが異なるのはごく自然のことで、「理系」「文系」という言葉自体に問題があるわけではありません。かく言う私自身、高校生のとき、「文学以外に学ぶ価値のあるものはない、文学部に進んで文学を勉強したい」とただひたすら思っていたのですから。
　ただ、日本の学校で「理系コース」とか「文系コース」とかいったコース分けが行われている場合、「私は文学部に行きたいから、数学はいらない！」「工学部で学ぶためには古典は必要ない！」といった考え方が普通になっています。
　私は高校までは、基礎的な学びを、幅広く「万遍なく」行うのがよいと考えます。DPでは理数系、自然科学系に進みたいと考えている生徒も言語は二つ学習しますし、社会科学も学びます。文系、非自然科学系に進もうとしている生徒も数学を最後まで学びます。履修を決定するとき、自分の興味・関心に基づき2年間で240時間学ぶ科目（Higher Level ＝ HL）はどれにするか、2年間で150時間学ぶ科目（Standard Level ＝ SL）はどれにするかといった選択をすることになります。

　そして、その「万遍なく」の中に、「芸術」も含まれます。
　日本の多くの進学校では、「芸術」は、大学受験に関係ないからと、高校1年生でその履修を終えます。しかしDPの第6群は「芸術」です。

この違いには着目すべきです。

　私が1999年から2009年までの10年間、校長を務めた千里国際学園中等部・高等部では、卒業生のほとんどが大学（しかも国内外の）に進学する学校ですが、生徒たちの多くが高校3年生になっても進んで芸術科目を履修していました。

　「だって、人間として必要だから」

　「楽しいから」

　「ずっと続けてきたのにもったいないから」

　生徒はそのように言っていました。

　千里国際学園については、数えきれないほどの自慢があるのですが、最後まで芸術科目を取り続ける生徒たちも、自慢の一つです。学内にはアンスケジュールド・タイム（unscheduled time）というものがあり（校内では「アンスケ」と略称されています。国内の大学に進学した生徒が「大学にはアンスケがないです」と話したときは思わず苦笑してしまいました）、これは受け身ではない能動型、探究型の学習に必要な「主体的に必要な学習に取り組む時間」として設定されているものです。

　この「アンスケ」の時間に、音楽の授業で同じ楽器を担当する生徒たちが自主的に声を掛け合い授業中うまくいかなかった部分の練習を行っていました。練習室からはトロンボーンやトランペットの音が、生徒たちの「ここはこうした方がもっといいのでは」といった相談の声と一緒に聞こえてきます。その自主練習をリードしているのが高校3年生で、国内外の難関大学への進学準備をしている生徒だったりしました。

　話をIBのリベラルアーツ型に戻すと、高校の役割を「高等学校段階で本来養うべき多面的・総合的な力」として「国は、基礎的・基本的な知識・技能や思考力・判断力・表現力等について、高等学校において共通に身に付けるべき目標を明確化する。学校は、生徒に対し、主体的に学習に取り組み、生涯にわたって学ぶ基礎となる力、社会の一員として参画し貢献する規範意識等の基礎的能力を確実に育成する」とする教育再生会議第四次提言と、内容的に重なっていることも、ここでしっかりと書いておきたいと思います。

それは、国の向かおうとしている、向かわなくてはならないとしている方向性と、IB の持つ特徴が重なり合うということを意味しているのです。

　次に IB の三つ目の特徴として『使命』『学習者像』『プログラム』の三層構造、そして全人教育」について考えてみたいと思います。
　そのためにまず「時代を見る」ということから始めてみることにします。

時代を見る

　序章と重なりますが、ここでもう一度、今回、200 校プロジェクトが生まれた背景を整理しておこうと思います。
　私は IB を紹介する講演を行うとき、「Did you know?」という名前の動画を冒頭によく流します。この動画は IB の教員研修の際も使われることがあるものですが、YouTube でも簡単に見ることができますので興味のある方はぜひ一度ご覧ください（現在、私が皆さんに見ていただくことお薦めしたい動画が他に二つあります。一つは 2013 年 7 月 12 日、国連本部で行われた 16 歳のマララ・ユスフザイさんのスピーチ。マララさんはそこで「Education first（教育が一番）」と語りました。そしてもう一つはセヴァン・カリス＝スズキさんが 12 歳の時にリオデジャネイロで行った「伝説のスピーチ」です）。

　「Did you know?」という 5 分ほどの動画の持つメッセージは、次の三つのキーワードで括ることができると思います。

①時代の未知性
②変化の高速化
③世界のグローバル化

人類はいまだかつて出会ったことがない様々な問題に直面していて、しかも猛烈なスピードで変化は世界規模で起こっているのです。

このような認識は今に始まったことではないと思いますが、目の前の現実というものは、その中に埋没していると、その重要性に無感覚になってしまう危険があり、私たちの日常はまさにそうしたもののように感じます。

革命の時代の中に生きていると、人はその時代の革命性が自覚できない。

18世紀に産業革命が起こり、石炭・石油などの燃料は生産力を飛躍的に向上させ、人間の価値観、人生観、生き方、ライフスタイルが劇的に変わりました。今私たちは、それとほぼ同様の、いや、おそらくはそれ以上の「情報革命」という名の「革命的時代」にいると思われます。

何年後かは分かりませんが、歴史の教科書に「20世紀後半から21世紀にかけて『情報革命』が起こり、世界の様相に産業革命のとき以上の劇的かつ根底的な変化をもたらした」と記載されるはずでしょう。

留学を希望する若者が減り、ガラパゴス現象というように呼ばれる（その名称に差別的という意見があることを付しておきます）内向き志向が取りざたされたりしました。しかし、若者がしなくなったのは留学だけではありません。献血もしなければ、かっこいい車を購入することもしなくなりましたし、さらに結婚もなかなかしなくなったのです。

次から次へと「しなくなった」現象が起こっています。次はいったい、何をしなくなるのでしょうか。

電車の車内で、座席に座っている乗客全員がスマートフォンを操作しているといった光景はもはや珍しくありません。その光景と、「しなくなった若者たち」に、つながりがあると感じるのは私だけではないはずです。

20年前の1990年初頭に、スマートフォンはあったでしょうか？答えはもちろん「NO」です。スマートフォンが誕生したのは1996年です（このことを私はスマートフォンからGoogleで検索し、ウィキペ

ディアで知るのです)。

　20年前、海外からの帰国生徒たちは、場合によっては家庭での会話以外に日本語と接することがなく、日本語が不安定な状態で帰国してくるケースがありました。帰国生徒教育の主要な役割の一つが日本語のバックアップでした。しかし、現在、そのような帰国生徒はほぼゼロに等しい状態です。なぜなら、世界のどこにいても、日本語がネット上に流れ込んでいるからです。

　革命の時代の状況説明をするのは簡単ではないと、ここまで書きながら思います。

　人々の日々の生活が変わる。それまでしていなかったことに、時間の大半を使う。意識が変わる。価値観が変わる。人生にとって何が大切なのかが変わるのです。

　それがすごいスピードで起きています。

　しかしながら、人類史上起きたこれまでの革命を振り返ると見えてくることがあります。それは、革命が進行していっても人間として本当に大切なことを失ってはならないということです。そうでない革命は、最終的にことごとく破綻しているのですから。

　さて、ここで教育の「今」について考えてみます。今、私たちが子どもたちに提供している教育はどのようなものでしょうか。それは未知化と高速性とグローバル化をキーワードとした、革命と呼んでいい時代に対応しているものでしょうか。また、革命の中でも変わらない「普遍性」を伝えられているでしょうか。

　いえ、教育について考える場合、「今」をとらえてはいけないはずです。とらえなくてはいけないのは、子どもたちが成人し、それぞれが責任ある立場で社会に参加していく20年後、40年後の世界の様子です。それは、今よりもっと未知で高速でグローバルな世界になっているはずです。その世界に生きる彼らにとって、意味ある教育とはどのような教育かを考えなければなりません。

　大江健三郎氏は早くから「想像力」の重要性を語っていますが、これ

からの教育を考えるにあたっては強い「想像力」が必要になります。

偏差値教育

　この日本という国でこれまで行われてきた、そして今行われている教育はどのようなものでしょう。

　「偏差値教育」という言い方を私たちはしています。「偏差値」は公立中学校の理科の先生だった方が1960年代中頃に考案したもので、そこから日本の教育界に徐々に浸透していったものです。私は神奈川県立の高校を受験しましたがそのときに「偏差値」という言葉を聞いた記憶はありません。神奈川県ですので「アチーブメントテスト（ア・テスト）」というものがありました。そして大学を受験するときに初めて「自分の偏差値がいくつか」ということを示された記憶があります。私の個人的な記憶は、日本で偏差値がうごめき始めた時期とぴったりと一致します。

　70年代、80年代、90年代、そして21世紀に入り、すでに40年以上にわたって、日本の教育は「偏差値を上げること」を至上命令としてきました。「偏差値の洗礼を受けない子どもはいない」といった表現があり、その通りだと思います。「偏差値の上下に一喜一憂した」という表現も、まさにその通りだったと思う人が多いと思います。

　理科の先生が考案した「偏差値」は、統計学的に間違ったものではなく、かつその考案者は生徒思いの非常に熱心な先生であったに違いありません。しかし、私たちが「偏差値教育」という言葉を使うとき、その言葉を、「受験教育」・「偏差値偏重教育」・「知識偏重教育」・「知識注入型詰め込み教育」・「記憶暗記型教育」といったものを何となく合わせた意味で使っています。かつ、それが生み出した過度の競争、あるいは狭小な価値観に対して批判的な立場を取るときに「偏差値教育」という言葉を用いることが多いように思います。しかし「偏差値」そのものは、試験結果を統計学的に処理するものであり、「偏差値」そのものが子ど

もたちを追い込んでいるのではありません。

　問題としてとらえなくてはならないのは、偏差値がいかにも理にかなった学力判断基準として盲目的に教育界に受け入れられ、教育を「支配」してしまったことなのです。

　偏差値と暗記量は有意な相関性を有する。偏差値を上げるためには何をしたらいいか？　簡単に言えば、たくさん「覚えれば」偏差値は上がる。だから、生徒は、ただひたすらに「覚える」ことに集中するのです。

　目標の学校にも「偏差値」がある。だから、その目標の学校の偏差値にたどり着くまで、とにかく頑張る。何を頑張る？　ただひたすら「覚える」のです。

　これが「偏差値教育」というものの実相でしょう。

　「いいか、ここはよく試験に出るから、しっかりと覚えておくように」教室でそのような先生の声がこだまするのです。

　試験があるから学ぶのではなく、試験がなくとも学ぶ。本当に大切なのはそういうことではないでしょうか。

　人間を「偏差値」というたった一つのものさしで評価するのは間違っている。特に、年齢が小さければ小さいほど、偏差値によって人間の価値、上下、偉い偉くないが決まると思い込んでしまうなら、それが人間としての傲慢や自信過剰や他者蔑視を生む。また偏差値は人間としての誇りや自尊感情や自己肯定感の発達の障害につながる。これが「偏差値教育」を批判する際の典型的な切り口になりますが、ポイントは次の三点になるでしょう。

①たった一つの尺度（価値観）の植え付け＝偏狭な価値観・人間観の植え付け
②早い段階からの序列化＝自己肯定感を持てない子どもの大量生産
③知識注入型教育に集中＝生きる力・考える力の欠落

この三点について、一つずつ私の見解を述べるなら、①については、このようなことを40年以上続けてきても、日本という国がなんとか持ちこたえてきているのは、民族的DNAによって、かろうじて最終的な歪みを抑える機能が働いているからのように思えます。

神戸女学院大学と同志社女子大学での講義で、学生に「日本の教育の中で、最も育っている『IBの学習者像』と、最も育っていないと思われるもの」を尋ねたところ、二つの大学の学生の答えは見事に一致しました。日本の教育で最も育っているものは「Caring 思いやりのある人」だったのです（ちなみに、最も育っていないものは両大学の学生とも「Risk-taker 挑戦する人」を選びました）。

東日本大震災の被災者の皆さんの助け合い、支え合い、分け合い譲り合った態度は世界の人々を驚かせました。日本という国にはそのような究極の事態に直面してもびくともしない民族的DNAがあるとしみじみ感じます。

タイのことを「微笑みの国タイ」と呼ぶことがあります。日本の場合、有名になった「おもてなし」でもいいと思うのですが、私は「譲り合いの国日本」「助け合い支え合う国日本」と呼ばれたらいいなと思うのです。

たとえば駅のホームでは、日本では基本的に皆がきちんと並んで列をつくっています。順番を無視する人がいないわけではありませんが、極めてまれなケースだと思います。しかし国によっては列などなく、とにかく先を争って、人を押しのけ電車に乗り込んでいく国もあります。お国柄なのでしょうが、私などはどうしても違和感を覚えます。

譲り合ってなんていたら世界との競争に勝てない？　いえ、そんなことはないはずです。その国がその国のアイデンティティーをしっかり示しえたときこそ、世界との競争において、真の意味でその国の力が発揮されるはずです。そして世界と共生していくことができるはずです。

たかが40年くらいで、この国の根幹が揺らぐ心配はないのかもしれませんが、前述した通り、現在の日本の状況は民族的DNAでかろう

じて維持しているといってもよく、偏差値至上主義は限界に来ていると感じます。これ以上続ける必要はありません。

それは問題が発生している、というネガティブな意味ではなく、このあとに書くような積極的な意味合いにおいてです。

また、前ページの②について次のように考えると、これまでの教育で自信を失くした子どもたちを救えると思うのです。

たとえば、今の段階では「あること」がまだできない子がいたとします。その時点で「測定」されると、「できていない」と判断され、偏差値も低いものになるでしょう。周りにはその「あること」がすでにでき、その結果高い偏差値を取る子がいます。そうしたことから「自分はできないんだ」と思い込んでしまう子が生まれてしまいます。

しかし、その子は、時間がかかるだけで、その数年後にその「あること」ができるようになるとしたら、一体それの何が問題でしょう。

神様から与えられたギフト（贈り物）はどのような子にも同じなのです。それがスキル（力）になって出てくる表れ方や時期が少し違うだけなのです。学びは子どもが「準備OK」のとき、初めて成立するものです。だから辛抱強く子どもが「準備OK」になるのを待つことも必要なのです。教育という過程が、次々に繰り出されていく偏差値によって自己肯定感喪失の過程になってしまうことを、避けることだってできるはずなのですが、「偏差値教育」と今書いたような考え方の両立は決して簡単ではないでしょう。

そして、③についてですが、私はいじめを中核的な問題として抱える現在の学校での殺伐とした現象は、40年間の偏差値教育の必然的結果である、と思っています。いじめと偏差値教育が無関係であるとは思えません。

さて、このように書き進めていくと、私が「偏差値教育」を一方的に断罪しようとしていると思われるかもしれませんが、決してそのようなつもりはありません。

1991年、文部省（当時）の方針として公立中学校での進路指導にお

いて偏差値を使うことが禁止されました。同時に業者テストも排除されました。偏差値が教育を歪めている、という考え方からです。

　小学校・中学校では2002年度から、高校では2003年度から全面スタートした「ゆとり教育」も、「偏差値教育」を是正するといった意味では、同じ考え方に基づいています。

　このように「偏差値教育」に対しては、軌道修正が図られてきた歴史があります。実は今回の「IB200校プロジェクト」も、「ゆとり教育」に取り組んだ文部科学省のメンバーにとっては、IBという格好のツールをつかんだ上での再戦という気持ちもあるということを耳にしたこともあります。

　熱心な先生方が、教え子のことを思い、「いいか、ここはよく試験に出るから、しっかりと覚えておくように」と教え、真面目な子どもたちが信じる先生についていき、ノートを取り、参考書に線を引き、問題集に立ち向かう。夜を徹しての試験のためのねじり鉢巻きの勉強で、母親が「お母さんにはこれくらいしかできないから」とそっと温かい飲み物を持ってきてくれたりする。

　私の場合も、大学入試の日の早朝、母が私の枕もとで私の眼鏡をそっと拭いていたことを覚えています。私はそのまま寝たふりをしていましたが。

　そのような世界を、子どもたちの、先生方の、家族の、それぞれの必死だった気持ちを、否定することはありえないと思います。

　しかしそれは、そういう時代があった、ということなのです。

　IBに「Academic Honesty」という言葉があります。探究型学習を核とするIBにおいて、自分の意見・考えは他者からの借りものであってはならないという意味です。日本語にしにくい言葉の一つですが、この言葉を「学習における誠意さ」というように訳すなら、この「Academic Honesty」を、偏差値教育の中で努力していたすべての子どもたちが持ち合わせていたと言ってよいでしょう。

私がここでお話ししたいのは、「偏差値教育は間違っていた」ということではありません。あくまで「偏差値教育はその役目を終えた」ということです。
　それはつまり、これまでの教育が有効だった時代が終わりを告げたということなのです。
　前述したように、今、子どもたちに提供しなくてはならない教育は、未知・高速・グローバルをキーワードとするこれからの世界に対応できる力を育てる教育、知が次々とリニューアルされていく時代に対応できる力を育てる教育です。
　戦後、戦前・戦中の授業で使われた教科書のかなりの部分が墨で塗られていたことはよく知られた事実です。そのようにこれまでの「偏差値教育」を、墨で塗りつぶさなくてはいけない時代に差しかかっていると思うのです。なぜなら、その教育方法は時代的役割を終えているのですから。
　「大迫先生、そのときは、誰の目から見ても、時代が明らかに変わったので、墨で塗るのは難しくなかった。でも、今は、そのように歴史の転換点ということがはっきり目に見えるわけではないので、その作業は難しくはないでしょうか？」ひょっとしたら、そうしたご意見もあることでしょう。確かににそうかもしれません。しかし、私たちは、教育というものの責任を考え、もはや有効性を失っている教育を無反省に継続していく愚を、罪を、犯してはならないのです。

　では、どのような教育が待望されているのでしょうか。
　今回その答えの一つとしてIBに注目が集まりました。
　これまでの時代が求め、そして時代をつくり、支えた「偏差値教育」という、あくまで「個の成長と成功」にフォーカスした教育から、学びを「よりよき世界の構築に貢献する若者の育成」を目標とする教育、そのような「社会的使命」を持った教育への転換を志向するとき、IBの三つ目の特徴、『使命』『学習者像』『学習プログラム』の三層構造、そして全人教育」が、大きな意味を持つと思うのです。

第4章　日本の教育改革と国際バカロレア　　161

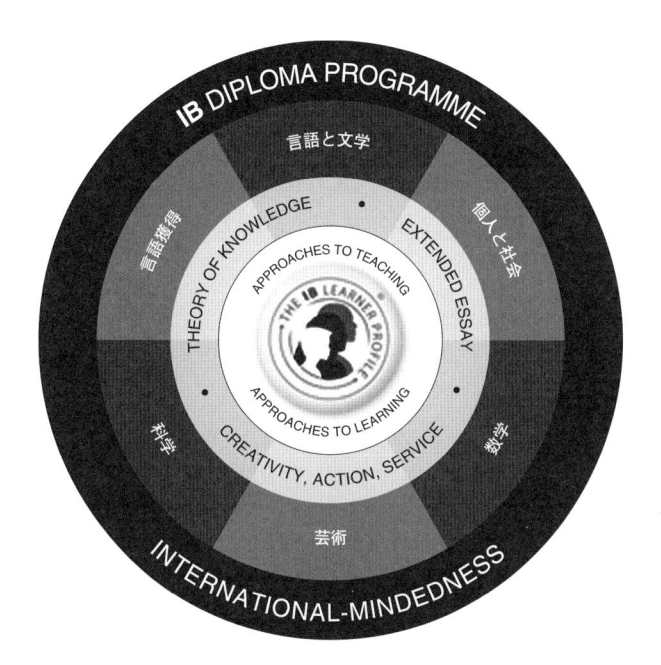

日本語 DP について

　ここで、今回日本の一条校への導入が計画されている「日本語 DP」について、従来型の DP と比べながら、説明したいと思います。

　まず高校 2 年生・3 年生が対象である DP のプログラム図を見てみましょう。

　この図には 130 ページに書きましたように、IB について、そして DP についてたくさんの情報が詰まっていますが、ここでは外周から二つ目にある「六つの学習群」を見てみましょう。

　「六つの学習群」で実施される科目は具体的に以下のものになります。

　Group 1　STUDIES IN LANGUAGE AND LITERATURE（言語と
　　　　　文学：第一言語での学習）

- Language A: literature ―日本語を含む 55 言語で実施
- Language A: language and literature ―日本語を含む 16 言語で実施
- Literature and performance（Group 1 もしくは Group 6 の科目として）―英語・フランス語・スペイン語で実施

Group 2　LANGUAGE ACQUISITION（言語獲得：外国語としての学習）
［Modern Languages］
- Language B（何年かその言語を学んでいる生徒対象）
- Language ab initio（初心者対象 SL のみ）

［Classical languages］
- Latin or Classical Greek―古代ローマまたはギリシャの言語・文学・文化を学ぶ生徒が対象になります。
  （またスペイン語の ab initio、中国語の ab initio が「on-line」で提供されます）
- （注）「on-line」はネット上での授業になります。今、世界の大学で実施されている「MOOCs：Massive Open Online Courses」に近いイメージで考えてください。

Group 3　INDIVIDUALS AND SOCIETIES（個人と社会）
以下の 9 科目が提供されます；
business and management・economics（日本語）・geography・history（日本語）・information technology in a global society・philosophy・psychology・social and cultural anthropology・world religions（SL only）
（2015 年 9 月から Global politics が開始され 10 科目になります）

Group 4　SCIENCES（科学）
以下の 7 科目が提供されます；

biology（日本語）・computer science・chemistry（日本語）・design technology・physics（日本語）・The sports, exercise and health science（2012年9月開始の新しい科目です）
（なお environmental systems and societies が Group 3 もしくは Group 4 の科目として提供されています）

Group 5　MATHEMATICS（数学）
以下の4科目が提供されます；
mathematical studies standard level・mathematics standard level（日本語）・mathematics higher level（日本語）・further mathematics standard level

　Group 6　THE ARTS（芸術。ただし、以下の5科目の芸術としての科目以外に、Group 1 から5にある科目をもう一つ履修してもよいことになっています）
以下の5科目が提供されます；
dance・music・film・theatre・visual arts
（また film SL が「on-line」で提供されます）

　以上の説明の中で SL・HL とありますが、前にも説明しましたように、6教科群のうち3教科（もしくは4教科）は Higher Level（HL）として2年間で240時間学習し、3教科（もしくは2教科）は Standard Level（SL）として2年間で150時間学習することを意味しています。
　そしてこれらの科目の中で（日本語）と表記しました history（歴史）、economics（経済）、chemistry（化学）、biology（生物）が2013年3月に「日本語で実施」されることになりました。加えて Group 1 の Japanese（日本語）ももちろん日本語での実施になります。加えて Group 4 の phycics（物理）と Group 5 の mathematics（数学）の日本語での実施が2014年5月に決定したのです。
　「日本語での実施」とはすでに書きましたように、①「授業が日本語

で行われる」、②「最後の統一試験が日本語で受験できる」、③「授業に関するIBOからの情報が日本語になる」の3要素が実現されるということです。

　①と②については分かりやすいと思います（統一試験についてはあとで少し説明をします）。③について少し説明をしておきましょう。
　Group 1のJapaneseの「Language A: literature（文学）」という科目が「日本語で実施」されます。日本語の授業が日本語で実施されるのは当たり前だと思われるでしょう。しかし、これまでこの「日本語」の授業に直接関係するIBOからの情報は、特に大切な「評価」に関するものも含め、すべて英語で各授業担当者の先生方のもとに送られてきました。ですから、一定の英語力を持っていないと「IBとしての日本語の授業」を適切に実施することが難しかったのです。それが今回、「Literature」についてはすべての情報が「日本語」で届きます。ですからこれまでは「英語が分かる日本語の先生」（主にインターナショナルスクールに所属している先生方）のある意味占有物であった「IB Japanese」という科目を「日本の学校の普通の国語の先生」でも教えることができるようになったのです。
　この「IB Japanese」に「日本の学校の国語の先生」が参加することになることの意味は「IB Japanese」の質の向上にかなりの影響を及ぼすことになるでしょう。今まで「IB Japanese」を担当していた世界中のインターナショナルスクールの優秀な先生方に加え、一条校の経験豊かな「国語の先生」が加われば、最強の体制ができるはずです。一条校の国語の先生方は、最初の内はIBの手法、特に「評価」に関して、若干の違和感を覚えるかもしれません（実際にそのような意見を耳にしています）。その「違和感」は、作品の意味を「書き手の意図」の中に見出すか、「読み手が決定していくか」といった極めて本質的な問題に起因しています。ですからその違和感を大切に、IBを尊重しながら、同時にIBを変容させていくくらいの気概を持って、IB Japaneseの担当者になってくだされば と思います。何と言ってもJapaneseの総本山は日本

なのですから。

　ところで、よく出てくる質問に「どのように日本語で実施される科目が決まったのか」という質問がありますが、日本語 DP の対象科目は、2012 年に文部科学省が実施した、教育委員会や国・私立高校等を対象とした日本語 DP などに関する意向調査の結果等を踏まえつつ、文部科学省と国際バカロレア機構との間の協議を経て決定されたものです。
　将来的に日本語での実施科目が増える可能性について文部科学省は「現時点で、すべての科目を日本語にするといった具体的な予定等はありません。今後の検討によっては、日本語対象科目をさらに増やす可能性はありますが、その際の具体的な取り扱いなど（たとえば、日本語対象科目が増えた場合でも、生徒が履修できる日本語対象科目数に制限を設ける、など）は決まっておりません」としています（巻末資料参照）。
　DP を修了した生徒に授与される certificate（修了証書）には、その科目を何語で勉強したかは記載されていません。これまでも生徒たちは、たとえば数学を英語かフランス語かスペイン語かのいずれかで学んでいるわけですが、どこにも言語名は記されていません。「何語で学んでも同じ」という IB の基本的な考え方がそこに明確に表れています。ですから、たとえば DP 化学を日本語で学んだとしても修了証書には「Chemistry」と書かれるだけです。
　このことに関連して、国際バカロレア機構（IBO）から「日本語で選択しても、そのスコアの評価に他言語との差異はありません。学校は、生徒がどこの大学に進学するか、進学を希望する大学が入学審査としてどのようなことを要求しているのかによって、生徒が何語で選択するのかを決定していく助言をすることが望ましいのです。なお、一般的に、欧米の有力大学の場合は、入試要項等において、専攻する学部に関係する科目は、IB の上級レベル科目（HL）を英語で選択することを求めている所も多いようです」との見解が出されていることを付け加えておきます（巻末資料参照）。
　理想ですが、私の個人的な意見としては、最終的にすべての科目にお

いて日本語での実施が可能になる基礎環境をつくり、ある生徒は4科目を英語、2科目を日本語、ある生徒はそれぞれ3科目ずつ、ある生徒は4科目を日本語、2科目を英語、といったように自由に選択できるようになると、最も効果的なIB学習が実現できるのではないかと思っています。しかしその場合、たくさんの科目を日英両語で提供しなくてはならないので、学校としてはそのための先生をたくさん雇用しなくてはならず、かなりの負担にはなります。加えて、あくまで「Dual（2言語）」のプログラムである以上、2言語がバランスよく学習言語になることが前提である、と考える必要もあるかもしれません。

そして、もしすべてのグループにおいて日本語で実施が可能ということになるなら、それは英語・フランス語・スペイン語についで日本語が第4のIB公用語となることを意味しますが、そのことについてはそれはどうかといった意見がIBO内部にあるようです。

「日本語でのDPの実施」に関しては、
- Extended essay（EE 小論文）= 4000 words（日本語の場合8000字）：学習している六つの教科の学習からテーマを選ぶ。
- Theory of knowledge（TOK）= 知の理論・認識論：分析的思考、知ることの本質を学ぶ学際的コース。
- Creativity, action, service（CAS）= 創造性・活動・奉仕：DPの学習と並行して行っていく様々な活動。

というIBプログラムの理念的中核をなす三つの必修学習についても、その日本語での実施が決定しているということは、前に書いた通りです。

成績は6教科については、
7　Excellent performance
6　Very good performance
5　Good performance
4　Satisfactory performance

3 Mediocre performance
2 Poor performance
1 Very poor performance

の7段階評価になります。4点以上が合格です。

それにTOKとEEで最大3点が与えられ（AA-AB 3点、AC-BB 2点、BC-CC 1点、BD-DD 0点、DE-EE ディプロマ取得不可）、合計で（7点×6教科群）+3点=45点満点になります（CASは科目の性質上点数化はされません）。

24点以上で修了証をもらえることになります。修了証をもらえる率は80％程度。45点満点取得者は1％未満です。

次の表を見てください。

5月試験	2007年	2008年	2009年	2010年	2011年
平均点 （45点満点）	29.56	29.57	29.51	29.55	29.61
一科目の平均点 （7点満点）	4.68	4.69	4.66	4.65	4.66
45点満点	0.18％	0.19％	0.19％	0.20％	0.23％

この表から、総点平均および各科目の平均点とも年によっての揺れがない、安定的なものである、ということが読み取れます。ここに、DPが世界で約2000の大学によって入学資格として認められている根拠があります。年によって大幅な違いがあるようでは、そのような取り扱われ方は実質的に不可能ですから。また、何語で履修しても、評価規準が一定なので、そのことも、DPが世界の大学で受け入れられている根拠になります。

「日本語DPで、半分日本語で学習したプログラムで取ったスコアが、海外の大学で今までのDPのスコアと同じ扱いになるのでしょうか？」

ということを心配する方もあります。この件に関してはすでに文部科学省の担当官が英米の主要な大学を直接訪問し、確認作業を行っています。これまで、英語・フランス語・スペイン語でいずれの言語で履修していようとスコアの取り扱いに違いがなかったように、日本語 DP のスコアも同じように取り扱われます（ただし英語力については、日本語 DP の中での科目としての「英語」で、たとえば 6 点以上という条件が付いたり、別途英語力を証明するスコア、たとえば TOEFL などの得点が求められたりする可能性はあります）。すなわち日本語 DP の 38 点は、基本的に全部英語で履修した場合の 38 点と同じように扱われます。

なぜそのように判断されるかというと、DP のスコアは一条校 200 校それぞれの学校が勝手に出すのではなく、また文部科学省が出すというわけでもなく、IBO が履修言語にかかわらず一貫した規準に基づいて出すスコアだからなのです。先ほどの表でご覧いただいたように、どの年でも、どの科目でも、安定した数値を生み出す厳格な基準に基づいたものなのです。

スコアは「学内評価 Internal assessment」と「学外評価 External assessment」の合算によって出されます。「学内評価 Internal assessment」は各科目の評価の約 20 〜 30％を占めます。評価の対象になるものは科目によって異なり、たとえば Group 1 では口述テスト、Group 4 では実験レポートなどが課されます。各学校の IB 担当教員が出す評価になりますが、この学内評価の結果を IBO に提出する Moderation（調整）の制度によって、評価の客観性・厳格性が保たれています。Moderation とは IBO からアトランダムに指名された生徒の提出物と、それに対して与えた学内評価を IBO に送り、その評価の適正が審査されるというものです。評価が甘すぎたり、厳しすぎたりしていないかが判断されるというわけです。

この作業を行うのは Moderator という立場の人で、IB 教育の経験のある先生方がその任に就くこととなります。

第 4 章　日本の教育改革と国際バカロレア　　169

　「学内評価 Internal assessment」に関してもう少し補足しておくと、IBO が主催する教員研修（すべての IB 担当者が出席を義務付けられています）において、実際の生徒の提出物に対して、どのような評価を行うか、IB の評価の根本になる「ルーブリック（評価表）」に基づき、評価の練習を行うのです。教員研修では、そこに大変多くの時間を使い、学内評価の安定性の維持に努めることになるのです。

　もう一方の「学外評価 External assessment」は各科目の評価の約 70 〜 80％を占めるものになりますが、世界で一斉に統一試験として 5 月（北半球）、11 月（南半球）に各学校を会場にして実施されます。

　日本の一条校の場合、日本は北半球ですが、4 月始まりの学校暦の関係で 11 月の受験が予定されています。この統一試験の採点は IBO の Examiner（試験官）が行います。各学校の先生の試験当日の仕事は、IBO から送られてきた試験問題を配り、それを実施し、回収し、IBO に送り返すということになります。Examiner については IBO が常時希望者を募っています。2013 年 12 月現在、約 10 万人の DP 履修生徒に対して 1 万 500 人の Examiner がいますが、これから一条校の先生方がどんどん Examiner になるために手を挙げてくださることを楽しみにしています。IBO は現場の先生方の主体的な関与を常に求めていますし、またそのことによって成り立っている組織なのです。

　試験に関してより詳しい日程は「5 月統一試験（北半球）→ 7 月 5 日結果通知」、「11 月統一試験→ 1 月 5 日結果通知」となります。この場合、それぞれ 9 月入学、4 月入学の大学の出願には間に合わないといったこともあり、DP には「Predicated grades（見込み点）」という仕組みが用意されています。各学校の IB コーディネーターが取りまとめて IBO に提出するものですが、これをもとに、たとえばオックスフォード大学では「条件付き合格」を出す仕組みがあります。「見込み点」が「40 点」とされた生徒に対して「本当に 40 点を取ったら合格とする」という条件を示すのです。生徒は必死になってその点数を目指し、到達した場合は合格、ダメだった場合は合格が取り消されます。

　4 月が年度始まりの日本の一条校が受験する 11 月試験の場合は、こ

の「見込み点」のIBへの提出期限が10月10日になっています（5月試験の場合は4月10日締め切りです）。

さて、統一試験のサンプル（日本語と英語）を巻末に資料として示しておきますので、ご覧ください。おそらく多くの方が「難しい」と思われるでしょう。私も初めてDPの統一試験問題を見た20年前はそのように思いました。しかしDPの統一試験は、日本の学校で言えば「中間考査」や「期末考査」と同様と考えればいいのです。すなわち、「授業中に学んだこと」が問われるということです。授業中の学習と直接的に結びついた問題が出されている、そうであるならば、一見「難解」と思われる問題にも太刀打ちできるということになるのです。このこともIB教育が優れていると思う点の一つです。

生徒が、学校の先生のもとで毎日しっかり学んでいれば、ちゃんと自分の将来の道を切り開くことができる、「子弟同行」という学校教育の本来の姿がそこにあります。

なお、PYPとMYPにはDPのような最終試験はありません（ですからそれぞれの授業は「何語によっても」実施可能です。もちろん日本語でも実施できるということです）。統一試験がない代わりに、PYPの場合は「Exhibition」、MYPは「Personal Project」が最後のまとめになります。

IB World Schoolになる方法

それではここでIB World School（IBの認定を受けた学校はそのように呼ばれます）になるにはどうしたらよいか、ということについて書いておきましょう。

私は校長として、これまで二つの学校でDP校としての認定を受けています。一つはインターナショナルスクールである「Doshisha International School, Kyoto（DISK）」（京都府）、そしてもう一つは一条校である「リンデンホールスクール中高学部」（福岡県）です。

今後認定されるであろう200校が、やがてIBOから受け取ることに

なる「認定レター」を巻末資料に付けておきますからご参照ください。

　IBに関心を持ち、そのプログラムのいずれかを採用したいと考える学校は、まずIBOに「School Information」を提出します。送付はネット上で行われます。IBOはその運営に徹底的にITを使っています。認定校は世界140カ国以上に広がっているのですから、当たり前といえば当たり前の、それ以外にない手法になります。

　この「School Information」はA4数枚のごく簡単なもので、この提出時にはまだ金銭的な負担も発生しません。

　次の段階が「候補校申請」ということになります。IBの申請は年に2回、4月と10月に可能です。

　2013年10月に候補校申請を行った一条校は5校で、5校とも2014年3月に無事候補校になったことは既に書きましたが、そのうちの4校が「日本語DP」の第一陣ということになりますが、もう一つの東京都立国際高校は、すべて英語で実施する従来型のDPの実施を予定しています。

　申請を終え、候補校としてIBOから認定された学校は、その候補校期間にIB校になるための様々な準備を進め、準備が整った段階で「認定校」になるための最終申請書類を提出、認定のための確認訪問を経て、めでたく「IB World School」の仲間入りが果たされることになります。

　ここで一つ書いておきたいのは、IBOがこの認定過程を、申請校とともに協力して進めていきたいと考えているということです。できるだけ多くの学校がIB校になれるように手助けをしたい、というのがIBOの基本的な姿勢です。ですから認定校になるために分からないことや不足していることについてはIBOのアドバイスを受けながら認定過程を進めていくことになります。

　日本国内にはIBの認定過程について「査察」や「監査」といったような権威的で硬質なイメージが蔓延している印象があります。日本語DPを広げていくためには、そのような誤ったイメージはいち早く払拭されなければならないと思っています。

IBとは、よりよい、より平和的な世界の構築に貢献できる人を育てるための教育プログラムであり、そのような目標を掲げた組織が、権威的であったり、官僚的であったりすることはありえないことでしょう。
　前述のシバ・クマリ氏は2013年8月26日の日経新聞の記事の中で「導入したい学校は早く認定申請を出してほしい。申請した段階から私たちと学校の一緒のjourney（旅）が始まる」と言っています。
　この「journey」という単語はIBOがしばしば認定の過程を表現するのに使用するものですが、IBOの認定過程への姿勢がよく表れている言葉だと思います。
　認定過程について、私の経験を書けば、DISKの場合は候補校申請をしたのが2011年4月で、認定校となったのが2012年3月23日、かかった時間がほぼ12カ月でした。リンデンホールスクール中高学部の場合は2012年9月に候補校申請を提出、認定校になったのが2013年10月で、要した期間は13か月でした。これらはかなり例外的なスピードだと言え、候補校申請の提出をして1年半から2年程度で最終認可までたどり着くのが通例です。
　今回の日本語DPの第一陣として2013年10月に候補校申請を提出した学校は2015年3月末までの認定を目指しています。

大学入試IB枠

　「200校プロジェクト」の今後の進展を考えると、まさに興味が膨らんだその時点で、まず突き当たるいくつかの課題があり、それをクリアし、躊躇、逡巡、迷い、戸惑い、ためらいを払拭しなくてはIB校としての道を進めない、そのような分水嶺があると思います。その課題は「整えておかなければならない基本的体制」と「IBに関する誤解」という二つに整理できます。
　まず「整えておかなければならない基本的体制」ですが、おおむね以下の3点になります。
　①日本語DP修了生徒の高等学校卒業後進路（IB生徒の国内大

学進学）
②学習指導要領とDPの学習内容の重なり
③担当教員に関しての課題

まず①の「国内大学進学」について見ていきます。

この課題はIB日本アドバイザリー委員会が、テーマをそれに絞り込んで取り組みました。私自身、2013年9月30日に開催された「IB日本アドバイザリー委員会 第2回委員会」で行った「IBDPの学習・評価・卒業後進路」に関する説明のまとめの部分として、以下の文書を配布しました。

1. DPを修了した生徒の学力を含む総合的な力は、DPを修了しているということ自体で、ある意味「世界的なレベルで折り紙付き」と言える。
2. 大学としてIBを認知し、それを入学の審査基準に含むことにより、大学には、大学の国際化、という文脈の中で、以下のメリットがあると考えられる。
   ①大学としての見識を示すことになる。
   ②世界の優秀なIB生徒の出願をうながすことになる。
   ③IB生徒の存在により、世界の大学と比較・選別され、学生の能力をさらに引き出す国際水準の授業が求められることとなる。
3. 大学としての「入学審査におけるDPの活用の仕方」については、大きく分けて以下の二つになる。
   ①DPの総合スコアまたは特定の指定教科のスコアを「入学の条件」として、それを満たしている場合はそれをもって「合格」とする形（面接などを実施する場合が多い。大雑把に言って「イギリス型」＝例：オックスフォード大学の場合、入学オファーの対象になりうるDPスコアを38～40点以上と設定している）。

②AO 入試において DP の総合スコアまたは特定の指定教科のスコアを評価し、IB 生徒の入学を積極的に進める形（大雑把に言って「アメリカ型」）。

他に「DP 履修教科を大学の単位として認める」「IB 生を対象とする奨学金」というシステムもあるが、まずは上記 3 -①②を基本とした「IB を認知した入試（いわゆる IB 枠）」として日本国内の各大学にご検討をいただきたい。

4. 特に今回推進している「日本語 DP」の修了生徒については、世界的なレベルでの学力が保証されており、「センター試験」を課すことは、二重の学力チェックとなることを鑑み、特例的な措置のご検討をいただきたい。

多くの高校教育関係者が IB について、優れた国際標準カリキュラムとして強い興味を持っていますが「大学入試」が大きな壁になってしまっています。「IB 枠」の創出により、日本の高校生たちに IB を学ぶ機会を与えていただきたくご検討を心からお願い申し上げます。

以上が、私がその日に思いを込めて配布したものです。

IB 日本アドバイザリー委員会は、2014 年 4 月 14 日の委員会において下村博文文部科学大臣に「報告書」を手交し、IB200 校プロジェクトを先導する役目を終えました（その「報告書」を巻末資料でご覧ください）。「報告書」を手にした下村文科相は「現在文科省では 44 のプロジェクトを進めていますが、IB はその中でもうまく進んでいるものの一つです」とおっしゃいました。IB 日本アドバイザリーは、文部科学省大臣官房国際課長の他、大学関係者としては、東京大学理事・副学長、筑波大学長、東京学芸大学理事・副学長、早稲田大学副総長、慶應義塾大学常任理事が委員を務め、京都大学総長が委員会顧問を務めました。また IB 日本アドバイザリー委員会として特筆すべきことは、毎回必ず山

中伸一文部科学事務次官が出席されていたことです。「IB200校プロジェクト」が、IBについて深い見識をお持ちで、2013年3月の「日本語DP」に関するIBOとの合意については遠く大雪のハーグまで出向かれた山中事務次官の陣頭指揮の下で進んでいることを実感する委員会でした。

「IB日本アドバイザリー委員会 第2回」では、文部科学省の高等教育局の入試担当者も出席をしていました。大学入試についてが議題であったためです。

教育再生実行会議の第四次提言では「大学は、入学者選抜において国際バカロレア資格及びその成績の積極的な活用を図る。国は、そのために必要な支援を行うとともに、各大学の判断による活用を促進する。（中略）国は、メリハリのある財政支援により、以上の取り組みを行う大学を積極的に支援する」と盛り込まれています。日本の大学改革、それに伴う大学入試改革という大きな文脈の中で、IBは方向性を同じくするものとしてその導入が進められていくはずで、その流れが明らかに生まれつつあります。

当初、2012年4月に『文部科学広報』に「200校」の目標が掲げられた時点では、DPの導入は、グローバル人材を育成する政策の一環としてIB修了生徒の海外進学だけがイメージされていたと思われます。それが、日本の大学改革と結びついていく流れの中で、国内の大学でのIB生徒の受け入れ体制が重要なポイントになってきたのです。

そして2014年の年頭、1月4日の読売新聞に次の記事が掲載されました。

> 慶大グローバル対応施設 ―「国際バカロレア」入試も―
> （前略）14年夏には、国際的な大学入学資格「国際バカロレア」（IB）を日本国内の高校などで取得した受験生向けの入試も導入し、全学的にグローバル化対応を進めるという。（中略）IB入試は、法学部の帰国生入試（定員20人）の対象者に、日本国内の高校やインターナショナルスクールでのIB取得者を加

え、面接などで選抜する。14年度に行う入試から導入し、9月入学も選択できるようにする。試験の詳細は今年5月頃に発表する。
　文部科学省によると、日本国内のIB導入校はインターナショナルスクールを中心に27校。政府は2018年度までに200校まで広げる目標を掲げている。慶大ではIB入試導入について、「国際的な視野と、高い語学力を備えた学生が採用できる。日本でのIB導入校拡大のきっかけにもなりたい」としている。

　この記事の「日本でのIB導入校拡大のきっかけにもなりたい」というコメントが心に突き刺さりました。
　続いて筑波大学が1月15日に「国際バカロレア特別入試」の発表を行いました。
　実施は2014年の11月、選考は面接と論述試験。何より大きな決定は、この入試ではセンター試験が不要ということです。これはまさに待ちに待った画期的な英断といってよい決定です。学部に相当する9の学群と、学科に相当する23の学類のすべてで、それぞれ若干名の募集。医学科でも実施されるということです。
　東京大学は1月29日に「推薦入試」を発表、その中に法学部が「(4)国際通用性のある入学資格試験における優秀な成績を証明する資料（IB、SATなど）」を、教養学部が「(4)国際通用性のある入学資格試験の成績を証明する資料（IB、SATなど）」（二つの学部で微妙に表現が違っていますが）を提出書類に加えたのです。
　東大が卒業生向けに発信している『TODAI for tomorrow』は次のように伝えています。

　平成28年度から入学者選抜に推薦入試が導入されます。
　東京大学では平成28年度入試から従来の後期日程試験にかわって推薦入試を行うこととなり、その概要を1月29日に発表しました。

各学部がそれぞれの「求める学生像」を掲げて学生を募集、学校長から推薦を受けた志願者から、書類審査、面接、大学入試センター試験の成績を総合的に判断して合格者を決定する、東京大学では初の「推薦入試」となります。

推薦入試を導入するにあたっては、東大生の多様性を促進させたいという方針が前提にあります。自分の興味あることを深く学びたいという強い意欲、特定の分野で卓越した能力を持つ人物、答えが一つでないことにチャレンジしていくことのできる、自分にとっての課題を明確に持った志願者を広く募ります。そしてまた、そんな人材を高校に育ててほしいという中等教育へのメッセージでもあり、受け入れる大学も変わっていきたい、という東大にとってもチャレンジとなる入試制度です。

東大の推薦入試はセンター試験が課されています。筑波大学のように「センター試験不要」という思い切った決断はなかなか難しいのかもしれません。しかし、筑波大学が「センター試験不要」としたのは、IBの生徒はIBのスコアで十分に学力が保証されていると判断し、世界の大学と同様にIBスコアを信頼できるもの、と位置付けたことを意味します。筑波大学の永田恭介学長は「IBについて十分調べ、そのように判断した」とおっしゃっています。筑波大学の判断が、日本全体の大学に広がることを願ってやみません。

新約聖書のマタイによる福音書第9章17節に「新しいぶどう酒は新しい革袋に入れるものだ」という言葉があります。IBを学んだ生徒たちの力は、古い革袋ではなく、新しい革袋に入れて欲しいと思うのです。

段階的に入試制度が変化していく、ということも起きるかもしれません。IB生徒にセンター試験を課すとしても、配点の割合を、他の受験生よりぐっと小さくし、IB生徒がとにかく受験しやすい環境をつくっ

ていく。そのうち、IB 生徒の学力が IB のスコアだけで十分把握できるという理解が広がるでしょう。その日まではそのような形も考えることができるように思います。

いずれにせよ、いよいよ動き始めました。繰り返しになりますが、筑波大学の英断、そしてそれを見事なリーダーシップで導かれた永田学長には心からの敬意と感謝を表したいと思います。

ここで IBO が 2013 年 12 月に行った発表を加えておきましょう。

> 日本の大学入学者選抜で「国際バカロレア資格の成績の活用を」——教育再生実行会議が提言　政府の教育再生実行会議、第四次提言で大学入試制度での国際バカロレア資格の活用を求める
> 2013 年 12 月（日本）——国際バカロレア（IB）は、政府の教育再生実行会議がこのほど安倍晋三首相に第四次提言を提出したことを受け、日本での IB ディプロマプログラムの推進が大きく前進したと発表しました。第四次提言は、大学教育とグローバル人材の養成に関連して具体的に、大学が入学者選抜において「国際バカロレア資格」（IB ディプロマ）およびその成績の積極的な活用を図ることを求めています。また、政府が教育改革の一環として、そのような取り組みを実施する大学に財政支援を行うことも明記しています。
> 第四次提言は、IB 教育を主体的な学習者を育て、国際的な視野を養う、グローバル・リーダーの育成に資するものとしています。また、同提言は各大学に対して、知識偏重の学力試験の結果のみでなく、高等学校で身に付けた学びや海外留学での経験、スポーツ活動、調査研究や小論文、大学入学後の大学への貢献などを考慮する入学者選抜を実施するよう求めています。

学習指導要領とIB

　IBの国内普及にあたって「整えておかなければならない基本的体制」の次の課題は②の「学習指導要領とDPの学習内容の重なり」についてです。

　まず学習指導要領とDPの間で、各科目の学習内容に決定的な開きはない、という基本的認識が必要です（事実暗記型学習ではなく探究型概念学習であるという「教え方」「学び方」に大きな違いがあることが重要です）。そのことを基本に、両者の突き合わせ作業が必要になりますが、「200校プロジェクト」に関心のある学校が個々別々にその作業を進めていては時間とエネルギーの膨大な無駄と言えるでしょう。

　この点、文部科学省のしかるべき部署が責任をもってそれを行うことがすでに明言されています。

　2014年3月26日に開催された「第3回国際バカロレア・デュアルランゲージ・ディプロマ連絡協議会」では、初等中等教育局教育課程課教育課程企画室長から、IBのカリキュラムと学習指導要領との関係について、文部科学省において各科目の対応関係の整理に順次着手しており、今後集中的に整理作業を行いたいこと、それが終わり次第、必要な検討をし、一定の考え方を示したいとの説明がありました。この作業の完了を、首を長くして待っている学校は日本全国に多数あります。文部科学省はIB以外に膨大な量の仕事を抱えているとは思いますが何とか急いでほしいと願うばかりです。

　一条校の高校で行われる学習指導要領に基づく授業とは

①各授業時間数（単位数）を守る。
②検定教科書を使用する。
③学習内容として学習指導要領に示されたものを実施する。

ということになります。一条校の先生方にしてみれば「検定教科書」

を使用している限りにおいて、この③については自然と実現されていて（検定教科書はそのようにつくられていますから）、かつ非常に完成度が高い「教師用指導書」が③の落ちのない実施をバックアップしてくれている、という感覚があると思います。

　IBを導入する場合、①はそれほど難しくない（IBの授業数で学習指導要領上の授業数はカバーしていける。巻末の東京都教育委員会の資料を参照してください）と考えられますが、IBの求める内容と③をどのように生徒への過負担にならない形で両立させていくか、これまで教科書を使うことにより学習指導要領の内容を自然にカバーしてきた一条校の先生方にとっては大きなチャレンジになることでしょう。

　しかし、そのチャレンジこそ日本の教育を生まれ変わらせることにつながるのです。

　こうしたチャレンジに関連する事項として『DP 原則から実践へ』から、以下の二つの部分を見ておくことにしましょう。

> 認定校の多くは、地域・州・地方・国の関係機関と密接に連携し、卒業および修了のための様々な要件について代替措置および免除が認められるように努力しなければなりません。さらに、外部の政府機関によって設定された基準を満たすことを示すIBコースの概要が開発されることも考えられます。

> DPの導入に乗り出すことで、独自の伝統やアイデンティティーを失うことを危惧する学校もあります。しかし現在DPを提供している多種多様な学校を見れば、画一的なアプローチを適用することが要求されているわけではないことが分かります。実際、プログラムを導入する際の課題は、学校のアイデンティティーや特徴を保持しつつ、学校固有の状況に適合するようにプログラムを実施する点にあります。

日本の学習指導要領の「世界史」と「IB World History」は、重なる部分もありますが、「IB World History」は近現代史に比重がかかっています。極めて個人的なアイデアになりますが、日本の学習指導要領に「IB World History」を参考にしつつ「近現代史」という科目を新設し、必修科目にするといった案はどうでしょうか。

担当教員

そして、「整えておかなければならない基本的体制」の三つ目は③の担当教員に関しての課題です。

IB 教員としての第一歩を踏み出すためには、まず IBO の主催する教員研修（3日間）に参加しなくてはなりませんが、その後、自らが「探究する人」となって、IB 教員としての道を歩んでいくことになります。そのためには、日本人教員の場合、各自がこれまでの経験をある意味一旦リセットする必要があります。今回の「200校プロジェクト」の成否は、このプロジェクトにかかわる日本人教員にかかっています。すなわち、日本人 IB 教員がいかにこれまでの教育観・手法・目的をリセットし、IB の「本質」を理解した上で、このプロジェクトに携わっていくかにかかっているのです。

IB は国境を超えた IB 教員の連携を実現しており（Educator Network と言います）、そのようなネットワークを国内 200 校でつくり上げていくことなども、日本人 IB 教員の変容・成長に寄与することになるでしょう。

世界から注目を浴びているフィンランドの教育ですが、修士課程を含んだ5年間の学びを終え専門性を身に付けた教員が次々と教室に入っていったことにより、大きな変化が起こったといいます。そうした例が参考になるはずです。

外国人教員については、資格・待遇を考慮しての採用全般に関して、整理が必要です。資格については、これまで授与されることがほとんど

なかった「特別免許状」について、免許状の授与者である都道府県によって判断の違いが出ないよう、国としてのガイドラインが策定されつつあります。

文部科学省は2013年12月19日付文書『平成24年度教員免許状授与件数等調査及び教員免許制度の適切な運用について（依頼）』において次のように書いています。

初等中等教育段階からグローバル化に対応した教育環境づくりを進めることが喫緊の課題である中、小学校における英語教育の抜本的拡充をはじめ、小・中・高等学校を通じた外国語による教育活動の充実が必要とされています。このような中、文部科学省においては、「グローバル化に対応した英語教育改革実施計画」を策定するとともに、スーパーグローバルハイスクールの創設や、平成30年までに国際バカロレア認定校等を200校とする目標を掲げ、総合的に取組を進めています。

これらの取組の推進に当たっては、各学校において英語を母国語とする外国人やこれに準ずる者を教員として受け入れ、単独授業を含む教育活動全般に登用していくことが有効です。各都道府県教育委員会においては、英語についてはもちろんのこと、その他の教科についても、各学校が特別免許状制度を活用し活発に教育活動を行えるよう、同制度の趣旨や法令の基準に則り、適切に基準を定め、積極的に特別免許状の授与を行うようお願いします。

なお、現在、文部科学省においては、外国人等に対して特別免許状を授与する際の基準の考え方（ガイドライン）の検討を行っており、来年、各都道府県教育委員会に提示する予定です。

外国人教員の待遇について目を向けると、世界のインターナショナルスクールと同じ水準であるべきかどうかの精査も必要だと思います。

外国人教員の採用にあたって、国際的な教員採用情報を提供するISSやTIEを活用すること（私も20年間ここを利用してきました）、またIBOのHP上の「雇用」のページを使うことも可能です。しかし、その

場合いずれも給与水準はかなり高く、その採用が学校財政に与える影響は少なくありません。しかも、IB校が世界に続々と増え続ける状況の中で、優秀なIB教員は取り合い状態になっていて、条件面での競争が発生しつつあります。

　ただ、本当にこれまでのような水準で外国人教員を採用しなくてはならないかというと、私は必ずしもそうではないと考えています。実際、DISKの教員採用に際しては（それは新設のインターナショナルスクールをゼロから組み立てさせていただけた本当に貴重な体験でした。そのような機会を持てたことを心から感謝しています）、教員の給与について、日本人教員の号棒表と同じものを外国人教員にも適用しました。事実、それでも優秀で熱心な外国人の先生方と出会えたのです。

　いずれにせよ、IB教員は日本人であろうと外国人であろうと、協力して、以下の『DP原則から実践へ』に書かれているような学校環境を創出することが何よりも大切です。

　　学校環境が広い意味で協力的で充実していれば、国際的な環境はもちろん、国内に限定された環境でも国際的な視野の育成を達成することができます。国際的な視野とは、個人が直接関わりを持つ環境の中で、自分や他の人々に対してどのような態度で向き合うかという点から始まっています。生徒は、自分自身を理解し、人間であることの意味を理解し、ますます相互に関わり合い、グローバル化する世界における自己の立場を理解することを学習する必要があります。したがって、国際的な視野は自己認識から始まり、個人や地域、国家、学校における文化環境、そして、より広いグローバルなものの見方についての探究を含んでいるのです。

　これまでご覧いただいたように、IBの国内普及への課題のそれぞれに、確実な進展が見られます。しかし、その進展の様子が「200校プロジェクト」に関心を寄せる人々になかなか提示できていない、というこ

とが気になっていました。

「『200校プロジェクト』が、ある時点からぱったりと止まっているように思う」という感想を口にする学校関係者もいました。各取り組みの進展状況の情報公開が非常に重要であるな、と感じていたとき、2013年12月に国際バカロレアの国内における周知・広報をはかるため、文部科学省によりFacebookアカウントが開設されました。

文部科学省・国際バカロレア普及拡大広報ページ（大臣官房国際課国際協力企画室 https://www.facebook.com/mextib）がそれにあたります。これは何よりの朗報でした。思わずすぐに「頑張ってくださいね」のメールを打ってしまいました。

また本書が出版される頃にはIB日本アドバイザリー委員会の「報告書」が公表され、権威と責任を有した情報が関係者間で共有されているはずです。「200校プロジェクト」の進展に一段と弾みがつくでしょう。

IBに関する誤解

さて次に「IBに関する誤解」について触れることにします。
　① IBOが権威的集団ではないこと。
　② DPは「英語教育」ではないこと。
　③ DPは大学進学のツールではないこと。
　④ DPの導入に大金を投入しての施設整備は必要ないこと。

①②については、これまでの本章の内容で誤解が解けていれば嬉しい限りです。ここでは主に③④について触れておくことにします。

③の「DPは大学進学のツールではないこと」について、まず『DP原則から実践へ』の次の部分を読んでいただきたいと思います。

　　DPは学問的エリートのためのものではありません。IBは、
　　プログラムでの学びは自分自身のために役立て、成功を収める

ことができる生徒全員のためにあると信じています。DPにおける成功とは、ディプロマ資格の「点数」によって示されるのではなく、各生徒の成長にもたらされた付加的な価値によって最も適切に測ることができるのです。プログラム開始前から学力に恵まれ45点を獲得した生徒よりも、学力的には厳しい面をもちながら、2年間にわたって大きな進歩を見せ24点を獲得した生徒の方が、本人にとっても学校にとっても成功したということができます。

前に紹介した日本経済新聞の記事の中でもシバ・クマリ氏は「IBには様々なレベルの学校がある。トップ大学を目指す生徒が通う学校ばかりではない」と語っています。

ここで、海外のIB校の様子を見てみましょう。
私は2013年の秋から冬にかけて、上海・香港・北京といった中国各都市を複数回訪ねました。目的はそれぞれの都市で生活している日本人家庭に対して、「200校プロジェクト」の話を中心にしながら日本国内での教育の現状をお伝えすることです。校長を務めさせていただいているリンデンホールスクール中高学部を運営する学校法人都築育英学園（理事長 都築明寿香）の全面的な理解とバックアップにより実現した訪問でした。海外で生活している日本人家庭にそのように日本国内の情報を直接お伝えして、海外での生活の後方支援を行うことは、長く帰国生徒教育に携わってきた私のライフワークの一つなのです。

そこで知った、中国のIB校の様子、とりわけ上海のIB校の様子は、私にとってかなり衝撃的なものでした。とにかくDPで45点満点に近いハイスコアを取る可能性のある生徒にしかDPを取らせない。そしてその生徒たちをアメリカのアイビーリーグの大学に送り込む。2013年の冬、アイビーリーグの一つ、コーネル大学に勤務する知人から聞いた話ですと、非常に大雑把な数ですが全学生数3万人のうち、中国人学生が3000人、韓国人学生がその半分の1500人、日本人学生は何と

30 人とのこと。

　まさに国策としての IB 活用に思えました。2009 年の OECD の学習到達度調査（PISA）でも、実施対象は「国と地域」なので「地域」として参加したのでしょう、上海がどの分野でもトップになっているのと、重なり合いました。

　IB は、国・地域の実情に合わせて実施されるものですから、中国の IB は、中国という国の文化・伝統・歴史・民族性を踏まえたものと考えるなら、問題はないのかもしれません。また発展途上にある国としての IB のあり方なのかもしれません。

　いずれにせよ、成熟した社会を目指す日本の IB は違った形であるべきと、改めて認識するよい機会にもなりました。

　しかし「IB コーディネーターと日頃から仲良くしていると有利になる」という話から、これはあくまで噂話と信じたいですが、「IB コーディネーターに車をプレゼントした親がいると聞きました。大迫先生、やはりそういうことが必要なのでしょうか？」といった質問を受けたときはビックリしました。「それが事実であるなら、その学校は IB の認定を取り消されるはずです」と答えておきました。

　それでは、中国が自国の子どもたちを送り込もうとしているアメリカの IB の様子はどのようなものでしょうか。2010 年の少し古いデータになりますが、IB 校の数は合衆国全体で 1207 校になります。そのうち 91％にあたる 1100 校が公立学校です。実施されている IB プログラムの総数は 1367 です。IB 校の数が多い州はカリフォルニア州 120 校、フロリダ州 114 校、テキサス州 102 校、コロラド州 79 校、ヴァージニア州 73 校、ニューヨーク州 63 校、ジョージア州 57 校、ノースキャロライナ州 55 校で、全体の 55％以上がこれらの 8 州にあります。この段階で候補校が 520 校、候補校への興味を示す学校が 507 校あり、近い将来 IB 校の校数が 2 倍近くになることが見込まれています（実際に 2013 年 9 月には DP 校 800 校、MYP 校 477 校、PYP 校 373 校、計 1438 校になっています）。

経済的背景については、2009 年に DP を履修している生徒の 16％が低所得者層（学校で無料のランチを提供してもらっている）になります。注目に値するのは州政府が、これら低所得者層に対して最終試験の受験料を負担するといった支援をしていることです。

また州政府によっては、学校の IB 実施に関する財政支援、IB 教員としての研修に関する財政支援などを行ってもいます。37 州が何らかの形での支援をしています。

DP の最終修了率は合衆国全体では 69％で、世界全体の修了率約 80％よりも下回りますが、州によってはミシガン州 93％、インディアナ州 78％、フロリダ州 78％といったように高い修了率の州もあります。逆にイリノイ州 39％、テネシー州 39％、アーカンサス州 43％といったように、州によってかなりの差が出ています。

最終スコアに目を向けると合衆国全体では約 27 点で、世界の平均点が約 30 点ですから、それよりも下回っています。

このように、アメリカはアメリカンドリームという考え方に基づき、すべての子どもたちに IB の機会を与えようとしています。合衆国での IB の実態に関するレポートにも「PUBLIC IB WORLD SCHOOLS PROVIDE LOW-INCOME STUDENTS WITH A CHANCE TO SUCCEED（公立の IB 校が低所得者層の子どもたちに成功の機会を与えている）」という項目が立てられているくらいです。

繰り返しになりますが財政面でも公的な支援がなされています。結果として DP の修了率は、世界の平均よりも低くなっていますが、それも含んだ上での実施だと考えることができます。

ちなみにイギリスを見てみますと（以下 2013 年 9 月のデータになります）DP 認定校が 168 校あるのに MYP はわずか 10 校、PYP も 14 校だけです。とても特徴的と思えます。A レベル（DP の一つの源流になっているプログラム）の伝統が、同じく高校での最後の 2 年間のプログラムである DP と重なっているからでしょうか。しかしイギリス国内では「A レベルと DP、どちらがよいか」という議論はいまだ盛んで

す。「DPの方が科目数が多くて大変」といった論調もあります。加えてUCASというイギリスの大学入試の様々な業務を取り扱う組織が「Aレベル」と「DP」の「得点換算表」を作成しています。Aレベルと「DP」の得点換算なら、その近似性から考え、あってもおかしくないかもしれません。しかし、日本の「偏差値」と「DPスコア」の換算表は絶対にあってはならないものです。理由はもうお分かりでしょう。まったく異質な学びについて、その力を「換算」することなど不可能だからです。

　イギリスに比し、IB校数としてはアメリカ1438校・カナダ330校・イギリス175校に次ぐ4番目になるオーストラリア150校ではDPが63校なのに、PYPが逆に一番多くて87校（MYPは42校）で、イギリスと反対の傾向があります。

　IB関係者の間では「オーストラリアのPYPの先生は力がある」といったことがよく言われるのですが、それと関係がありそうです。

　日本が200校プロジェクトを完遂することになれば、世界第3位のIB大国になります。

　さて、このように各国の様子を見て、日本はどのように進むべきかを考えてみると、個人的には、上海の有り様は、日本の「200校プロジェクト」とはまったく逆の性質を持ったものであると思います。しかし、日本国内にしても「大学進学」に対する考え方が簡単に変わるようには思えません。3月頃の週刊誌の特集で「大学合格者高校ランキング」がなくなることはないと思います。であるならば、次のように考えてみることを提案します。

　大切なのは「〇〇大に何人合格したか」ではなく、「どのような状態で〇〇大学に送り出してあげられたか」ということ。そこに高校の本当の役割があります。

　IBの誤解の四つ目、「DPの導入に大金を投入しての施設整備は必要ないこと」について説明しておきましょう。

　IB校になるためには、相当の施設・教具・教材を揃えなくてはなら

なくて、そのための当初の経費は相当の額になる、そう思い込んでいる学校が多いように思います。

そうした心配については、私はいつも次のように説明しています。

「日本の一条校の水準は、あらゆる意味で、世界の中で恵まれたものです。施設ももちろんそうです。一条校として普通に運営されている学校が、施設面でIBの基準を満たさないはずはありません」

図書館の蔵書数もそうです。DPの認定の基準のもとになる『基準と実践要綱』の中にも「図書館またはメディアセンターは、DPの実施を支援するために必要な、量的に十分で、かつ内容的に適切な資料を備えていること」とあるだけで、何冊以上必要といった数値的な条件は一切示されていません。

数値的な条件で言えば1クラスの生徒数についても、ルールとしてはどこにも書かれていません。25名という数字が独り歩きしていますが、これもIBOの説明としては「ルールではなく、理想」ということになります。

それでは40人はOKなのでしょうか？ それでIBの学習がしっかりとしたレベルで行えるならそれもありなのですが、実際には様々な場面で40人という数では何らかの問題にぶつかるように思います。IBO関係者からも「日本のように生徒たちのしつけがしっかりしている国なら40名も可能かもしれないけど」といった社交辞令（？）をいただいたことがありますが。

理科室などの特別教室についても『基準と実践要綱』には「グループ4および6の科目に必要な実験室と特別教室は、安全で効果的な学習環境であること」とあるだけです。

ただし、安全にかかわることなので「理科室」については細かな基準があります。以下主要な部分を掲載しておきます（IB Japan Information eGateway〈http://www.ibo.org/ibap/schoolservices/ibjapangateway.cfm〉より）が、私もその中の「シャワー」については、自分がデザインしたDISKの理科室には装備していなかったので、あ

わてて追加工事をしました。

　　実験室の大きさと利用可能な器具や消耗品の数量や種類は、物理、化学、生物を選択する生徒全員が40時間（SL生徒）または60時間（HL生徒）の実験作業に取り組むことを定めた各科目の諸要件に合致する必要があります（このことは、科目ガイドにおける諸要件を満たすための適切なICTの提供も含みます）。一方、特に安全基準に関しては、各学校が考慮する必要のある一定の基本的な要件があります。これらの要件は以下に列挙されており、認定に向けて準備を進める各学校に対する指針になるはずです。理科実験室は、安全で効果的な学習環境を提供しなければなりません。このためには、安全で適切な諸条件と、十分で、かつ良く整備された施設と装置が要求されます。

- ガス供給は、本管またはガスボンベからのガスにすべきです。もしガスボンベのガスを利用する場合は、その供給装置は外に設置されなければなりません。
- ガスや電気には、一括停止のできるマスタースイッチを設けなければなりません。電気使用上の安全性の確保のためには、漏電遮断スイッチ／過負荷停止装置が必要とされます。
- 安全装備として、消火器、防火用毛布、ドラフト、非常用シャワー、応急用具一式と洗眼場所は用意されなくてはなりません。
- 全ての化学薬品とその他の危険な器具は、生徒が直接立ち入ることのできない施錠可能な換気された部屋に保管されなければなりません。可燃性あるいは腐食性の化学薬品は、この目的のために設計された保管庫に別々に配置すべきです。
- 全ての化学薬品容器にはその薬品名と危険注意事項を適切に記したラベルを貼らなければなりません。学校は実験用薬品の在庫一覧表を作成し、使用のたびに更新しなければなりま

せん。
・放射性物質（保管されている場合は）に関しては、物質の保管と廃棄は地域の規制に従い、さらに学校は教師と生徒が当該物質を取り扱う際の安全指針に従う必要があります。
・レーザー光に関しては、教師と生徒が該当物質を取り扱う際の使用上の安全指針が提供されていなければなりません。
・生徒たちは化学薬品を用いるとき、保護用実験着（白衣）と保護メガネ（ゴーグル）を着用しなくてはなりません。強い酸や塩基を扱う際には、保護用手袋を着用しなくてはなりません。レーザー光、加熱、ストレステスト用物質などを取り扱う種類の物理実験のためには、適切な安全ゴーグルの着用が必要です。
・教師たち（該当する場合は助手も）は、実験作業の際に各安全基準／手順を実施するにあたって、有資格者であることが必要です。
・安全規則は、実験室の壁の目立つ場所に掲示されていなくてはなりません。

　以下は達成が望まれる項目です：
・可能なかぎり、３つの主要な理科分野（生物、化学、物理）それぞれに別々の実験室が提供されなければなりません。
・理科実験室の使用は理科の授業のためのみに限定されるべきです。
・生徒が実験を行うために、実験活動用の十分なガス栓、電気コンセント、水道蛇口を備えた適切な実験空間を用意すべきです。理想的には、４人に１台の流し付きの実験台が必要です。
・化学薬品の移動を伴う化学授業の準備室は、授業教室に隣接していなければなりません。
・電気器具は１年単位で点検され、点検記録をつけなければな

りません。
・経年数、安全点検などを示す全ての装置の完全な在庫一覧表が必要です。

　実験室と装置は確認訪問の際には、設置済みで利用可能になっていなければなりません。それ以前の訪問の際に、これらの装置が設置済みではなく利用できない場合があるかもしれませんが、この場合には次の質問に答える用意が必要です。
・どのような装置がまだ不足しているのか？　それはいつ購入し、設置するのか？
・実験室の完成の進行計画（タイムライン）はどうなっているのか？
・上記の質問に答えるために適切な書類があるか？
・どのような装置がまだ不足しているのか？　それはいつ購入し、設置するのか？
・実験室の完成の進行計画（タイムライン）はどうなっているのか？
・上記の質問に答えるために適切な書類があるか？
・実験室に関連する諸要件が整っていないことが、理科科目の諸要件の実施にどのように影響するか？

　少し長くなりましたが以上が理科室関係の情報になります。
　IB には細かなルールはありません。原則や基準といった根本的なことについては厳格なラインがありますが、それを守っている上では、細かな判断は個々の学校に任されることになる、そう考えてよいと思います。あくまでも大切なのは「原則」なのです。IB 関係者はよく原則の大切さを説くスティーブン・R・コヴィーの『7 つの習慣』を話題にします。
　「200 校プロジェクト」に興味を持つ皆さんから「○○についてはどのようなルールが？」という質問がよく出ます。「ルールに基づき、物

事を進めていく。ルールをしっかり守ることは何よりも大切」、それが日本という国を形づくってきた考え方です。人も車も通っていない真夜中の信号でも、ルールを守るのが日本だと思います。たとえばロンドンやニューヨークなどの横断歩道では、赤信号で、危険、止まれを示していても、多くの人が、車が来ないとなると、どっと道を渡るのは有名です。確かにそれができたりすると、まるで自分がニューヨーカーになった気分にすらなります。つまり、信号はあくまで「目安」で、最後の判断主体は「自分」というわけです。

IBもそのように考えたら分かりやすいでしょうか。

もう一つ、日本で多くの方が求めていて、IBにないもの。それは「教師用指導書」です。日本の先生方はその存在に慣れ親しんでいますが、IBにあるのは簡単なガイドブックだけです。授業は、教師自らが「探究する人」になって、つくり上げなくてはならない。「教師用指導書」に頼るようなことはありえない。

それこそがIBなのだと思います。

IBフォロワー

日本語DP、そして200校プロジェクトの行き先について考えてみます。

IBが生まれたのは1968年、もう46年も前になります。もしかしたら、それは「一昔前」なのかもしれません。現在推進している「200校プロジェクト」、即ち「2018年までに200校」の2018年は、期せずしてIBにとっての50周年という記念すべき年に当たります。

45年前には存在しなかった様々な問題に向き合っている現在の状況の中で、日本では「IB」「IB」と騒いでいるけれど、本当にそれは導入する価値のあるものなのか？

IBの古さを指摘する人は「International mindedness」（「世界精神」という訳がやはり最適かと思います。「大和魂」という単語と、語のつ

ながり方は同じですね）というIBの基本命題の、言葉としての古さ（internationalという単語の古さ）を指摘したりもします。

そこでふと思い出すのは、人間にとって必要な考え方はすでに古代ギリシャの時代に解き明かされていた、という意見です。そして、前に述べたようにIBが古代ギリシャの思想を基盤の一つに置いているとするなら、1968年の段階で示されたIBの内容は、これまで何回か書いてきたような「先見性に満ちたもの」というより、「普遍性、またはそれを呼び覚ますもの」と言った方がよいように思うのです。

IBは古くはない。なぜならばそれは、古い、新しいを超えた「普遍性」に近いものなのだということです。

人は、それぞれの時代で、それぞれの形で、人間としての普遍的な価値を損なってきました。それが人間の歴史というものであり、そのような愚かで、哀れな宿命を持った人間という存在には、時折、忘れてはならない大切なことを思い出させる「装置」が必要になると思います。

IBとは、そのようなものなのかもしれません。

日本語DPを導入した学校は、その実践の中で、その学校でしかできない「DP」を実現していき、IBOに、そして世界のIB校に、新しい形のIBのモデルとして、逆に情報を流し込んでいってほしいと思います。こうすればもっといいIBが実施できる、これからのIBはこうあるべきなんだ、というくらいの勢いで。

何物にも縛られず、自校に誇りと自信を持って、突き進んでくだされければと思います。

IBの導入は難しいが、IBをヒントに、これまでの教育を少しでも変えてみたい、と思う学校、先生方をここでは「IBフォロワー」と呼ぼうと思います。IBフォロワーの皆さんこそ、実は今回の「200校プロジェクト」に大きな意味と価値を与える方々になると思っています。

私自身、これまで「200校プロジェクト」のために、自分なりに力を注いできたつもりではありますが、その労力は、200校の生徒たち、1校25名とすると、25 × 200 = 5000名の生徒のためだけに対するもの

ではない、と思っています。

　すなわち、「200校プロジェクト」がもっと広く、日本全体の教育のイノベーションにつながると思い、踏ん張っているつもりなのです。

　IBフォロワーの皆さんの取り組み、それは次第に「IB」が出発点であり、ヒントであったことを忘れるくらいになるのが本物だと思います。最終的には「日本の新しい教育」にたどり着けばいいと考えています。

　IBとの関係において、200校だけでなくフォロワーも、必ずある種の違和感を覚える場面があると思います。その違和感はとても大切です。私も今もって感じることがあります。

　IBの文書の日本語訳の監修作業にあたる際、当初私は「いかにも翻訳調の文体は避ける」「聞いたこともない日本語は使わない」「日本人の先生方にとって馴染みのある用語・文体にする」ということを考えながら、日本語の文章として自然であることを基本にしていました。今までに日本語に訳されたIBの文書には、日本語として不自然な部分があったからです。しかし、作業を進めていく中で、もしかしたら多少違和感を覚えるような文体の方が、西洋産であるIBを感じるためにはよいのかもしれない、と思うようになりました。結果として、日本人の先生方が読んで、「IBって、なんか少し違う」と感じていただけるような仕上がりになっていると思います。

　その違和感は、本質的にこの国に必要な教育は何かを問うものだと思うのです。

　「IBの使命宣言」にある「自分と違う考え方をする人々も正しいことがあると理解できる人」になりながら、IBとときに重なり合い、ときにうしろから追いかけ、ときに前に出たりしながら、ともに旅を続けていくというのはいかがでしょうか。

　子どもたちの変化・成長の中に、IBというものの意味と価値を見出す日が、きっと来るはずです。

そしていつの日か、それが何年後かは分かりませんが、日本の教育の主流が、IBをヒントにした探究型学習に変わったとき、「今の学びは、かつて国際バカロレアの導入が行われ、それをきっかけにして日本の国の教育の本流になったものなんです」という説明に、「国際バカロレアって何ですか？」と尋ねる人が出てくる。「国際バカロレアって何？」から始まり「国際バカロレアって何？」で終わる、そのようなシナリオを思い描いたりするのです。

いったいなぜ国はIBという西洋産の教育プログラムの一条校への導入に踏み切ったかはすでに見てきた通りです。ですから、「日本語DP」が偏差値に代表される日本の既存の教育観によって、その本質を失うような変容（極端な日本化）を遂げてしまうようでは、今回のIB導入の意味はなくなってしまいます。

IBによって日本の教育にイノベーションを起こす。

それを実現するのは、一条校の教壇に立つ日本人教員だと思います。外国人によって主導されるプログラムになってはいけません。西洋産の教育プログラムを外国人でなく日本人がリードしていく。そのことが大切なのです。

そのために必要なのは、日本人教員の意識改革です。そのことが「日本語DP」の成功の鍵を握っていると私は考えています。

ここで失敗したら、もう当面、日本において、本質的な意味での教育改革は起こらないでしょう。

ゴールは遠い。IBが根付くのには時間がかかる。でも、決してあきらめない。

おわりに

　吉本ばななさんが言っていました。
「『TUGUMI』をセンター試験に使っていただいたときのこと（1996年度国語）は、よく覚えています。問題を解いてみたら、満点を取れなくてびっくり。なんで自分の書いたものなのに間違いになるんだろう、納得いかない」と（笑）。
　受験生そして先生方は、ばななさんのこのコメントをどう思うでしょうか。
　ばななさんが間違えたというその問題を「正答」したかどうかで、大学入試の合否は決まっているかもしれません。それが現在の日本の大学入試です。

　ある日、キャリア教育に力を入れている教育関係者が訪ねてこられました。「IB の学習者像」にとても感動したとのこと。
「素晴らしいですね。ぜひともこの『IB の学習者像』を生徒たちに叩き込んで、彼らの就職活動に役立たせたいと思っています」
　（「IB の学習者像」は「叩き込む」ものではない……）
「叩き込む」――。それは今までは有効だったけれど、これからは役に立たないであろう「これまでの日本のやり方」です。
　でも、いつかその方も「そうか、『IB の学習者像』は叩き込むものじゃないんだ」と気づいてくれるはずです。なぜならその方からは、その方なりの方法ではありますが、真剣に生徒たちの将来を考えていらっしゃることが伝わってきましたから。

　本書は 2013 年 5 月 25 日に開催された「第 1 回国際バカロレア広島フォーラム」の「第 2 部パネルディスカッション――日本の教育の未来と IB」にパネリストとして登壇された長尾・新井・カイト各氏にご執筆いただき、コーディネーターを務めた大迫が編集しました。
　当日、同じくパネリストを務めてくださったシャミ・ダッタ氏、小林

りん氏については、ディスカッションの冒頭に行っていただいた5分間のプレゼンテーションの内容を以下に記し、記録としてとどめさせていただきます。

　シャミ・ダッタ氏は次のように語りました。

「関西学院千里国際、関西学院大阪インターナショナルスクールのダッタと申します。よろしくお願いします。
　今日は自分自身がIBDP教育を受けた生徒として話をさせていただきます。先程の文部科学省のご紹介にもありました国内のインターナショナルスクールの中で、IBDPを実施している学校の中にセント・メリーズ・インターナショナル・スクールという学校があります。私は日本で最初にDP（16～19歳を対象としたプログラム）を導入したこの学校を卒業しております。現在、DPの教員として21年目を迎えますが、その経験からIBがもたらす可能性をお話しするということでここにおります。
　私自身IBの生徒であったときは、特に何も考えずに『学校がやっているのだから受けておいた方がいいのかな』という程度の気持ちで受けていました。実際このDPを受けた教育の価値を実感したのは大学、大学院、それから社会人になってからです。
　日本でいわゆるDP、あるいはグローバル人材という言葉が使われる以前から、世界に通用するスキルが身に付く教育をしようと私は考えておりました。自分自身、IB教育のおかげで（IB教育を受けた高校生はみなさん言いますけれども）大学での勉強が周りの人に比べて楽になり、大学が求めているリサーチペーパーや研究課題が出されたときには、それらに向き合うための基礎がすでにできていました。そういう価値のある教育をしたい、その原点が私の場合はIBでした。

　IBがもたらす可能性はたくさんありますが、今日は5分しかありませんので、その中でもグローバル時代に適合し、世界に通用するスキ

ル、それから校内における IB カリキュラムと従来の教育カリキュラム双方の充実についてお話ししたいと思います。

　世界に通用するスキルはたくさんあります。IB の観点から言いますと、まず知識自体を問うこと、それから物事の WHAT、WHEN、WHERE、HOW、WHO のみならず WHY といった物事の原因や影響をいろいろな角度から分析できる力、その過程で専門家同士でも見解が違うときもあることを理解する、などというのがアカデミックスキルとしての基礎ではないかと思います。たとえば私が在籍する学校では、生徒がプレゼンする際、テーマではなくリサーチ・クエスチョンという形で取り組んでいます。ご覧いただいている画像は、生徒が日本のバブルの原因について、あらゆる角度から分析してプレゼンテーションをしている様子です。

　次に、我々が IB を受けていたときには参考文献リストを付けるとか、情報源は何処から引用したかを伝える、ということが重要だったわけですが、最近は『資料評価』ということがさらに重要になってきています。つまり資料・情報過剰社会になっていますので、生徒がどの資料を選ぶか、なぜそれを選ぶかということをきちんと自分で説明できるように指導しています。

　たとえば私は歴史を担当していますが、歴史の中では資料の origin（出典）、purpose（意図）、value（価値）、limitation（限界）というのを必ず含め、分析します。IB の試験での短いエッセイでもそれに触れる力が問われます。資料の出所 origin は何なのか、作成者の意図 purpose は何なのか、自分のリサーチ・クエスチョンに関しての value——使える所はどこなのか、limitation——ここで生徒は結構苦労するのですけれども、資料の足りないところを、または自分のリサーチ・クエスチョンに関して注意しながら使うべきところは何なのか。

　私が大学院で 20 年以上前にしていたことが、現在では PYP（3 ～ 12 歳を対象としたプログラム）レベルでもそれが一部含まれていて、DP になるともうできるようになっているということが期待されています。IB を学んで 20 年以上経って改めて考えてみますと、大学、大学院、

世界のどこの大学、大学院へ行っても必ず通用するアカデミックスキルが身に付くということが一番大きいのではないかと考えます。
　実はここで今日お見せしている写真の1枚を除くすべての写真がIB校ではない関西学院千里国際の写真です。同一校舎内にある大阪インターナショナルスクールでIBの授業を行っており、関西学院千里国際でもこのような授業を行っています。これがIB校と従来の日本のカリキュラムとの双方の充実につながる例かと思います」

　次は小林りん氏の5分間のプレゼンテーションです。

　「私が本日こちらにお邪魔させていただいている理由はおそらく二つあると思います。一つは22年前に自分自身がIBのDPを卒業した生徒としての経験、それから今IBのDPの学校を教育法一条校（注：日本の文部科学省が認可する高等学校）として始めているという、二つのことがあると思います。
　IBの特徴は専門の先生方にお話しいただけると思いますので、私からは設立しようとしている学校と、自分のバックグラウンドについて少しお話させていただければと思います。
　インターナショナルスクール・オブ・アジア・軽井沢（以下ISAK）は、本日皆様のお手元にお配りしております概要の通り、来年2014年9月入学の高等学校ということで、日本人の生徒が3割、海外から7割の留学生を迎えてIBDPの専門校としてオープンする予定です。おそらくIBDPの中でも、全校生徒がほぼ全教科を英語で履修しているにもかかわらず、文科省の教育法第一条校というのは非常に珍しいケースであると思っております。加えて、国籍が多いだけではなく、全校生徒の2割には奨学金を用意していますが、これを来年の開学に向けて5割にまで引き上げる方向で今準備を進めています。社会経済的、宗教的、様々な違いを超えて生徒達が集まる『真の多様性』が実現された学び舎を目指しています。

私がこの学校設立プロジェクトに挑むことになった理由ですが、実は20年前のIBの教育が非常に大きなインパクトを持っていました。私は高校1年までずっと日本の普通の公立の学校に通っていたのです。そこで、純粋に日本の大学受験戦争といったものに疑問を持ち始め、国立大学の附属高校を辞めて、ユナイテッドワールドカレッジ（UWC[i]）で全額奨学金の制度を利用し、単身カナダに留学して、IBのディプロマプログラムを英語で受けるという非常に険しい道を歩みました。そこで、先程のダッタ先生のお話にもありましたが、時事問題とか社会問題などを非常に深く議論する、考えるということを日々学校でやっていく中で、発展途上国における貧困や世界に存在する機会不均等に対して深い疑問を持ち始めます。それでカナダの高校にいる間に中南米をバックパックし、その17、18歳のときの経験を元に、米国での大学院を修了後、前職である国連児童基金・ユニセフ職員としてフィリピンの最貧困層への教育に携わったりしました。これもおそらくは20年前にIBの教育を受けていたから、あの全寮制での経験があったからこそだと、振り返ってそう思います。自らの経験をかえりみても、本当にその年齢層での教育の重要性というものをひしひしと感じております。

　私どもの学校ISAKですが、2014年9月の開校に向けていよいよ準備の佳境を迎えております。内閣府の方からの公益財団法人認定、文科省からは教育課程特例校指定、それから長野県庁からの学校設置計画承認がすべて終わりまして、2013年の6月に竣工いたします。先生方も世界中のIB校から採用が終わっております。生徒募集も布石を打ち始めています。開校に先立って、2010年から毎年細々と中学生を対象にサマースクールをやってまいりましたが、2010年のときは30人の枠に対して34人の応募しかなかったのが、4年間をかけてすべて口コミ

---

[i] 世界各国から選抜された高校生を受け入れ、教育を通じて国際感覚豊かな人材を養成することを目的とする国際的な民間教育機関

とメディアの方のご支援だけで、今では35の国々から400名近くの方にお申込みをいただくような、倍率4、5倍というプログラムにまで成長してきております。

　ただ、たくさんのご支援者の皆様、行政府や自治体の皆様、あるいはメディアの方々の絶大なるご信頼とご支援を受けてここまで来ているわけですので、そうした学校が背負う社会的使命というものがあるのではないかと思っております。やはりまず学校ですから、持続していかなければいけない。私が死んでからも何十年も約束したクオリティの教育を提供し続ける、変革し進化し続ける学校であるために。

　実は私の母校でもあるユナイテッドワールドカレッジ（IBDPだけの、世界に12校の学校を持つネットワーク）に加盟する方向で現在国際本部と協議が続いており、おそらく来年のどこかでPreliminary Approvalに向けて理事会にかかるのではないかと思っています。

　ご存じない方も多いかもしれませんので、UWCについて少しご紹介させて頂きますと、UWCは昨年50周年を迎えた、「UWC makes education a force to unite people, nations and cultures for peace and a sustainable future」をミッションとする組織です。IBDPの試験でも、毎年UWC生達が高得点をとることで知られていますが、本当のUWCの魅力というのは、加盟校のためだけに世界140カ国で生徒の募集、選抜、派遣までも行い、多くの生徒が奨学金を得てUWCで学ぶことを可能にしているため、確実にダイバーシティ（多様性）が実現されている、という点だと思います。

　私たち自身もこれにならって奨学金を一層拡大し、一流の国際教育だからといって富裕層のためのものにするのではなく、やる気と能力と目的意識があれば誰でも門戸が開かれる、そんな学校を目指したいと思います。

　そして、もう一つのポイントがソーシャルインパクトです。自分たちの学校だけではなく、実は今年の夏からは、大迫先生をはじめ、今日も

会場にいらっしゃってくださっている海城高校の先生方や灘高校の先生方など、同じような問題意識を持ってらっしゃる教育者の方々と一緒に日本の教育の国際化、今の時代に合った教授法を考えて行く場をつくっていきたいということで、夏に軽井沢で合宿形式の勉強会を始めることになりました。

　私どもは本当に軽井沢の山の上の小さな学校に過ぎません。しかし、私たちがこの厚い壁にプツっと空けようとしている小さな風穴から、向こう側に吹き抜けていく新しい風が、大きなうねりとなって、（少し大袈裟ですが）日本の中等教育界の変革のきっかけになっていけばいいなと思っております。また、それが私たちに課されたもう一つの社会的使命であると自負しております。
　こちらにいらっしゃる志を同じくする教育者の大先輩方から、いろいろと学ばせていただけますのを楽しみにしております。本日はよろしくお願いいたします」

　以上がダッタ氏、そして小林氏のプレゼンテーションです。

　今回の「200校プロジェクト」はこのような素晴らしい方々が、皆で協力し合って進めています。
　文部科学省、地方自治体、高校、大学、教員、保護者が一体になって初めて、このプロジェクトは実を結ぶでしょう。受験産業に携わる方々の協力も必要です。教育制度の改革だけにとどまらない、社会全体の価値観の変換が求められているのですから。

　小林りんさんがお話しされているUWCですが、日本では経団連が日本支部となりイギリスにあるUWC本部の委託を受けた業務を行っています。UWCの生徒には奨学金が与えられるのですが、日本の場合、趣旨に賛同した企業からの寄付によってその財源が賄われています。

そこで、UWCというIB校に高校生を送るための寄付に加え、「200校プロジェクト」でDPを取得したIB生徒が海外の大学に進みたいと希望したときに、その生徒を支援することはしていただけないか、と考えたりします。IBという国際的教育プログラムを支えるという意味では趣旨はまったく同じですから。

そうすれば、たとえば地方都市の公立校でDPを修得した生徒に海外の大学への道が開かれる。一人でも二人でもいい。そういった支援の中で海外に送り出してあげられたらと思うのです。

156ページに「いいか、ここはよく試験に出るから、しっかりと覚えておくように」という先生の言葉を書きました。

そのような言葉が「ここは、人生に役に立つから、大切だ」もしくは「ここは、世界をよりよくするために、大切だ」といった言葉に変わる日が来ることを夢見ています。

また、本文の中で私はたびたび「このままでは世界に対応できなくなる」といった表現を使っています。競争原理に基づく発想から私自身が完全には脱却できていないのかもしれませんが、本当は「世界とともに生きることができなくなる」という表現が正しいと思います。

さらに、本当に大切なのは「グローバル人材」という限られた「人材」を育てることではなく、すべての生徒の中に「グローバル性」を育てること、という考え方も書いておきます。

さまざまな分野の方々によるつながりが必要な取り組みの場合、おそらくCEO的な立場で動く人材が必要になるのかもしれせん。私自身、いくつかの「各界を代表する」方々が委員を務める委員会に出席していますが、会議はそれぞれの委員の「ご意見開陳の場」の様相を呈することが多く、結論を導くのが難しいという印象を持つことがたびたびあります。

おわりに

　これは、その場にふさわしい critical な発言と協調的な態度の両立を育む教育がこれまで提供されてこなかった結果と思えたりするのです。

　関係するすべての人々が、それぞれの心の中で、それぞれのやり方で、「継承しながらリセットする」。
　これからの、日本の教育づくりの方向性を、そのように表現したいと思います。

　「IB の教育は本当に素晴らしいと思っています。でも実際にどのような授業をしたらいいのかを考えると、何をすべきかわからず悶々としています」という声が全国の一条校の先生方から上がっています。「グローバル人材育成カリキュラム研究会」（仮称）といったようなもので、そのような先生方が自信を持って教室に入っていけるようなバックアップ体制をつくることが必要かなとも考えています。
　皆で力を合わせて進んでいく、それが IB です。

　編集にあたり、用語の選び方は筆者の息遣いであるので、基本的には本書内での統一ということは無視しています。国際バカロレア、と書く方あり、IB と書く方あり、DP と書く方あり、そのままの息遣いを尊重しています。

　本書の出版にあたりまして、水王舎編集部の皆さんには大変お世話になりました。ここに記して感謝を表します。

2014 年 5 月 19 日
大迫弘和

【巻末資料】

① 国際バカロレア日本アドバイザリー委員会 報告書（抜粋）(P207)
　〜国際バカロレアの日本における導入推進に向けた提言〜
　2014年4月14日に下村博文文部科学大臣に手交された「報告書」です。IBの国内導入に際しての課題をまとめ、更にその課題に対してどのように取り組んでいるかをまとめています。
　http://www.mext.go.jp/a_menu/kokusai/ib/__icsFiles/afieldfile/2014/04/15/1326221_05_1.pdf にて閲覧できます。

② 国際バカロレア日本アドバイザリー委員会 報告書 参考資料集（抜粋）(P234)
　上記「報告書」に参考資料として添えられたものです。IBに関する基本情報等がまとめられています。
　http://www.mext.go.jp/a_menu/kokusai/ib/__icsFiles/afieldfile/2014/04/15/1326221_06_1_1.pdf にて閲覧できます。

③ 国際バカロレアの導入に向けた検討委員会 報告書（東京都教育委員会）（抜粋）(P254)
　2014年3月27日に公表されたものです。大迫が学識経験者として委員会メンバーになっていました。「教育課程の編成モデル」が特に参考になると思います。
　http://www.metro.tokyo.jp/INET/OSHIRASE/2014/03/DATA/20o3r301.pdf にて閲覧できます。

④ DP統一試験サンプル (P266)
　「Group1　JAPANESE A: LITERATURE - HIGHER LEVEL(HL)」及び「Group2　ENGLISH B：STANDARD LEVEL(SL)」（いずれも2013年5月実施）です。いずれも「日本語DP」において多くの生徒の受験が想定されます。

⑤ IB認定通知レター（抜粋）(P285)
　2013年10月4日にリンデンホールスクール中高学部（福岡県）にIBO（国際バカロレア機構）より届いたAuthorization letter（認定レター）です。

巻末資料①

Ⅰ．はじめに

　近年、日本においては、少子化等の様々な課題に直面する一方、社会の多様な場面でグローバル化がますます進行する中、日本が引き続き発展を遂げ、未来を切り拓いていく上で、それを支える人材の育成、特に、グローバル化した社会で活躍できるよう、豊かなコミュニケーション能力と異文化への理解、そして自ら課題を発見し、解決する能力を有する人材の育成が以前にも増して重要であるとの認識が共有されつつある。

　こうした素養・能力を育成するため有益なツールとして、世界では、国際バカロレア（IB）の教育プログラムが高く評価、活用されてきており、2014年3月現在、IBは、147カ国、3,700以上の学校で導入され、117万人の生徒が学んでいる。

　IBは、国際バカロレア機構（本部：ジュネーブ）が提供する国際的な教育プログラムであり、全人教育を通じて、主体性を持ちバランス感覚に優れた、国際社会で貢献できる人材の育成を目的としている。

　IBのプログラムには、現在、生徒の年齢に応じて4つのプログラム[1]があり、このうち高校相当のディプロマ・プログラム（DP）は、2年間のカリキュラムを履修し、国際バカロレア機構が実施する世界統一の試験を経て所定の成績を収めると、国際的に通用する大学入学資格（IB資格）が取得可能である。このIB資格とその成績結果（スコア）は、海外の大学入試等において広く活用されている。

　このような中、日本においても、グローバル化等に対応した人材力強化の観点から、「日本再興戦略―JAPAN is BACK―」（2013年6月閣議決定）において、2018年までに国際バカロレア(DP)認定校等を200校にまで大幅に増加させる目標が掲げられた。現在、日本におけるIBの導入拡大に向けて、文部科学省及び国際バカロレア機構の協力により、「日本語DP」（Dual Language IB Diploma Programme: English-Japanese）[2]の開発

---

[1] IBには、3-12歳を対象とするプライマリー・イヤーズ・プログラム（PYP）、11-16歳を対象とするミドル・イヤーズ・プログラム（MYP）並びに16-19歳を対象とするディプロマ・プログラム（DP）及びキャリア・プログラム（IBCC）がある。このうちDPは、国際的に通用する大学入学資格が取得可能なプログラムであり、IBCCは、主に就職や専門学校進学を目指す生徒のための、社会に出て役立つスキルを習得させるプログラム。
[2] DPのカリキュラムは、これまで原則として英語、フランス語又はスペイン語で実施する必要があったが、それを一部日本語でも実施可能とするプログラム。

が進められているなど、様々な取組が実施されているところである。

　しかしながら、日本におけるIBの導入拡大に向けては、IB導入校に対する様々な支援はもとより、日本の大学入試におけるIBの活用など、文部科学省や国際バカロレア機構等が更に取り組むべき様々な課題が存在するのが現状である。

　このような状況において、本委員会（委員長：藤崎一郎上智大学特別招聘教授／前駐米大使）は、高校、大学及び産業界のリーダー等の方々の幅広い参加を得て[3]、日本におけるIBの導入拡大に向けた課題とその対応方策について検討を行うべく2013年7月に発足し、これまで、これらの関係者等からの意見聴取を含め、議論を積み重ねてきた。

　本報告書は、これらの議論を踏まえ、文部科学省及び国際バカロレア機構をはじめとする関係機関が取り組むべき課題とその対応方策ついて提言を行うべく、取りまとめたものである。

---

[3] アドバイザリー委員会の構成員リストは、添付の参考資料を参照。

Ⅱ．本委員会の趣旨、議論の経過等

1．本委員会の趣旨等

　本委員会の開催に当たり、委員会の趣旨及びIBの概況等について、以下の発言や説明等があった。

（1）冒頭、下村文部科学大臣より、本委員会に対する期待について要旨以下のとおり発言があった。
- IBは、これからの我が国を支えるグローバル人材育成の観点から非常に優れたプログラムであり、教育再生実行会議の提言を経て、「日本再興戦略―JAPAN is BACK―」（2013年6月閣議決定）において、IB認定校等を2018年までに200校に増加させる目標が明記された。
- 政府では、スピード感を持って、しかし拙速に陥ることなくグローバル人材育成を図っていきたいと考えている。IB普及に向けた課題としては教員確保や大学入試での活用等が考えられるが、こうした課題を含め、本委員会には、幅広い立場から忌憚のない議論を頂き、提言の取りまとめをお願いしたい。

（2）文部科学省　山中事務次官からは、要旨以下のとおり発言があった。
- 高校教育の改革やグローバル化への対応など、日本の教育をこれからの時代に合ったものにするため、IBを積極的に導入していきたいと考えている。そのため、国際バカロレア機構と協力して「日本語DP」の開発も進めている。
- IB普及に向けた課題として、まず、高校や教育委員会、更には大学関係者にIBを十分理解してもらうことが重要である。
- 特に、IBを履修した生徒に一般の大学入試を課すことは、そもそも高校教育をより良いものに変えていくためにIBを導入するにもかかわらず、結局、生徒にこれまでと同じことを強いることになり、生徒の負担も大きい。このため、日本の大学にも、IBを活用した入試を導入してもらえるような努力が必要と考えている。その他、カリキュラムや教員確保の問題もあるが、本委員会の議論を踏まえ、文部科学省としてもしっかり取り組んでいきたい。

（3）各委員からは、所属組織においてどのような形で教育のグローバル

化に取り組んでいるか等について発言があった。

（4）藤崎委員長からは、要旨以下のとおり発言があった。
- IB 導入の目標は、生徒の進路を広げることにあり、生徒に過大な負担となったり、進路を狭めたりすることにならないよう検討していきたい。
- 本委員会で提起される諸点については、IB に関する技術的事項のみならず、文部科学省も協力しつつ制度・政策的事項も含めた Q&A を作成し、関係者に広く共有することにより、導入に当たり不明な点を減らすようにしていきたい。（※本委員会における指摘等を踏まえ事務局にて作成した Q&A について、参考資料として別添）

（5）IB の概況等に関し、国際バカロレア機構及び文部科学省より、IB の概要やその導入拡大に向けた取組状況等について、また、大迫委員（リンデンホールスクール中高学部校長／広島女学院 IB 調査研究室長）より、IB の評価システムや卒業後の進路等について、それぞれ説明が行われた。

２．本委員会の議論の経過等

本委員会では、１．の発言や説明等を踏まえつつ、高校、大学、産業界の関係者等から順次説明を聴取し、意見交換を行った。

（1）IB を導入する側の高校からは、実際に IB を取り入れている学校として、出口委員（東京学芸大学附属国際中等教育学校校長（当時）。2014年４月からは東京学芸大学学長）及び立命館宇治高等学校・東谷教頭（ゲスト）から、その実施状況や、導入に当たっての課題等について発表があり、意見交換を行った。

（2）以上の発表や意見交換等を通じて挙げられた課題は、大きく以下の３点に集約される。なお、課題のとりまとめに当たっては、現在、IB 導入に関心を有する自治体からの意見も参考にした。

① 学校教育法第一条に定める「学校」（いわゆる「一条校」）が IB を導入する場合、IB のカリキュラムと学習指導要領との関係が課題となる。これらを同時に満たす上で、生徒にとって過度の負担となら

ないよう、特に学習指導要領上の必修科目を含め、どのように読替えが可能か、また、その読替えを誰が判断するのか、などの点が提起された。

② 「日本語DP」を導入した場合でも、一部の科目は引き続き英語で実施する必要があるため、当該科目等について英語で指導可能な教員を安定的に確保する必要がある。これに関し、海外から外国人教員を招聘する際の教員免許状の授与に関しては、免許管理者である都道府県教育委員会ごとに対応が異なり、免許状取得が容易でない場合が多く、改善が望まれるとの指摘があった。また、IB導入に関心を有する自治体関係者からは、外国人教員確保のノウハウやネットワークに乏しいことから、そのための支援等が必要との指摘があった。

このほか、IBの導入は高校にとり資金面での負担が大きいが、高校の一部のコースでIBを導入する場合、必ずしも全ての生徒が裨益するわけではないので、理事会、父兄会の理解を得ていくためには、教員の確保や運営面等に関する財政面の支援も課題である旨の指摘があった。

③ 日本のIB生の進学先については、今後、「日本語DP」の導入等によりIB校が増加するにつれて、海外の大学だけでなく、国内の大学への進学を希望する傾向もますます強くなることが想定される。また、海外の大学への進学に当たっては、国内の大学に比して高額な費用負担が発生するなどにより、生徒等にとっては必ずしも容易でない場合がある点についても留意する必要がある。こうした状況から、IB生の進路に関わる切実な課題として、これまで国内大学入試における IB 資格やそのスコアの活用が進んでいない現状について多くの委員から提起があった。また、これに関連し、大学の受入れ目標についても考えるべきである等の指摘もあった。

なお、「日本語DP」との関連で、海外の大学で本当に受け入れられるのか等の指摘があったが、これに対しては、国際バカロレア機構より、IBでは、「日本語DP」を含め、どの言語を用いて履修したかにかかわらず、そのカリキュラムや試験内容は世界共通のものが適用されることになっており、成績証明としてのIBのスコアそのものも、基本的に同等に扱われる旨の説明があった。

（3）こうした議論を踏まえ、本委員会では、特に上記③の国内大学入試においてIBの活用が進んでいない現状等に関して、多くの時間を割いて意見交換等を行った。具体的には、以下のとおりである。

- 文部科学省より、海外の大学入試においてIBが積極的に活用されている状況やその活用方法の概要、国内の大学入試における現状について説明があったほか、国際バカロレア機構より、同機構が米国のIB生を対象に実施した調査結果として、IB生の米国の有力大学等における合格率は、当該大学における全体の合格率と比べ、全体的に高い値を示している等のデータ[4]について紹介があった。
- ゲストとして、英国のIB校を卒業した日本人の経験者や、同じく別の英国のIB校を卒業した経験者の保護者を招き、それぞれのIBに関する経験や、それがどのように大学への進路決定や現在のキャリアに生かされているか等について聴取した。
- 山本委員（大阪大学教授）からは、既に国内でIBを活用した入試を実施している大学としての経験等に基づき、IBを活用した入学者選抜のプロセスや、学内でIB生が高く評価されている状況について説明があった。
- 教育再生実行会議の委員でもある大竹委員（Aflac創業者・最高顧問）から、企業経営者の視点から見たIBへの期待とともに、大学入学者選抜等の在り方に関する同会議の検討に際し、同委員より日本の大学入試においてもIBの積極的な活用を図るべきであるとの意見を具申している旨の紹介があった。

なお、その後、教育再生実行会議において、2013年9月に第4次提言「高等学校教育と大学教育との接続・大学入学者選抜の在り方について」が取りまとめられ、その中で、大学入試におけるIBの活用について以下のとおり明記されるに至っている。

「大学は、入学者選抜において国際バカロレア資格及びその成績の積極的な活用を図る。国は、そのために必要な支援を行うとともに、各大学の判断による活用を促進する。」

---

[4] The IB diploma graduate destinations survey 2011, Country report, United States of America, 2012 によると、例えば、2011年に米国のIB校を卒業した生徒のアイビーリーグ（プリンストン大、イェール大、ブラウン大、ハーバード大、コロンビア大、コーネル大、ダートマス大、ペンシルバニア大）における合格率は、当該大学における全体の合格率と比べて3~13%ポイント高くなっている。なお、本調査結果は、国際バカロレア機構の以下HPアドレスから入手可能。
http://www.ibo.org/iba/commoncore/documents/GlobalDPDestinationSurveyUS.pdf

(4) 産業界からは、田中委員（住友商事理事）及び田宮委員（日本経済団体連合会／日立製作所 人財統括本部人事教育部長）より、企業から見た IB の導入拡大に向けた期待等について発表があった。なお、田宮委員よりは、IB を含むグローバル人材の育成に関する日本経済団体連合会の提言「『世界を舞台に活躍できる人づくりのために』―グローバル人材の育成に向けたフォローアップ提言―」（2013 年 6 月）についても紹介があった。

　さらに、天外委員（元ソニー上席常務、工学博士）より、将来産業界で活躍できるような人材を大学で幅広く受け入れる観点からは、従来型の入試だけでなく、IB の成績について、より積極的な活用を図っていくべきとの意見が出された。

(5) また、藤崎委員長からは、2013 年 9 月に米国及び欧州を訪問した際に、国際バカロレア機構ハーグ本部事務所（オランダ）、同機構米州地区事務所（米国）、オランダ及びスペインの IB 認定校、更には米国の大学（ジョージタウン大学）において関係者との意見交換等を行った旨とその概要について報告が行われた。

(6) 本委員会における議論を通じて、日本において IB の導入を図ることは、次のような意義を有することについて認識が共有された。
① IB は、双方向・協働型の学習が主体であるなどの特徴により、生徒に知識を学ばせるのみならず、課題発見・解決能力、論理的思考力、コミュニケーション能力などを育成する上でも優れたプログラムであり、また、英語能力の向上につながること。
② IB は、その世界に通用する大学入学資格、成績証明書としての特徴により、海外の大学進学への敷居を下げる効果もあり、生徒の進路の多様化に資すること。
③ さらに、IB 導入に伴う日本の教育全体への波及効果として、教育の国際化のほか、初等中等教育改革（教員による一斉指導型の授業から、双方向・協働型の授業への変革など）や大学教育改革（IB の学びを経験した学生を適切に評価することにより、多様な人材を確保し、大学の活性化に資するなど）への寄与も期待できること。

(7) その上で、本委員会としては、日本における IB の円滑かつ持続可能な導入拡大に向けては、IB に関心を有する学校や自治体等のニーズにも十分配慮しつつ、(2) ①〜③で挙げられた課題に対応していくこ

とが重要との認識で一致した。
　本委員会の議論の結果、関係機関において取り組むべき今後の対応方策については、以下Ⅲ．で述べる。

Ⅲ．今後の対応方策

　本委員会の議論を通じて示された課題に関し、今後、文部科学省や国際バカロレア機構等が中心となって取り組むべき対応方策は、以下のとおりである。

　なお、本委員会の議論の過程で、文部科学省及び国際バカロレア機構よりIB導入校に対する支援等を含めた具体的な対応方策について、大学の委員より、入試におけるIBの活用やIB教員養成課程の設置について、それぞれ新たな方針の表明や現在の取組に関する説明等が行われ、現在、実行に移されつつあるものもあるが、これらについても以下に述べる。

１．IB導入校に対する支援等

（１）IBのカリキュラムと学習指導要領との対応関係

　IBの科目と学習指導要領の科目については、これまで各学校で必要な読替え等の対応が行われてきたところであるが、IBの導入推進に向けては、国がこれらの対応関係について整理を行い、一定の考え方を示すことが重要である。

　これに関しては、本委員会において、文部科学省から、国際バカロレア機構よりIBのカリキュラムについて必要な情報提供を受け、その対応関係について整理を進め、それが済み次第、結果を高校等に周知していきたいとの方針が示された。

　現在、文部科学省においては、IBの科目と学習指導要領の科目との対応関係について整理作業を行っているところであり、今後速やかに整理作業を終え必要な対応を検討し、一定の考え方を示すこととしている。

（２）外国人指導者に対する教員免許状の円滑な授与

　IBのために招聘する外国人指導者に対する教員免許状（特別免許状等）の授与に関しては、本委員会において、文部科学省から、その円滑化に向けて、各都道府県教育委員会に対し、一定の指針（ガイドライン）を提示するよう検討していきたいとの方針が示された。

　このため、まず、文部科学省から各都道府県教育委員会に対し、2013年12月の通知において、各学校において外国人等を教員として受け入れ、登用していくことができるよう、各都道府県教育委員会において特別免許状の授与に関する適切な審査基準を定め、積極的にその授与を行

うよう要請が行われたところである。現在、文部科学省において、特別免許状の授与に係る都道府県教育委員会の現状を把握するとともに、特別免許状の授与に係る指針の検討が進められている。

（3）国内における IB 教員養成等の充実

　IB に対応可能な教員を確保するためには、国内において IB 教員の養成、再研修を行うための十分な体制整備等を図っていくことも重要である。

　これに関しては、本委員会において、文部科学省と国際バカロレア機構から、これまで国内において IB 教員養成を行うためのワークショップ等を随時開催してきているが、今後も、IB の導入に関心を有する学校や自治体等のニーズを踏まえつつ、こうしたワークショップ等を積極的に開催していきたいとの方針が示された。また、玉川大学・江里口准教授（高橋委員代理）から、国際バカロレア機構の認定の下、IB 教員や IB 研究者としての資格が取得できる「IB 研究コース」を 2014 年 4 月に大学院修士課程に開設するとの説明が行われ、さらに、永田委員（筑波大学学長）、藤井委員（東京学芸大学理事・副学長（当時））からも、それぞれ、IB 教員養成課程の設置について今後検討していきたい旨の説明が行われた。

　今後、こうしたワークショップや IB 教員養成課程の設置などを通じ、日本における IB 教員の養成、再研修に関する体制整備等が一層図られることが期待される。

　なお、ワークショップに関しては、学校や自治体からは、東京以外の地域におけるワークショップや、DP 導入の基盤となる MYP や PYP に関するワークショップについても定期的な開催の要望があり、国際バカロレア機構と文部科学省が連携して積極的に対応を図ることが望まれる。また、学校や自治体においては、IB 導入校が IB 導入を目指す学校の教員を受け入れ、これらの学校が連携して人材養成を図ることや、海外姉妹都市・姉妹校への教員派遣を通じた再研修などの取組も進められつつあり、こうした取組について、その促進や情報共有を図っていくことも有効である。

（4）その他 IB 導入校に対する支援等

　以上のほか、自治体や学校においては、外国人教員確保に向けた体制整備や教員確保等に関し、資金面での負担が大きいことやノウハウ等に乏しいことなどについても提起されており、今後の課題として、こ

れらに対してどのような対応が可能かについて文部科学省等において必要な検討を行っていくことも重要である。

2．国内大学入試における IB の活用

　国内大学入試における IB の活用は、IB 生の進路に関わる切実な問題として、本委員会で最も多くの時間を割いて議論が行われた事項であるが、その促進に向けた考え方と大学における現在の取組状況等は、以下のとおりである。

（1）国内大学入試における IB の活用促進に向けた考え方
① 海外の大学入試等における活用状況

　　英国の大学では、中央機関等が IB や英国の共通試験である A レベル等のスコアの統一的な換算表を作成し、各大学が IB スコアを入学オファー等の目安に活用している[5]。一方、米国の大学では、共通試験（SAT 等）や高校の成績等を総合的に評価して入学者選抜を行っているが、選抜性の高い大学等において、IB の履修を推奨又は積極的に考慮するケースも多く見られる。なお、米国の大学等において、例えば IB の上級レベル科目(HL)において高得点を取得した生徒に対して、当該科目に相当する一部科目について、入学後の履修免除（単位認定）等の特典を付与するケースも多く見られる[6]。

② 日本における活用促進に向けた考え方

　　一方、これまで日本で IB を活用した入試を行っている大学では、AO 入試や特別入試等の一環として、IB スコアを勘案する例が一般的である。
　　こうした現状を踏まえると、いわゆる換算表については今後の検討課題としつつ、当面は、各大学のアドミッション・ポリシー（入学者受入方針）に基づき、いわゆる「IB 枠」の設定を含め、IB の積極的な評価、活用を促していくことから始めることが現実的と考えられる。
　　これに関しては、本委員会において、文部科学省から、こうした活

---

[5] 例えば、オックスフォード大学では、入学オファーの対象となり得る IB スコアの目安を 38～40 点以上としている。
[6] 例えば、カリフォルニア大学ロサンゼルス校（UCLA）では、IB の上級レベル科目(HL)のスコアが 7 点満点中 5 点以上の場合、当該科目に相当する科目について単位が与えられる（学部学科等により異なる）。

用に向けた動きを促進するため、様々な機会を通じて大学に対する働き掛けを行っているところであり、引き続き、この取組を推進していきたいとの方針が示された。

　また、文部科学省から、日本の高等教育の国際競争力の向上を目的に、2014年度より「スーパーグローバル大学創成支援」として、海外の卓越した大学との連携や大学改革により徹底した国際化を進める、世界レベルの教育研究を行うトップ大学や国際化を牽引するグローバル大学に対し重点支援を行うこととしているが、本事業において、大学入試でのIBの活用等も促進していきたいとの方針が示された。

③ 活用を進めるに当たっての留意点

　日本でIBの導入が進み、2018年にIB認定校等（一部候補校を含む。）が200校に達した場合、各学校の1学年当たりのIBコースの履修生を仮に25名程度と見積もっても、2018～20年頃には[7]、計算上、最低でも毎年5千名以上が日本のIB校から輩出され得るようになる。このうち、海外進学する生徒の割合等について一概に予測することは困難であるが、相当数が国内大学への進学を希望することになると考えられる。IBを活用した入試の促進に当たっては、今後、こうした点なども十分念頭に置きつつ、その進捗状況等に応じて、一定の規模感を持って対応していくことが重要である。

　なお、これに関連し、IBを活用した入試を導入する予定の大学（以下（2）参照）の一部委員から、IB認定校等が今後増加していくに伴って、学部ごとの「IB枠」の募集人数を、必要に応じ、更に拡充することなども検討する可能性について言及がなされた。

④ IBスコアに係る仕組みや具体的な活用方法に関する情報提供

　各大学がIBの活用について検討する上では、客観性・透明性の高いIBスコアの特徴や、IBスコアそれ自体が基礎学力を有することの証明となることを、海外大学におけるIBの活用事例も示しつつ、分かりやすく説明していくことが重要である。

　これに関しては、国際バカロレア機構及び文部科学省により、2014年3月に、海外の大学の入試関係者等を招いて、日本の大学の入試関係者等を対象とした「国際バカロレア　大学入試活用セミナー」が開催されたところであるが、引き続き、このような各大学に対する情報

---

[7] IBの候補校申請を行った学校が認定校となるには、通常1年半～2年程度を要する。

提供等に努めていくことが求められる。

※予測スコアの活用方法について
　海外の大学においては、IB の最終スコアが確定する時期[8]より前に、高校等から提出される「予測スコア」を用いて審査を進め、必要に応じ「条件付き合格」を出し、最終スコアの確定をもって最終的に合否決定を行う方法が一般的である。さらに、具体的なスコアの活用に関しては、海外の大学では、特に自然科学系の学部学科等を中心に、生徒に求められる全体スコアのレベルを設定することはもとより、生徒が、6 つの選択科目中どの科目を上級レベル科目(HL)として選択しているか[9]、また、そのスコアはどうかについても一定の基準等を設定しているケースも多い（例えば、大学の物理学科において、生徒が 6 つの選択科目のうち、少なくとも「数学」と「物理」を上級レベル科目として選択していることを求めるとともに、これらの科目ごとに必要なスコアのレベルも設定するケースなど）。
　このように、全体のスコアに加え、特に自然科学系の学部学科等を中心に、当該学部学科等に応じた専門分野の観点から、上級レベル科目(HL)についても注意を払うことは、日本の大学が IB のスコアを入試で活用するに当たっても非常に有効であり、文部科学省及び国際バカロレア機構において、こうした留意点等についても周知に努めていくことが重要である。

（2）最近の大学入試における活用の動き
　これまで日本において、IB スコア等を活用した入試は、玉川大学、大阪大学、早稲田大学、上智大学等のいくつかの大学で行われていたが、本委員会の議論の過程で、昨年末以降も、慶應義塾大学、筑波大学、東京大学、京都大学、上智大学、大阪大学から、IB を活用した入試を新たに導入又は拡大する方針等が以下のとおり示された[10]。

【慶應義塾大学　帰国生・IB 入試】
　2014 年 9 月入試より、法学部において実施予定。また、総合政策

---

[8] 高校 3 年次の 11 月に最終試験が行われる日本の一条校の場合、最終スコアが出るのは翌年の 1 月 5 日になる。
[9] DP では、6 つの選択科目のうち、3〜4 科目を上級レベル科目(HL)として、2〜3 科目を標準レベル科目(SL)として、それぞれ選択する必要がある。
[10] IB を活用した入試であって、日本の高校等に在籍している者を対象としたもの（例）については、添付の参考資料を参照。

学部、環境情報学部においても調整を開始。
【筑波大学　国際バカロレア特別入試】
　2014年10月のアドミッションセンター入試及び国際科学オリンピック特別入試と同時期に、全ての学群・学類において実施予定。
【東京大学　推薦入試】
　2016年度より導入する推薦入試の概要（2014年1月公表）において、学部ごとに「求める学生像」と推薦要件等を設定。この中で、推薦要件に合致することを具体的に証明する根拠となる書類の例として、IBの成績証明を示している学部（法学部、教養学部）もある。
【京都大学　特色入試】
　2016年度より導入する特色入試の概要（2014年3月公表）において、基本方針の中で、高校での学修における行動や成果の判定等を行うに際して提出書類の中に記載すべき高校在学中の顕著な活動歴の例として、IBの成績も明記。
【上智大学】
　2016年度より、これまでの国際教養学部、理工学部英語コース（物質生命理工学科グリーンサイエンスコース、機能創造理工学科グリーンエンジニアリングコース）に加え、全ての学部において実施予定。
【大阪大学】
　グローバルアドミッションズオフィス(GAO)入試において、2017年度より、現在一部の学部のコースで行われているIBを活用した入試を、全ての学部に拡大して実施予定。

　こうした大学の動きは、日本におけるIBの導入拡大の観点から特筆すべき進展として評価できるものである。特に、筑波大学、上智大学及び大阪大学の方針は、これまでの玉川大学に引き続き、多分野にわたる学部等の全てにおいて、全学的にIBを活用した入試を導入しようとするものであり、大きな決定として注目に値する。
　さらに、他のいくつかの大学においても、IBの活用の在り方について活発な議論等が行われているところであり、今後、以上の2．(1)「国内大学入試におけるIBの活用促進に向けた考え方」で示した取組等を通じて、国内大学入試におけるIBの活用の動きが更に拡大していくことが強く期待される。

3．IBに関する適切な情報提供・発信

IBについては、近年、日本において、以前と比べ大きな注目を集めるようになってきているが、IBの導入拡大を図っていくためには、IBに関する技術的事項のみならず制度・政策的事項も含めたQ&Aの作成、共有を含め、学校関係者等への分かりやすい情報提供を行うとともに、一般へのIBに対する理解・関心の幅広い喚起にも、更に取り組んでいくことが重要である。

　これに関しては、文部科学省から、2013年末以降、ソーシャルメディアなどを通じて、IBに関する国内のシンポジウムやイベント等の告知のほか、文部科学省の取組や大学入試を含む関係機関の動向紹介をはじめとする独自の情報発信を行う体制を整備した旨の紹介があった[11]。また、国際バカロレア機構のホームページにおいても、2013年から、IBに関する一部の情報について日本語ウェブサイト[12]が開設されているが、関係者が更に利用しやすいものとなるよう、一層の充実が望まれる。

　さらに、文部科学省及び国際バカロレア機構からは、最近も、地域におけるＩＢ導入の意義を広く市民一般に紹介するシンポジウムや大学等の関係者向けセミナーの開催、文部科学省と日本経済団体連合会が協力して官民が連携した形での広報、日本のオピニオンリーダーに向けたIBに関する情報提供の場の設定など、様々な広報イベントの実施や協力を進めている旨の紹介があった。

　今後も、関係機関が連携して、こうした取組を効果的・継続的に実施していくことも重要である。

---

[11] 文部科学省国際バカロレア普及拡大広報ページ（https://www.facebook.com/mextib）
[12] IB Japan Information eGateway
（http://www.ibo.org/ibap/schoolservices/ibjapangateway.cfm）

Ⅳ．おわりに

　グローバル化等が進行する中で、日本が引き続き発展を遂げ、未来を切り拓いていくためには、それを担う人材の育成が重要であり、IB は、そのための非常に有益なツールとなり得るものである。

　日本におけるIBの導入拡大に向けては、これまで述べたとおり、様々な取り組むべき課題があるが、本委員会での議論の過程で、文部科学省、国際バカロレア機構等の関係機関により、既にいくつかの具体的な取組が、着手可能なものから順次実行に移されつつある。

　特に、昨年末以降、国内の大学入試においてIBの活用の動きが以前にも増して広がりつつあることは、IB普及に向けた大きな一歩として特筆に値する。

　また、最近、各自治体において公立学校での導入機運が急速に高まってきていることも注目に値する。具体的には、東京都が都立国際高等学校、札幌市が市立札幌開成中等教育学校でそれぞれIBを導入する方針を決定している。また、現在、佐賀県、滋賀県、京都府、北海道などにおいて具体的な検討が行われつつあるとともに、大阪府・市も、国家戦略特区による公設民営学校の導入検討の中でIB校の開設の可能性を視野に入れているなど、いくつかの自治体において動きが相次いできている。

　本報告書では、IBの導入拡大に向けて取り組むべき課題とその対応方策について提言を行ったが、日本政府が掲げている目標の実現、すなわち2018年までにIB認定校等を200校に増加させるためには、関係機関において、本提言に沿った取組の実施及びその進捗についての不断のフォローアップとともに、IB導入に関心を有する自治体や学校のニーズにも十分配慮しつつ、必要に応じ取組の更なる充実に努めていくことが重要である。

　最後に、本委員会として、文部科学省及び国際バカロレア機構等において、本報告書の提言の実現に向け全力を挙げて取り組むことを要望するとともに、本報告書の内容が、IB導入の可能性について検討している多くの自治体や学校にとって、IB導入の意思決定を行う際の後押しとなることを強く期待するものである。

国際バカロレア日本アドバイザリー委員会　報告書（抜粋）

国際バカロレア日本アドバイザリー委員会における
質問に対する回答集（Q＆A）

1．IBのカリキュラムと学習指導要領との対応関係について

> （1）一条校でIB（DP）を導入している学校は、学習指導要領とIBカリキュラムの組み合わせはどのようにやっているのか。それは生徒にとって可能なことなのか。
>
> （2）学習指導要領とIBのカリキュラムの整合性が重要。必修科目があるはずだが、それをどのようにカリキュラムとして組み込んでいるのか。
>
> （3）文部科学省において、学習指導要領とIBのカリキュラムを比べたことはあるか。
>
> （4）学習指導要領との整合性について、どこをどれくらい変えてもよいのか、国で基準を出してもらえるとよい。
>
> （5）IBのカリキュラムを履修することによって、通常の教育課程でやることとどういった違いが出てくるのか、どのスキルが伸びているのかという対比をきちんとする必要がある。

（答）
- 現状では、IB(DP)を導入している一条校においては、例えば、以下のような形で対応がなされていると聞いています。
  - 英語を用いて授業を行うことについては、教育課程特例校として文科大臣から認定を受ける。
  - その学校で開設するDPの科目を、各学校において、その内容事項に該当する学習指導要領上の科目として読み替えて扱う。
  - DPの学習を学校設定科目※として開設する。
    ※各学校において、学校の実態や学科の特色等に応じて、学習指導要領上の科目以外に最大２０単位まで設定可能。

  なお、以上の具体的対応については、各学校が、それぞれの指導計画を編成する中で判断されています。

  いずれにせよ、高等学校としての卒業要件とDPのプログラムの両立を適切に満たすことができるよう、各学校において十分な指導計画を作成し、取り組んでいただく必要があります。
- また、IBの導入促進に向けては、国がこれらの対応関係について整理を行い、一定の考え方を示すことが重要と考えています。
- このため、現在文部科学省においては、国際バカロレア機構の協力も得ながら学習指導要領とDPのカリキュラムとの対応関係についての考え方の整理を行っており、今後速やかに整理作業を終え必要な対応を検討し、一定の考え方を示すこととしています。（文部科学省回答）

2．IBのカリキュラムと諸外国のナショナルカリキュラムとの関係について

> 諸外国でも、オリジナルのカリキュラムを持つところがあるはずだ。その国々ではIBカリキュラムをどのように組み合わせているのか。

（答）
- PYP、MYPのような義務教育の年齢に相当する部分と異なり、DPに相当する部分については、多くの国で、通常、大学入学の準備コースに相当する扱いとなっており、そのカリキュラムも、国によって程度は異なるものの、義務教育と比べると緩やかなケースが多いようです。このため、例えば英国、オーストラリア、インド等においては、IBのコースを修了することでその国の高校に相当する課程を修了したと判断されます。また、それ以外の国（米国、メキシコ、シンガポールなど）に関しても、DPで学ぶ内容は各国のナショナルカリキュラムと共通した部分も多いことから、DPとナショナルカリキュラムのいずれかのうち、必ずしも共通していない部分については学ぶ必要はありますが、両立は可能です。IBはどのように教え、どのように学ぶかというところに特徴があり、IBの科目の内容のほとんどが世界の様々な国のフレームワークと重複しています。（国際バカロレア機構回答）

3．外国人指導者に対する教員免許状の円滑な授与について

> （1）外国人教員の確保のための教員免許制度の課題について、国で対応して欲しい。
>
> （2）IBに対応可能な教員の確保に関し、教員免許法の改正を検討することも必要なのではないか。

（答）
- 普通免許状を所有していない（大学の教職課程を経ていない）者であっても、特別免許状等の免許状の授与を受ければ、国際バカロレア機構が主催するワークショップ等を受講することでIB校において指導に当たることが可能となります。特別免許状の授与に係る審査基準等は都道府県教育委員会によって異なるので、より円滑な交付が行なわれるよう、文部科学省では、平成25年12月に各都道府県教育委員会に対し、制度の趣旨や法令の基準に則り、適切に基準を定め、積極的に特別免許状の授与を行うよう要請を行いました。今後、文部科学省では、基準の設定の考え方について、速やかに指針を示すこととしています。（文部科学省回答）

4．国内におけるIB教員の養成・確保について

> 教員の養成・確保はどのように行うのか。200校にするためには、どのくらいの人数が必要なのか。

（答）
- 国内におけるIBに対応可能な教員の確保に向けては、「日本語DP」の導入により、日本人教員の活用をしやすくするほか、国際バカロレア機構と文

部科学省の協力により、国内において IB 教員養成のためのワークショップ等を随時開催しています。
- さらに、玉川大学において、IB 教員や IB 研究者としての資格が取得できる「IB 研究コース」が平成 26 年 4 月から大学院修士課程に開設されたほか、現在、筑波大学、東京学芸大学においても、IB 教員養成課程の設置について検討していくことになっています。
- また、必要な教員は、国内、海外から様々なルートで確保することになりますが、200 校になるために必要な人数については、IB を実施しようとする学校ごとの運営体制、教育内容、生徒数等により異なるため、一概に申し上げることは困難です。(国際バカロレア機構／文部科学省回答)

5．IB 教員に関する要件について

> （1）IB カリキュラムに対応する教員は、特別な免許が必要なのか。IB 教員養成コースはどのような内容なのか。
>
> （2）大学が教員養成課程プログラムを作成した場合、国際バカロレア機構の教員向けワークショップは受ける必要があるのか。

（答）
- IB の教員は、IB の理念やプログラムの内容について精通している必要があるため、国際バカロレア機構からは、IB の教員に対し、次のいずれかを求めています。
    - 国際バカロレア機構主催のワークショップに参加し、修了証を得ること、又は、
    - 国際バカロレア機構が認定した大学等の IB 研究コース（教員養成課程プログラム）を修了すること等により認定書を得ること
- このため、大学等の IB 研究コースを修了すれば、国際バカロレア機構主催のワークショップの修了証は必要ありません。日本では、平成 26 年 4 月から、玉川大学において IB 研究コースが大学院修士課程に開設されました。このほか、現在、筑波大学、東京学芸大学においても設置について検討していくことになっています。
- なお、国際バカロレア機構主催のワークショップには、初級・中級・上級と段階があり、昇級するには、一定の指導経験が必要です。
- また、IB の教員は、他の一般教員に IB カリキュラムの教授法について教えることができます。一般教員はそれによって IB カリキュラムを教えることはできますが、修了証等は授与されません。
- ただし、IB 教育の成否は、教員の質に大きく左右されるものであり、教員の質を高い水準に保つことも重要です。このため、国際バカロレア機構では、学校が IB 校に認定された後も、定期的（少なくとも 5 年に 1 回）に認定を継続するかの審査訪問のシステムがあり、きちんと IB の指導ができる体制が維持されていない場合は、認定の取消しもあり得ます。(国際バカロレア機構回答)

6．日本語DPについて

> 現在の日本語DP科目（経済、歴史、生物、化学、課題論文、TOK、CAS）が選定された理由如何。また、将来的に全ての科目を日本語でも実施可能にしていくのか。

（答）
- 日本語DPの対象科目は、平成24年に文部科学省が実施した、教育委員会や国・私立高校等を対象とした日本語DP等に関する意向調査の結果等を踏まえつつ、文部科学省と国際バカロレア機構との間の協議を経て決定されたものです。
- 現在、日本語DP科目の開発が進められており、今後、更に複数の日本語対象科目が追加される可能性もありますが、この場合でも、現時点で、全ての科目について日本語で授業等を行えるようにするといった具体的な予定等はありません。（文部科学省回答）
- なお、DPを日本語で履修しても、IBの成績証明書としてのスコアの評価に他言語との差異はありません。学校は、生徒がどの大学に進学するか、進学を希望する大学が入学審査としてどのようなことを要求しているかによって、生徒が何語で選択するのかを決定するための助言を行うことが望ましいと考えられます。各大学がそれぞれどのような審査基準を用いているかは、国際バカロレア機構のホームページに掲載されている国別の大学より、希望の大学を選択すると詳細が閲覧できます（参照：https://www.ibo.org/recognition/university/）。一般的に、欧米の有力大学の場合は、専攻する学部に関係する科目は、IBの上級レベル科目（HL）を英語で選択するという規定がある所が多いようです。（国際バカロレア機構回答）

7．IB導入校に対する支援について

> （1）IB導入については各校に大きなコストがかかる。このような負担は理事会や保護者に説明が難しい。
>
> （2）IBを導入することは、高校にとっての負担も大きい。例えば、いくつかの学校がジョイントして、プログラムを運営していくことは可能か。
>
> （3）公立学校がIBプログラムに取り組むには経済的な問題等が大きい。国が支援してくれればよりやりやすいが、どうか。

（答）
- IBの導入に伴う、経済面や学業面での負担の増加を、理事会・保護者等に理解いただくためには、IBが有する教育的意義について、導入を目指す学校における関係者間で理解が深まり、認識を共有いただけることが重要と考えております。文部科学省では、国際バカロレア機構と連携し、IBの教育プログラムとしての意義や可能性について、今後、様々な場面でより積極的な広報周知を図っていきたいと考えます。
- なお、経済的な問題等に関しては、今後の課題として、どのような対応が可能か引き続き検討していきたいと考えています。御指摘のジョイン

国際バカロレア日本アドバイザリー委員会 報告書（抜粋）　　227

トによるプログラム運営については、個々の学校の状況等に応じて様々な形態があり得るところ、現時点で一概に申し上げることは困難ですが、いずれにせよ、実際の運営に当たっては、プログラム運営の責任関係や教員の身分の取扱い等について、具体的なケースに即して検討する必要があると考えます。（文部科学省回答）

8．海外進学支援について

> IB資格を取得して海外大学への進学を希望したとしても、高校生にとっては経済的な負担も大きい。これに対する支援も考えられないか。

（答）
- 「日本再興戦略-JAPAN is BACK」（平成25年6月14日閣議決定）においては、2020年までに日本人留学生を6万人から12万人に倍増させる目標が掲げられています。
- 文部科学省では、高校卒業後、海外大学での学位取得を目的とする長期留学を希望する学生に対しても、貸与型奨学金（有利子）による支援を実施しています。
- なお、大学等に在学中に、海外大学等に短期留学・長期留学する学生等に対しても、給付型奨学金による支援を実施しており、平成26年度予算において、予算額を大幅に拡充（平成25年度予算額35億円→平成26年度予算額68億円）したところです。（文部科学省回答）

9．米国の大学入試におけるIBの活用について

> 米国においてはSATやTOEFLといった試験を全て受けた上で、IBは参照資料としているケースが多いと聞くが、実際の取扱いはどうか。

（答）
- 米国においては、米国の共通入学テストであるSATの受験を求める大学が多い一方、特に有力大学の場合、SATなどでは、有力な志望者間で決定的な判断材料とならず、高校での学びの状況をより見定めるため、追加的に提出されるIBやAPなどの成果を重要な資料として考慮することが多いと聞いています。（文部科学省回答）

- 米国においては、IB認定校は増加し続けていますが（現在、米国においてDPは約800校で実施）、米国の学校が積極的にIBを導入しようとしている背景として、IB修了生による米国の大学への合格率等が平均と比べ高いとされていることなども挙げられるのではないかと考えられます。

- 例えば、国際バカロレア機構が米国のIB修了生を対象に実施した調査によると、Ivy League（Princeton, Yale, Brown, Harvard, Columbia, Cornell, Dartmouth, University of Pennsylvania）においては、IB修了生の合格率は、当該大学における全体の合格率と比べて3〜13%ポイント高いほか、IB修了生によるSAT, ACTといった米国の共通テストについ

ても、IB 修了生のスコアが米国全体の平均値と比べ高い（SAT のスコアは、全国平均が 1,500 点に対し、IB 履修生の平均スコアは 1,953 点）というデータが得られています。（国際バカロレア機構回答）

１０．IB を入試で活用する際の学力の担保について

（１）IB を活用した入試の導入に当たり、一番の懸念事項は、一般の受験を経てくる日本の他の学生と同様の基礎的な学力があるかということである。IB が広がっていったとき、学力の保証があるのか。

（２）IB 生が日本の大学を受験する際に塾に通うケースがあったと聞いたが、基礎学力の担保に関しての大学の考え方や方法についても整理しないと、こうしたミスマッチが続いてしまうのではないか。

（３）IB を履修した学生は、高等学校の学習指導要領をどのように学んでいるのか、また、抜けているところはないのか。大学における学力観や基礎学力に対する不安感についての何らかの対応が必要。

（答）
- IB は、生徒に知識を学ばせるのみならず、主体的に学び考える力を育成する上でも有益なプログラムとして、国際的に評価されています。
- 例えば英国やオーストラリア等では、IB のスコアと当該国の共通テスト等の点数との換算表が作成されているなど、IB は、客観的な学力証明として国際的に広く活用されているところです（なお、英国では、例えばオックスフォード大学の場合、入学オファーの対象となり得る IB のスコアの目安を 38～40 と設定するなど、大学ごとの基準もあります。）。
- また、海外大学では、特に自然科学系の学部学科等を中心に、生徒に求められる全体スコアの目安を設定することに加え、生徒が、6 つの選択科目中どの科目を上級レベル科目（HL）として選択しているか、また、そのスコアはどうかについても一定の基準等を設定し、当該学部学科等において必要な学力をチェックしているケースも多く見られます（例えば、大学の物理学科において、生徒が 6 つの選択科目のうち、少なくとも「数学」と「物理」を上級レベル科目として選択していることを求めるとともに、これらの科目ごとに必要なスコアのレベルも設置するケースなど）。
- 以上のような点について、今後も関係者への周知に努めるとともに、日本の大学においても、IB によって育まれる生徒の能力を適切に評価いただき、その入試への積極的な活用に取り組んでいただけることが今後重要と考えております。（国際バカロレア機構／文部科学省回答）

１１．国内大学入試における IB の活用の在り方について

（１）IB については、基本的には AO 入試等の枠組みの中で扱うのが一般的と思われるが、それ以外に IB を生かせる入試方法はないのか。

(2) 新しい達成度テスト（発展レベル）（仮称）が行なわれることが議論されている。その試験によって学生はますます多様になる。IB 枠を設けなくても、個別の試験の在り方によっては、IB 学生への対応が可能ではないか。

(3) IB のスコアを取ることや、センター試験で A ランクを取ることは、それぞれが一つの資格のようなものであって、IB 枠を設けなくても、その後の試験で判断可能ではないか。

(4) IB を海外大学への進学ツールの一つとして考えた際に、国内入試を受けようとすると二重の手間がかかる。このような過重負担を避けるためどのように考えているか。

（答）
- IB の導入促進に向け、国内進学と海外大学進学の双方の可能性を検討する場合、IB の学びの成果を元に、海外のみならず国内大学への進学にもつながるような大学入学者選抜の在り方や入学後のカリキュラムが整備されることが重要です。
- 今後、入学者選抜は入学志願者の能力・意欲・適性を多面的・総合的に評価するものに転換されることから、IB についても、AO 入試に限らず、出願要件の一つに設定したり、一般入試における総合評価の対象としたりすることなどが考えられますが、IB をどのように評価し、入学者選抜で活用するかについては、各大学が入学後の教育課程と入学者受入方針（アドミッション・ポリシー）に基づき、判断することが必要です。
- 教育再生実行会議第四次提言（平成 25 年 10 月 31 日）や「中央教育審議会高大接続特別部会審議経過報告」（平成 26 年 3 月 25 日）においても、国内の大学入学者選抜における IB 資格やその成績の活用が提言されたところであり、文部科学省として、国内の大学に対して、その促進に向け積極的に働き掛け等を進めていきます。（文部科学省回答）

１２．IB 生の進学先について

(1) IB 生の進学先に、どのような選択肢があるのか。

(2) IB を履修した学生は海外大学への志向が強いと思われるが、日本の大学にどの程度進学を希望するのか。

(3) 日本の大学が IB 資格を取得した学生を受け入れるのか。インターナショナルスクール出身の IB 生は、どのくらい日本の大学に入学したか。

（答）
- IB は世界 140 か国以上で学ばれており、2013 年 5 月の試験では 127,000 人以上の生徒が IB 資格を取得しました。IB は世界の多くの大学で入学要件として認められており、生徒の進学先は多岐にわたります。世界で最も多くの生徒を受け入れている大学はカナダのトロント大学及びブリ

ティッシュコロンビア大学です。最も多くの IB 生を輩出しているアメリカでの生徒の進学先上位5大学は、フロリダ大学、ヴァージニア大学、カリフォルニア大学ロサンゼルス校、ジョージ・メイソン大学、コロラド大学ボルダー校、ノースカロライナ大学チャペルヒル校となっています。また、IB 生の大学における専攻分野としては、生命科学及び医学が最も多く、次いで工学、ビジネスの順となっています。(国際バカロレア機構回答)

- IB は必ずしも海外進学のみを目的としたものではなく、特に国内の一条校である IB 校の場合、インターナショナルスクール等とは異なり、国内の大学進学も当然視野に入っています。特に、「日本語 DP」の導入等により IB 校が増加するにつれて、海外の大学だけでなく、国内の大学への進学を希望する傾向はますます強くなると推定されます。また、海外の大学への進学に当たっては、国内の大学に比して高額な費用負担が発生することなどもあり、日本国内の大学への進学を希望する生徒も相当数見込まれると考えています。(文部科学省回答)

- なお、過去10年間の記録では、471名の生徒が日本の大学に願書を出した記録はありますが、それ以上の詳しい記録はありません。今までの日本からの学生の進学先としては、1位米国、2位英国、3位カナダです。(国際バカロレア機構回答)

１３．秋に入試を実施する際の IB スコアの活用方法について

> 日本の一条校では、3年次の11月に IB 試験を行い、そのスコアが確定するのが翌年の1月になるとのことだが、大学が推薦入試等を11月に実施する場合、スコアの提出が間に合わないのではないか。

(答)
- 11月の IB 試験を受ける場合、その最終スコアは1月5日に出ますが、11月の推薦入試等の時点では、大学の判定等において「予測スコア」を活用することが可能です。
- 例えば英国や米国、カナダの大学等では、この予測スコアを活用して、受験者に対し、まず「条件付」合格を出し、最終スコアが出た時点で最終的に合否を判断するという方法が広く採られています。
- なお、IB の予測スコアは、各学校による評価に基づいて出されるため、結果的に、最終スコアと若干の誤差が生ずることも考えられますが、大学が、受験者の学校の予測スコアの過去5年間の傾向(例えば、最終スコアに対し、予測スコアが高めに出ている傾向がある、又は低めに出ている傾向があるなど。)を見ることも可能です。具体的には、大学が希望すれば、受験者の学校に関する過去5年間の予測スコアと最終スコアの比較データについて、国際バカロレア機構から提供を受けることが可能になっており、判定等において、これらのデータも併せて活用することが可能です。
- 手続としては、大学が受験生の学校に対してデータの提出を求めると、学校から国際バカロレア機構に連絡が行き、国際バカロレア機構が大学

に対してデータをお渡しすることになります。（国際バカロレア機構回答）

１４．IBと大学入試センター試験との換算表の作成の在り方について

> （１）国際バカロレア機構、文部科学省、大学が協力して、換算表を作っていけば、まずはセンター試験とIBのスコアとの互換性が得られる。それを試験的に使い、更にその後で個別の選抜試験を行うというのが自然な流れではないか。
>
> （２）仮に換算表を作る場合でも、IBの魅力を損なわない形とする必要があることに注意してもらいたい。
>
> （３）IBとセンター試験との換算表を作るのは、両者の問題が本質的に違うのだから意味がないのではないか。むしろ、センター試験の内容がIBに近づくようにならない限り、新しい人材を育成することにならないのではないか。

（答）
- 現在の大学入試センター試験については、一回の試験で高等学校の学習成果を評価するのに対し、IBのスコアは最終試験だけではなく教師による内部評価も加味したものであるなど、自ずとそれぞれの性格は異なってくる側面もあると考えられます。
- 現時点では、アドバイザリー委員会報告書にもありますように、これまで日本でIBを活用した入試を行っている大学では、AO入試や特別入試等の一環として、IBスコアを勘案する例が一般的である現状を踏まえると、当面は、各大学のアドミッションポリシーに基づき、いわゆる「IB枠」の設定を含め、IBの活用を促していくことから始めることが現実的と考えています。
- なお、教育再生実行会議第四次提言（平成25年10月31日）では、現在の大学入試センター試験に代わる発展レベルの達成度テストを創設し、その結果を段階的に示すなど、一点刻みの選抜から脱却できるよう利用の仕方を工夫するとともに、受験生が持てる力を存分に発揮できるよう、複数回の受験機会を設けることとしており、具体的な制度設計については、現在、中央教育審議会高大接続特別部会において、議論を行っているところです。（文部科学省回答）

１５．学生の厳格な成績評価及び定員管理の在り方について

> 今後、新たな入試を導入する場合、最初の数年間は、結果的に大学教育についていけないような学生も入学する可能性も考えられる。現在の国立大学法人運営費交付金の算定ルールでは、4月1日時点の1年生の人数をベースにしているが、学生を厳格に評価していく上で、例えば、学生を数える時点を1年次ではなく2年次にするなど、弾力的な定員管理ができないか。

（答）
- 「中央教育審議会高大接続特別部会審議経過報告」（平成26年3月25日）においては、新たな入試の導入にかかわらず、大学教育の質保証の観点から、各大学においてこれまで以上に厳格な成績評価が必要であること、その結果として留年等が増加する可能性があることについて言及されており、厳格な成績評価による留年者の増加については、「国において一定の条件の下に留年者を定員超過のカウントから除外するなど、定員管理の弾力化を行うべきである」とされているところです。（文部科学省回答）

１６．国内大学入試における IB の活用に向けた大学への働き掛け等について

> （１）2018年に200校という目標を達成するためには、大学入学者選抜においても IB の活用を進める必要があるが、大学への働き掛けはどこが担うのか。
>
> （２）受け入れる大学の目標数についても設定する必要があるのではないか。

（答）
- 大学入学者選抜における IB の活用については、教育再生実行会議第四次提言（平成25年10月31日）や「中央教育審議会高大接続特別部会審議経過報告」（平成26年3月25日）において、IB 資格及びその成績の活用が提言されたところであり、現在、文部科学省が中心となって、大学への働き掛け等を積極的に進めているところです。
- このような中、これまで日本において、IB スコア等を活用した入試は、限られた大学でしか行われてきませんでしたが、昨年末以降、慶應義塾大学、筑波大学、東京大学、京都大学、上智大学、大阪大学から、IB を活用した入試を新たに導入又は拡大する方針等が示されるなど、各大学において IB の入試活用に向けた動きが広がってきています。
- 受け入れる大学の目標設定については、今後の周知状況や大学への浸透状況等も見つつ、必要に応じ検討していきたいと考えています。（文部科学省回答）

<以　上>

国際バカロレア日本アドバイザリー委員会委員名簿

2014年4月1日現在

(委員長)
藤崎一郎　　　　　　　上智大学 特別招聘教授/前駐米大使

(委員)
今里讓　　　　　　　　文部科学省 大臣官房 国際課長 ※2013/10/1 から

内田勝一　　　　　　　早稲田大学副総長

大迫弘和　　　　　　　広島女学院大学客員教授(IB 調査研究室長)/リンデンホールスクール中高学部校長

大竹美喜　　　　　　　教育再生実行会議 委員/Aflac 創業者・最高顧問

木村孟　　　　　　　　文部科学省顧問、東京都教育委員会委員長

國領二郎　　　　　　　慶應義塾大学 常任理事

クレイグ クーツ　　　　横浜インターナショナルスクール校長

高橋貞雄　　　　　　　玉川学園 理事

田中恵次　　　　　　　住友商事株式会社 理事

田宮直彦　　　　　　　経団連／日立製作所 人財統括本部人事教育部長

出口利定　　　　　　　東京学芸大学長（前東京学芸大学 附属国際中等教育学校校長）

出張吉訓　　　　　　　東京都教育庁教育改革推進担当部長

天外伺朗　　　　　　　元ソニー上席常務、工学博士

中田大成　　　　　　　海城中学校・高等学校 教頭

永田恭介　　　　　　　筑波大学長

(永山賀久)　　　　　　文部科学省 大臣官房 国際課長 ※2013/9/30 まで

長谷川壽一　　　　　　東京大学理事・副学長

藤井健志　　　　　　　東京学芸大学副学長

三田村彰　　　　　　　福井県教育庁高校教育課 企画幹

山本ベバリーアン　　　大阪大学 人間科学部 教授

和田道雄　　　　　　　立教女学院中学校・高等学校 校長

(顧問)
松本 紘　　　　　　　京都大学総長

(事務局)
イアン チャンバース　　　IB アジア太平洋地区(IBAP) 代表
坪谷ニュウェル郁子　　　IBAP 理事
ステファニー レオン　　　IBAP 日本担当
(代行：星野あゆみ IBAP 地域開発マネージャー(日本担当))

(五十音順、敬称略)

巻末資料②

海外の大学入学者選抜における
国際バカロレアの活用状況

19

英国等の活用事例（入試）

- 英国、オーストラリア、インド、ニュージーランド、スペイン等では、中央機関等がIBを含む各資格のスコア等の統一的な換算表を作成。

- 英国では、英国入試機構（UCAS）が、IBスコアを独自のTariff Pointに置き換えて換算表を作成するとともに、大学ごとに出願が必要なIBスコアの目安も作成し、受験者に提供。（以下、英国の例）

IB スコア	Tariff Points
45	720
44	698
43	676
42	654
41	632
40	611

参考:http://www.ucas.com/how-it-all-works/explore-your-options/entry-requirements/tariff-tables/IBdip

― 13 ―

20

英国の活用事例（入試）
オックスフォード大学

コース名	IB スコアの目安（全体）	IB スコアの目安（科目）
生物化学	38～40	―
法学	38～40	―
人間化学	38～40	―
史学と政治学	38～40	―
数学と統計学	38～40	―
薬学	38～40	―
臨床心理学	38～40	―
化学	38～40	―
物理	38～40	―

21

英国の活用事例（入試）
ケンブリッジ大学

コース名	IB スコアの目安（全体）	IB スコアの目安（科目）
自然科学	40～42	HLで7,7,6または7,7,7を含む
哲学	40～42	HLで7,7,6または7,7,7を含む
地理学	40～42	HLで7,7,6または7,7,7を含む
音楽	40～42	HLで7,7,6または7,7,7を含む
神学と宗教学	40～42	HLで7,7,6または7,7,7を含む
史学	40～42	HLで7,7,6または7,7,7を含む
古典：ギリシャとラテン	40～42	HLで7,7,6または7,7,7を含む

22

英国の活用事例（入試）
キングス・カレッジ・ロンドン

コース名	IB スコアの目安（全体）	IB スコアの目安（科目）
物理（医学への応用）	38	数学と物理のHLで5
数学	38	数学のHLで6
古代史	38	HLの3つの科目で6
宗教、哲学、倫理学	36	HLの3つの科目で6,6,5
生理学	36	化学と生物学のHLの3つの科目で6,6,5
栄養学	34	化学と生物学のHLの3つの科目で6,5,5
生化学	36	化学と生物学のHLの3つの科目で6,6,5

※キングス・カレッジ・ロンドンでは、2104年から、上記IBスコアの目安を、合計35点かつ上級レベル科目(HL)はそれぞれ6点以上に変更予定。

英国におけるIB生の進学先は「トップ20大学」の割合が高い

進学先の高等教育機関の比較 (2008/2009)

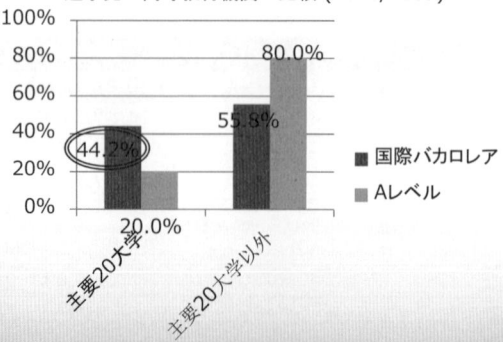

主要20大学: 国際バカロレア 44.2%、Aレベル 20.0%
主要20大学以外: 国際バカロレア 55.8%、Aレベル 80.0%

【トップ20大学】Oxford, Cambridge, Warwick, St. Andrews, University College London, Lancaster, Imperial College, London School of Economics, Loughborough, York, SOAS, Laicester, Bath, Exeter, Edinburgh, Sussex, Durham, Southampton, UEA, Surrey

※「ガーディアン大学ガイド2011」およびHigher Education Statistics Agency (HESA) Study, May 2011

国際バカロレア日本アドバイザリー委員会 報告書 参考資料集（抜粋）　　237

米国の活用事例（入試）

- 各大学が独自のアドミッションポリシーに基づき選抜を実施
- 特に競争性の高い大学を中心に、SATといった共通試験の成績等に加え、<u>各大学によってIBの履修をプラス材料として推奨</u>。
- 入学後の科目履修免除等の特典付与にも活用。
  （例）UCLA：上級レベル科目のスコアが5の場合、ほとんどのIB資格取得者に単位が与えられる。

参考：http://www.ucas.com/how-it-all-works/explore-your-options/entry-requirements/tariff-tables/IBdip

米国の活用事例（入試）

ボストン大学		
出願要件等	・高校において15単位（通年）を習得することが要件とされ、20単位の習得が推奨されている。20単位には、英語（4）、数学（3〜4）、社会科学（3〜4）、科学（3〜4うち実験科学3〜4）外国語（2〜4）が含まれる。 ・<u>アドバンストプレイスメント（AP）や国際バカロレア（IB）を含む大学進学予備プログラムの習得も要件とされており、その成績が最も重要とされている。</u>
出願書類等	・SAT reasoning又はACT with Writingの提出が求められる（学科によってはSAT教科テスト2科目も必要。） ・各大学共通願書の他、ボストン大学用願書、高校内申書、高校3年生前期の成績、教員1名からの評価書、正式な高校の成績証明書。
合否判定方式	・総合的な評価であり、高校の成績証明書、標準試験の得点、推薦状、エッセイ、課外活動の5つが選抜資料。最も重要な資料は高校の成績証明書とされる。 ・<u>高校におけるGPAでは、APやIBなど大学進学予備プログラムをどの程度受けているかという履修科目選択の積極さがより重要とされている。</u>

参考：大学入試センター入学者選抜研究機構入試評価部門報告書「大学入試の標準化、多様化、及び精密化」（平成25年3月）より、文部科学省作成

米国の活用事例（入試）

ハーバード大学

出願要件等	・高校において21単位（通年）を習得することが勧められている。21単位には、英語(4)、数学(4)、社会科学(3)、歴史(2)、科学(4)、外国語(4)が含まれる。 ・**アドバンストプレイスメント(AP)や国際バカロレア(IB)を含む大学進学予備プログラムの習得も推奨されている。**
出願書類等	・SAT reasoningまたはACT with Writing、SAT教科テストの2科目の提出が求められる。 ・各大学共通願書の他、大学独自の願書、高校内申書、高校3年生前期の成績、教員2名からの評価書、正式な高校成績証明書。
合否判定方式	・高校での学業達成、教師による推薦状、標準試験の成績の順に重要であるとされている。 ・卒業生による面接は、海外の実施が難しい場合を除き推奨されている。面接の結果、学業上の成果、関心領域、課外活動、性格等について定性的な報告書が作成される。 ・教師による推薦状では、主に学生の学習に対する姿勢、他の学生との関わり方、運動能力・芸術など得意な才能についての情報を得ることに主眼が置かれている。

参考：大学入試センター入学者選抜研究機構入試評価部門報告書「大学入試の標準化、多様化、及び精密化」（平成25年3月）より、文部科学省作成

米国の活用事例（入試）

ペンシルバニア州立大学（ユニバーシティパーク校）

出願要件等	・高校において英語(4単位)、数学(3)、科学(3)、社会科学(3)、外国語(2)を含む合計15単位以上の修得が必要。 ・**アドバンスト・プレイスメント(AP)や国際バカロレア(IB)等を含む大学進学予備プログラムの修得を推奨。**
出願書類等	・SAT又はACTの成績、高校の成績証明書、大学独自の願書（エッセイを含む）
合否判定方式	・高校の成績を2／3、SAT又はACTの成績を1／3の比重で得点化し、一定の基準以上の者を合格判定。 ・**高校の成績の評価においてAPやIB等の成績があれば加味。** ・高校の成績の学校間格差の調整は行わず。 ・SAT等の成績よりも高校の成績を重視するのは、 　①1日の試験の結果より長い時間をかけて得たものを重視 　②裕福な家庭の子弟はSAT等の準備コースに入り対策を講じており、SAT等の成績は家庭の経済状況の影響を受けることなどが理由。 ・優等学位プログラムや医学特別進学課程を希望する入学志願者の場合は、エッセイや教師の評価書、奉仕活動の経験等も加味して合否判定。

参考：大学入試センター入学者選抜研究機構入試評価部門報告書「大学入試の標準化、多様化、及び精密化」（平成25年3月）より、文部科学省作成

米国の活用事例（入試）

	ブラウン大学（私立）
出願要件等	・ 高校において、英語（4単位）、数学（4）、科学（3（実験科学2を含む））、歴史（2）、外国語（4）、音楽・美術（1）、その他（1）を含む19単位以上の修得を推奨。
出願書類等	・ SAT又はACTの成績（SATⅡ2科目を含む）、高校3年生前期の成績、高校の内申書、教師の評価書（2名分）、大学共通願書、大学独自の願書（エッセイを含む）
合否判定方式	・ SAT又はACTの成績、高校の成績、エッセイ、教師の評価等を総合的に判断（それぞれの得点化はしない）。 ・ 個々の選抜資料についての明確な重み付けは設定されておらず、3人の職員それぞれが合否を総合的に判断。最終的には、この評価を参照しつつ20名で構成される委員会における投票によって合否を決定。 ・ **高校における履修科目のレベルの高さ、アドバンスト・プレイスメント（AP）や国際バカロレア（IB）等を含む大学進学予備プログラムの成績を最重要視**。 ・ SAT等は家庭の経済状況の影響を受けることも審査の際に考慮。 ・ 学生集団の多様性確保には配慮（ただし特別の基準、枠等は設けず）。

参考：大学入試センター入学者選抜研究機構入試評価部門報告書「大学入試の標準化、多様化、及び精密化」（平成25年3月）より、文部科学省作成

米国の活用事例（単位認定等）

ハーバード大学

- 上級レベル科目のスコアが7（満点）の場合、一部科目の履修免除（単位認定）
- 上級レベル科目のスコアが3つある場合、速習プログラムへの参加資格

コロンビア大学

- 上級レベル科目のスコアが6又は7の場合、各科目につき6単位（最大16単位）が与えられる（学科で認められている場合）

カリフォルニア大学ロサンゼルス校（UCLA）

- 上級レベル科目のスコアが5の場合、ほとんどのIB資格取得者に単位が与えられる（専門分野により異なる）

SAT/ACTの試験結果の比較

- SAT及びACTの平均点は、各科目とも、**IBディプロマ生**の方が、米国学生全体の平均より高い。

テスト	米国全体の平均点	IBディプロマ生の平均点	サンプル数
SAT	1,500	1,953	2,150
Math	514	654	2,172
Verbal	497	649	2,162
Writing	489	649	2,161
ACT	21	29	1,190
English	21	29	1,190
Math	21	29	1,184
Reading	21	30	1,181
Science	21	28	1,177

参考:"The IB diploma programme: graduate destinations survey 2011 Country report United States of America" by International Graduate Insight Group

米国の主要大学への合格率

大学名 University or college	IB生 IB candidates acceptance rate	米国全体 Total population acceptance rate	合格率の差 IB candidates versus total population (parentage points)
University of Florida	82%	42%	+40%
Florida State University	92%	60%	+32%
Brown University	18%	9%	+9%
Stanford University	15%	7%	+8%
Columbia University	13%	9%	+4%
University of California - Berkeley	58%	26%	+32%
Harvard University	10%	7%	+3%
New York University	57%	30%	+27%
University of Michigan - Ann Arbor	71%	51%	+20%
University of Miami	72%	30%	+42%
Cornell University	31%	18%	+13%
Duke University	28%	16%	+12%
University of Pennsylvania	24%	14%	+10%
Yale University	18%	7%	+11%
University of Central Florida	90%	47%	+43%
Boston University	70%	58%	+12%
University of California - Los Angeles	48%	23%	+25%
University of Virginia	64%	32%	+32%
UNC Chapel Hill	63%	32%	+31%
Princeton University	16%	8%	+8%

参考:The IB diploma graduate destinations survey 2011 Country report United States of America 2012

米国アイビー・リーグへの合格率

IB生のアイビー・リーグへの合格率は、全体の合格率より3〜13%ポイント高い

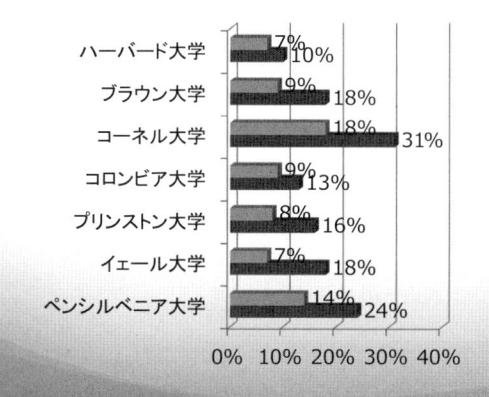

大学	全体の合格率	DP資格取得者の合格率
ハーバード大学	7%	10%
ブラウン大学	9%	18%
コーネル大学	18%	31%
コロンビア大学	9%	13%
プリンストン大学	8%	16%
イェール大学	7%	18%
ペンシルベニア大学	14%	24%

参考：The IB diploma graduate destinations survey 2011 Country report United States of America 2012

IB生の大学における専攻分野

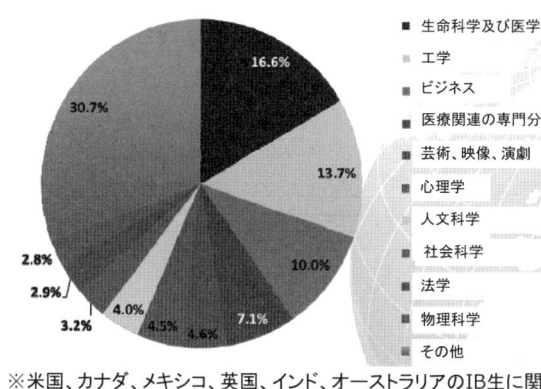

- 生命科学及び医学 16.6%
- 工学 13.7%
- ビジネス 10.0%
- 医療関連の専門分野 7.1%
- 芸術、映像、演劇 4.6%
- 心理学 4.5%
- 人文科学 4.0%
- 社会科学 3.2%
- 法学 2.9%
- 物理科学 2.8%
- その他 30.7%

※米国、カナダ、メキシコ、英国、インド、オーストラリアのIB生に関する調査結果（母集団4,786名）より。

参考：The IB Diploma Programme: Graduate destination Survey 2011/2012

ＩＢ認定校の教員等に関する要件について

〇ＩＢ認定校での活動に従事する教員等は、ＩＢの理念やプログラムの内容に精通している必要がある。このため、国際バカロレア機構は、認定校の教員等に対し、以下のいずれかを求めている。

1）ＩＢ主催のワークショップへの参加（別紙１）、又は、
2）大学等のＩＢ研究コースの修了等による認定書（IB certificates）の取得
　（別紙２）

〇ＩＢ研究コースの設置の手続は、以下のとおり。[1]

1）関心の表明：
　・大学等は設置を希望するコースについて紹介した簡潔な提案書を提出する。
　・ＩＢは提案書に基づき、その後の手続を進めるか判断する。
2）申請：
　・大学等はコースの概要や構成、スタッフのプロフィール、内部評価報告書等の書類をＩＢに提出する。
　・ＩＢは申請の内容に基づき、その後の手続を進めるか判断する。
3）承認訪問：
　・ＩＢによって任命されたチームが大学等を訪問し、研究コースの審査を行う。
4）正式な承認
　・ＩＢが研究コースを正式に承認する。

（参考文献）
1. International Baccalaureate Organization, Section 3: Procedures for recognition, IB educator certificates –Academic course recognition pack Ver. 3.2 (April 2012) p.1-4

(別紙1)

ＩＢ主催のワークショップへの参加による方法

○国際バカロレア校認定（authorization）のプロセス[1]
1）検討期（Consideration phase）
2）候補校申請（Request for candidacy）
3）候補校決定（IB decision on candidacy）
4）コンサル訪問（Consultation process）
5）認定校申請（Candidate phase: Request for authorization）
6）確認訪問（Verification visit）
7）認定校決定（Decision on authorization）
認定後は、少なくとも５年に１回の評価（evaluation）が実施される[2]。

○認定校の教員等に求められる主な要件
ＰＹＰ
＜候補校申請までに満たすべき要件＞[3]
①　学校長又は指名された管理職にある者は、「候補校申請：ＰＹＰ」("Application for candidacy: Primary Years Programme")の前に、ＩＢカテゴリ１のワークショップに参加しなければならない。

＜候補校期間中、認定校申請までに満たすべき要件＞[3]
①　教育内容の責任者、及び常勤又は非常勤でＰＹＰの生徒を指導する全ての教員は、ＩＢカテゴリ１のワークショップに参加しなければならない。

ＭＹＰ
＜候補校申請までに満たすべき要件＞[4]
①　学校長または指名された管理職にある者は、「候補校申請：ＭＹＰ」("Application for candidacy: Middle Years Programme")の前に、ＩＢカテゴリ１のワークショップに参加しなければならない。

＜候補校期間中、認定校申請までに満たすべき要件＞[4]
①　少なくとも教科ごとに１人の教員、及びＭＹＰコーディネーターは、各教科の領域及び責任に関係するＩＢカテゴリ１のワークショップに参加しなければならない。
②　関係するＩＢ事務局を通じて、全てのＭＹＰ教員を対象とした一般的なＭＹＰワークショップを校内で開催しなければならない。

ＤＰ
＜候補校申請までに満たすべき要件＞[5]

①　学校長又は指名された管理職にある者は、「候補校申請：ＤＰ」（"Application for candidacy: Diploma Programme"）の申請前に、ＩＢカテゴリ１のワークショップに参加しなければならない。

＜候補校期間中、認定校申請までに満たすべき要件＞[5]
①　全てのＤＰ教科の教員は、関係する教科のＩＢカテゴリ１のワークショップに参加しなければならない。
②　ＴＯＫの教員は、ＩＢカテゴリ１のＴＯＫコースワークショップに参加しなければならない。
③　ＣＡＳコーディネータは、ＩＢカテゴリ１のＣＡＳコースワークショップに参加しなければならない。
④　ＤＰコーディネータは、ＩＢカテゴリ１のＤＰコーディネーションワークショップに参加しなければならない。

　　これらに加え、ＩＢ認定校がその教員等をＩＢ認定の専門的能力の開発に係る活動に参加させる機会を更に与えることが期待される。これは、専門的能力の開発に対するコミットメント等の証明となるものである。

※ワークショップの構成 [6,7]
カテゴリ１：ＩＢ認定の申請を決めた学校向けに、専門的能力や支援を提供するもの。
カテゴリ２：経験のあるＩＢ教育者向けに、プログラムの実施に焦点を当てたフォーラムを提供するもの。
カテゴリ３：経験のある教育者向けに、専門的能力のポートフォリオを構築したり、強化したりするためのフォーラムを提供するもの。

（参考資料）
1. The IB Authorization process, IBO website, available at https://www.ibo.org/become/authorization/ (accessed: Feb. 12th, 2014)
2. Evaluation, IBO website, available at https://www.ibo.org/become/authorization/movingforward/ (accessed: Feb. 12th, 2014)
3. International Baccalaureate Organization, Mandatory teacher professional development, Guide to school authorization: Primary Years Programme (Oct. 2010) p.8, available at http://www.ibo.org/become/guidance/documents/PYPGuidetoschoolauthorization.pdf (accessed: Feb. 12th, 2014)
4. International Baccalaureate Organization, Mandatory teacher professional

development, Guide to school authorization: Middle Years Programme (Oct. 2010) p.13, available at http://www.ibo.org/become/guidance/documents/MYPguidetoauthorization_e_final.pdf (accessed: Feb. 12th, 2014)
5. International Baccalaureate Organization, Mandatory teacher professional development, Guide to school authorization: Diploma Programme (Oct. 2010) p.8, available at http://www.ibo.org/become/guidance/documents/DP_Guidetoschoolauthorization.pdf (accessed: Feb. 12th, 2014)
6. International Baccalaureate Organization, IB Professional Development –Global Workshop Architecture (Sept. 2010) p.1-3, available at http://ibo.org/iba/workshops/documents/IBPDGlobalArch_ENJuly2010_000.pdf (accessed: Feb. 12th, 2014)
7. IB workshop and resources 2013-2014 catalogue, available at http://ecatalogue.ibo.org/t/35963 (accessed: Feb. 12th, 2014)

(別紙2)

大学等のIB研究コースの修了等により

証明書を取得する方法

〇大学等によるIB研究コース

IBが認定した大学等のIB研究コースでは、IB教育に関する一連の講義を提供しており、このコースを修了することにより、IB認定校でIB教員として活動するための「IB教員認定」"IB educator certificates"を取得することができる。「IB教員認定」には、

- 指導及び学習におけるIB認定(IB certificate in teaching and learning)
- 指導及び学習研究におけるIB上級認定(IB advanced certificate in teaching and learning research)

の2種類がある。

IB certificate in teaching and learning [1]
- IBの運用に関連した、カリキュラム、教育上の課題、評価に関する課題の実務的な理解を目的とする。
- 主として、①新しく教員資格を得た教員、②IBプログラムについて不案内な教員、③教育実習生を対象として設計されている。
- 取得には、(1) 教員養成機関によるIB認定の学部又は大学院のコースを修了、(2) 教員を対象とした高等教育機関によるIB認定の大学院のコースを修了、(3) 実務経験等に基づく認定、の3つの方法がある。

IB advanced certificate in teaching and learning research [1]
- 経験のあるIB教員が、学術的な組織の支援を受けながら、関心のあるIB教育の領域を対象として研究を深めることを支援するもの。
- 取得には、高等教育機関でのIB認定の修士課程かそれ以上のコースを修了すること、及び5年間の教員としての職務経験(うち3年間はIB校での勤務)が要件。

〇IB研究コース導入大学

<導入大学一覧(23校)>[2]
- Adrian College, USA
- Bethel University, USA
- Bilkent University, Turkey
- Bremen University, Germany

- California State University San Marcos, USA
- Curtin University of Technology, AUS
- ECIS, UK
- Flinders University, AUS
- Fairview International University College, Malaysia
- George Mason University, USA
- Hong Kong Institute of Education, HK
- Institution of Education University of London, UK
- Loyola University, USA
- Melbourne University, AUS
- Murdoch University, AUS
- Oakland University, USA
- Royal Roads University, Canada
- Universidad Camilo Jose Cela, Spain
- University of Bath, UK
- University of Dundee, UK
- University of Durham, UK
- University of Hong Kong, SAR China
- University of Sussex, UK

＜日本の導入例（玉川大学、平成２６年度より）＞[3]
　対象プログラム：MYP、DP
　概要：玉川大学大学院教育学研究科教育学専攻修士課程「IB研究コース」（平成26年4月～）
　　　国際バカロレア関連科目を12単位修得することにより、"IB certificate in teaching and learning"の教員資格、12単位を含め修士課程を修了することにより、"IB advanced certificate in teaching and learning research"の教員資格及びIB研究者としての資格を取得可能。

MYP		DP	
科目名	単位数	科目名	単位数
IB教師教育（MYP・DP）I	2	IB教師教育（MYP・DP）I	2
IB教師教育（MYP）II	2	IB教師教育（DP）II	2
IB教師教育（MYP）III	2	IB教師教育（DP）III	2
IB教育実践研究I	2	IB教育実践研究I	2
IB教育実践研究II	2	IB教育実践研究II	2
全人教育研究	2	全人教育研究	2

（参考資料）
1. International Baccalaureate Organization, Section 1: An introduction to the IB educator certificates, IB educator certificates –Academic course recognition pack Ver. 3.2 (April 2012) p.2
2. International Baccalaureate Organization, IB educator certificates (presentation slides from IBO) (Jan. 2014)
3. 玉川大学ウェブサイト, available at http://www.tamagawa.jp/graduate/news/detail_6667.html (accessed: Feb. 12th, 2014)

国際バカロレアを活用した大学入試（例）

平成 26 年 4 月

I 現在実施している大学

1．玉川大学　国際バカロレア AO 入試
- 平成 22 年より実施。
- 実施学部：全学部（文学部、農学部、工学部、経営学部、教育学部、芸術学部、リベラルアーツ学部、観光学部）
- 出願期間：平成 25 年 9 月 27 日～10 月 3 日（春入学）
- 出願資格
  （1）2013 年 4 月～2014 年 3 月 31 日までに国際バカロレア資格を取得または取得見込みの者（ただし、2014 年 3 月 31 日までに 18 歳に達していること）。なおかつ、日本語を母語とする者または Japanese B を HL で履修し、成績評価が 4 以上の者。
  （2）大学が定める大学入学資格を有し、2012 年 4 月～2013 年 4 月 31 日までに本学の各学部が指定する教科のサーティフィケート（※当課注：DP は取得できないが、教科ごとの認定を受けるもの）を取得または取得見込みの者。
- 出願時に IB が取得できていない場合は、学校が発行する予想得点証明書で対応可。
- IB 資格をもとに出願する（1）の場合、①コミュニケーションシート（受験者の意思や IB での学習に関するもの数枚）、在籍校のカレッジカウンセラーまたは DP コーディネーターが作成する EVALUATION FORM、国際バカロレア資格証書のコピー、IB 最終試験成績証明書、各種資格・検定取得の証明書の写しを提出し、書類審査のみで判定する。
- 合格者には、入学前課題学習を実施。
- 実績：2013 年度-1 名が受験、1 名合格・入学予定。

2．岡山大学　国際バカロレア入試（AO 入試）
- 平成 24 年度入試から、国際バカロレア入試（春入学）を実施。平成 25 年度からは、欧州 IB 資格取得見込者の受入を目指し秋入学試験も開始。
- 実施学部：理学部、医学部保健学科、工学部、農学部、マッチングプログラムコース
- 出願期間：春入学（平成 25 年 8 月 1 日～5 日）　秋入学（平成 25 年 2 月 5 日～7 日）
- 出願資格（以下、秋入学におけるもの）
  （1）国際バカロレア資格証書を平成 25 年 4 月から平成 26 年 3 月までに授与された者で、平成 26 年 3 月 31 日までに 18 歳に達するもの
  （2）国際バカロレア資格の取得において、次の①および②に該当する者
    ①日本語 A を日本語により履修し、成績評価が 4 以上の者
    ②学部により異なるが、数学・物理・化学等の科目を上級レベル（Higher Level）により履修し、成績評価が 4 以上の者とする学科が多い。
- 出願時は、①国際バカロレア資格証明書の写し、②IB 最終試験 6 科目の成績証明書、③自己推薦書、④評価書（進路指導担当者又は日本語の担当教員が作成。）の提出が求められ、書類及びスカイプを活用した面接により審査が行われる。出願時に資格証明書が取得できない場合は学校の発行する見込みの証明書で出願可。
- 実績：2013 年度秋入学は、3 名が受験（いずれも日本国籍。1 名が国内インター、2 名が海外インター出身。）し、3 名が合格。

3．関西学院大学　グローバル入学試験（インターナショナルバカロレア入試）

- 平成24年度文部科学省「グローバル人材育成推進事業（全学推進型）」への採択を期に、3種類のグローバル入学試験の一環として実施。
- 実施学部：神学部、文学部、社会学部、法学部、経済学部、商学部、人間福祉学部、国際学部、教育学部、総合政策学部
- 出願期間：平成25年8月27日～9月3日（春入学）
- 出願資格：次の1）、2）および3）に該当し、下記の出願要件を満たす者。
  1）高等学校もしくは中等教育学校を卒業した者、もしくは26年3月に卒業見込の者。
  2）志望学部の所定の課程を修めるとともに、実践型世界市民育成プログラム登録しコース所定の課程を修めることを志す者。
  3）インターナショナルバカロレアDPのフルディプロマを取得済の者。もしくは平成26年3月31日までに取得見込でIB Predicted Scoreが出願時に26ポイント以上である者。入学にはフルディプロマを取得していることが条件。
- 第一次選考：筆記審査、英語題材論述、日本小論文（9月14日結果発表）
  第二次選考：面接審査（9月26日結果発表）
- 実績：初年度のため実績なし。

4．横浜市立大学　国際バカロレア入試

- 平成26年度から新設。
- 実施学部：国際総合学部（国際教養学系、国際都市学系、経営科学系、理学系）
- 出願期間：平成25年9月6日～9月10日（春入学）
- 出願資格：日本国籍を有する者または日本国の永住許可を得ている者その他これに準ずる者で、次の（1）および（2）のいずれにも該当する者
  （1）国際バカロレア事務局から、2012年4月1日から2014年3月31日までに国際バカロレア資格を授与された者もしくは授与される見込みの者で2014年4月1日までに18歳に達する者、またはこれに準じる者（以下略）
- 選考方法：小論文、面接（10月22日結果発表）
- 実績：初年度のため実績なし。

5．大阪大学「学部英語コース特別入試」

- 平成22年度より「グローバル30」事業の一環として実施。いずれも秋入学。
- 実施学部：「化学・生物学複合メジャーコース」（理学部・工学部・基礎工学部）、「人間科学コース」（人間科学部）において実施。いずれも秋入学。
- 出願期間：25年10月1日～26年1月14日（秋入学）
- 出願資格：外国において学校教育における12年の課程を修了あるいは修了見込みの者など、指定のいずれかの要件に該当する者（この中の一つとして、「国際バカロレア資格を有する者で、平成26年9月30日までに18歳に達するもの」が含まれる。この場合、見込み点で出願可能。）
  （※なお、本プログラムは、基本的に、外国や国内インターなどで学修した者であるが、IBに関しては日本人が国内1条校のIB校で履修した場合も対象となる。）
- IBを活用して出願する時、英文エッセイを含む願書、英語力を証明するスコア（IB A1で英語を取得している場合は不要。）、国際バカロレアの資格証書、スコア等を提出する。化学・生物学複合メジャーコースでは、書類審査の後に面接審査を、人間科学コースでは、書類審査、面接審査の後、各種スコアで最終選考（書類選考）を実施する。
- 実績：IBを利用した学生の内訳（合格者に占める人数）

Human Sciences Program：2010年14名中2名、2011年12名中2名、2012年20名中8名
Chemistry- Biology Combined major program：2011年9名中3名、2012年10名中4名

6．上智大学国際教養学部
- 出願期間：春入学　25年9月1日～10月1日、11月20日～12月20日
　　　　　　秋入学　25年11月20日～12月20日、26年4月21日～5月21日
- 出願資格：（1年次入学）
  ①国内外で学校教育における12年以上の課程を修了した者、および修了見込み者
  ②日本国内の外国系学校で12年以上の課程を修了し、本学入学時に満18歳に達する者
  ③国際バカロレア（IB）資格を取得した者、および取得見込みの者
  ④その他、上記①～③と同等以上の学力があると本学が認めた者
- 選抜方法：IBを活用して出願する時、願書、国際バカロレアの資格証書、スコア、TOEFLまたはIELTS、推薦状を提出し書類審査のみを実施する。
- 実績：2013年度春入学　　　　　　　　　志願者174名のうち9名
　　　　2013年度秋入学（1期募集）　　　志願者215名のうち65名

※　国際教養学部のほか、理工学部英語コース（募集30名）でもIBを活用した入学審査を実施。

7．早稲田大学国際教養学部（AO入試）
- 出願期間：25年8月19日～25年9月18日（春入学、秋入学）
- 出願資格：日本の学校教育法施行規則第150条の規定により、高等学校を卒業した者と同等以上の学力があると認められる者のうち、次の1.～3.のいずれかに該当する者、または26年3月31日までにこれらのいずれかに該当する見込みの者。
  2．日本の文部科学大臣の指定した者のうち、次のa.～d.のいずれかに該当する者。または26年3月31日までにこれらのいずれかに該当する見込みの者で、26年3月31日までに18歳に達する者。
  　a．国際バカロレア資格を有する者。（以下略。）
- 第一次選考：書類選考（25年10月18日結果発表）
  第二次発表：面接・筆記審査（英語小論文）（25年11月25日結果発表）
- 実績：25年度は85名合格（4月：21名、9月：64名）

※　国際教養学部のほか、政治経済学部、英語による学位取得プログラム（政治経済学部、社会科学部、基幹理工学部、創造理工学部、先進理工学部）でもIBを活用した入学審査を実施。

8．国際教養大学（AO入試）
- 出願期間：平成25年10月28日～11月8日（春入学）
- 合格発表：平成25年12月6日
- 出願資格：要件の一つとして。日本国内において、IBカリキュラムのDPを修了し、最終試験6科目に合格した者または平成26年3月までその見込みの者。
- 選抜方法：書類審査に加え、小論文（日本語）、面接を課す。

II　今後実施予定の大学

1．慶應義塾大学　帰国生・IB入試
○　平成26年9月入試より、法学部において実施予定。また、総合政策学部、環境情報学部でも調整を開始。

2．筑波大学　国際バカロレア特別入試
○　平成26年10月のアドミッションセンター入試及び国際科学オリンピック特別入試と同時期に、全ての学群・学類において実施予定。

3．東京大学　推薦入試
○　平成28年度より導入する推薦入試の概要（平成26年1月公表）によると、学部ごとに「求める学生像」と推薦要件等を設定。
○　この中で、法学部と教養学部は、推薦要件に合致することを具体的に証明する根拠となる書類の例として、IBの成績証明書を明記。

4．京都大学　特色入試
○　平成28年度より導入する特色入試の概要（平成26年3月公表）によると、①高等学校での学修における行動と成果の判定、②個々の学部におけるカリキュラムと教育コースへの適合力への判定、により、学部が定めたカリキュラムと教育コースを受けるにふさわしい学力と意欲を備えた者を選抜
○　高等学校在学中の顕著な活動歴を知る手掛かりとしてIBの成績も例示。

5．上智大学
○　平成28年度より、これまでの国際教養学部、理工学部英語コースに加え、全ての学部において実施予定。

6．大阪大学　グローバルアドミッションズオフィス（GAO）入試
○　グローバルアドミッションズオフィス（GAO）入試において、平成29年度より、現在一部の学部のコースで行われているIBを活用した入試を、全ての学部に拡大して実施予定。

※　募集要項等の公表資料等から文部科学省にて作成。なお、申請等に当たっては、各自、最新の情報等を確認することが必要。
※※　AO入試や特別入試等において、IBスコアも考慮の対象としており、書類審査や、必要に応じて面接、論述試験、小論文試験、筆記試験等を実施するものであって、かつ、日本の学校の卒業生が対象となっているものを記載。（帰国生や留学生に対象を限定しているものは除外。）

国際バカロレア導入に関する教育委員会の主な検討状況

平成26年3月現在

1．東京都
　平成24年度に庁内に「国際バカロレア検討委員会」を設置。平成25年3月にとりまとめた報告書で、ＩＢを目指す学校として都立国際高校を選定。平成25年11月には、平成28年度から同校でのＩＢ（DP）による授業の実施を目指すことを公表。
　平成25年10月、国際バカロレア機構に対し、DP候補校申請を提出済み。

2．札幌市
　平成25年9月、教育委員会事務局学校教育部長の市議会文教委員会での説明の中で、平成27年度に開校する市立札幌開成中等教育学校にＩＢ（MYP・DP）を導入する方針を表明（MYPについては、できる限り早い認定を、DPについては平成30年度末までの認定を目指している）。

3．佐賀県
　平成25年10月より、庁内に検討部会を立ち上げ、ＩＢ（DP）認定校の設置について検討中。

4．滋賀県
　平成25年12月、教育長の県議会本会議での答弁において、人材の確保や多額の費用の捻出など、ＩＢ（DP）導入に当たっての課題解決を図りながら、平成30年度を目途に認定されることを目指して取り組む方針を表明。

5．京都府
　平成25年12月、教育長の府議会本会議での答弁において、府立高校へのＩＢ（DP）導入に向けた庁内組織を立ち上げ、国の動向も注視しながら、カリキュラムの開発、指導できる教員の確保など具体的な検討を始める方針を表明。

6．北海道
　平成26年2月、教育長が、道議会冒頭における「教育行政執行方針」で、将来的なＩＢ（DP）の導入について検討を進める方針を表明。

※　このほか、大阪府・市が「国家戦略特区」に係る提案募集に対し、公立学校運営の民間への開放に関する提案の一つとして、ＩＢ認定を受ける公設民営学校の設置を提案。

> なお、公立学校運営の民間への開放については、国家戦略特別区域法において、公立学校の教育水準の維持向上及び公共性の確保を図りながら、公立学校の管理を委託することを可能とするため、関係地方公共団体との協議の状況を踏まえつつ、一年以内を目途として具体的な方策について検討を加え、その結果に基づいて必要な措置を講ずるとされている。

※報道及び各教育委員会からの聴取内容等に基づき文部科学省にて作成

巻末資料③

第3 国際バカロレアの導入に向けて
I 都立高校において国際バカロレアを導入する目的

近年、あらゆる分野で国や地域を越えてグローバル化が急速に進展している。

ビジネスや観光、教育をはじめ、様々な分野で海外との交流が進んでいる現代社会においては、諸外国の人々と文化や言葉の壁を乗り越えて協働していくことが求められる。

そのためには、高い英語力はもとより、相手の意図や考えを的確に理解するとともに、自らの意見を躊躇することなく論理的に主張できる優れたコミュニケーション能力、困難な課題に直面した時でも主体的にリーダーシップを発揮し、様々な文化的背景や多様な価値観を有する人々と協調して解決策を見いだしていく力が必要となる。また、国際社会に生きる日本人としての自覚と誇りをもつとともに、諸外国の人々からの信頼を得て、望ましい関係を構築できる資質も重要である。しかしながら今日の若者の間には、変化に柔軟に対応し、高い目標を自らに課して積極的に挑戦する意欲に乏しい「安定志向」の広まりや、海外留学者数の減少にみられるような、いわゆる「内向き志向」が見られる。

このような状況の中、国際社会の様々な場面において英語で諸外国の人々と渡り合いリーダーとして活躍できる人材、世界の様々な国・地域と東京との間の橋渡し役として首都東京に貢献できる人材を育成していくことが、今日の都立高校には求められている。

こうした人材を育成していくためには、海外大学進学を目指す強い意欲と高い資質を有する生徒を、都立高校の中で厳しく鍛え、世界で高く評価されている海外大学に送り出し、一流の教授陣の指導の下で世界各国から集まってくる優秀な学生と切磋琢磨させる必要がある。

また、東京都では、アジアをはじめとする世界の都市間競争を勝ち抜くため、東京への外国企業の誘致を目指すアジアヘッドクォーター特区構想を推進しており、海外から来日する外国人の子弟の就学環境を整備していく必要がある。

こうしたことから、都教育委員会が策定した「都立高校改革推進計画　第一次実施計画」（平成24年2月）において、都立高校卒業後に、生徒が海外の大学に円滑に進学することを可能とするため、外国語により行われる授業を中心とした独自のカリキュラムを開発・実施するとともに、海外大学への進学資格が取得できる都立高校初となる国際バカロレアの認定を目指すこととした。

Ⅱ 導入の基本的枠組み

1 導入する学校と導入の形態
　都立国際高等学校において、国際バカロレアのDP（ディプロマ・プログラム）を実施する新たなコースを設ける。

2 募集人員の規模
　1学年25人（3学年合計75人）とする。
　※ ただし、学校全体の生徒数の内数とする。

3 対象とする生徒
　中学校卒業見込み又は卒業した生徒だけでなく、海外から帰国した生徒や外国人の生徒など、意欲と熱意のある生徒を広く受け入れていく。
　応募資格については、別途「東京都立高等学校入学者選抜実施要綱・同細目」により定めるものとする。

4 授業での使用言語
　原則、英語による授業とする（国語、日本史、保健体育、家庭、情報、総合的な学習の時間及びホームルームを除く。）。

5 授業形態
　授業については、日本人教員とネイティヴ教育スタッフによる少人数指導を行う。

6 今後のスケジュール
　平成26年度から、数学など英語以外の科目について、日本語による授業に加え英語による授業を開始する。
　平成27年度中に国際バカロレアの認定を取得し、平成28年度からDP（ディプロマ・プログラム）による授業を開始することを目指す。
　DP（ディプロマ・プログラム）は、高等学校では2、3学年で実施することとされていることから、平成27年度入学者選抜から新たに設置するコースの生徒の募集を開始する。

7 教育目標
（1）困難な課題に果敢に立ち向かうチャレンジ精神と行動力、高い志と使命感をもち、国際社会で活躍し広く社会に貢献できる人材を育成する。
（2）多様な教育活動を通じて自ら主体的に学ぶ意欲と探究心を培うとともに、高い知性と幅広い教養、自らの意見を的確に発信する力、鋭い国際感覚、深い洞察力、豊かな人間性を育成する。

8　育成すべき生徒像
（1）困難な課題に挑戦する意欲と世界に飛び出す覚悟をもち、将来、国際社会の様々な場面・分野で活躍し、我が国と世界全体の発展のために尽くすことができる生徒
（2）高い知性と語学力、鋭い問題意識と豊かで深い教養、国際社会が直面する課題をはじめとする知識や広い視野を有する生徒
（3）知・徳・体や他者への思いやりを備え、様々な文化を背景にもち多様な価値観を有する人々との活発なコミュニケーションを図るとともに、常に探究心をもち、自ら主体的に学び、考え、行動し、自らの言動を省察することができる生徒

Ⅲ　教育課程編成の基本方針

新たに設置するコースの教育課程は、学習指導要領とDP（ディプロマ・プログラム）の学習内容との整合を図りつつ、教育目標や育成すべき生徒像を踏まえ、以下の基本方針の下に編成していく。

【自ら主体的に学ぶ意欲と探究心を育む教育を展開】
（1）教科横断的な学習を通して様々な分野の知識、技能、思考方法を身に付けさせ、課題を解決するために必要となる思考力、判断力、表現力を育成する。
（2）課題の本質を的確に捉え、様々な情報を分析・整理し、解決に向けた考え方や方策を多角的な視点に基づき、論理的に表現する能力を育成する。
（3）探究型の学習を通して、物事の本質を探り、見極めようとする態度を育成する。

【思いやりの心と信念をもち、様々なことにチャレンジする人間を育成する教育を展開】
（1）人間尊重の精神と生命に対する畏敬の念をもち、相手の立場や心情に配慮できる思いやりの心を育成する。
（2）自国の言語、伝統・文化、歴史を理解し尊重するとともに、他国の伝統や価値観、考え方を尊重できる態度を育成する。
（3）困難な課題に対して、勇気をもって果敢に挑戦する態度や、常に自らの成長を目指す向上心を育成する。

【変化する社会の中で貢献できる、豊かな教養と知性をもつバランスの取れた人間を育成する教育を展開】
（1）変化する社会に柔軟に対応できる力や、豊かな人間性をもち、社会に貢献する態度や行動する力を育成する。
（2）自らの考えと他者の意見や考えとの違いを認め、相互に理解を深めていくことができる態度を育成する。
（3）豊かな教養と知性を育成するとともに、心身の健康の大切さを理解し、その維持に努めることができる健康かつ健全な人間を育成する。

Ⅳ 特色ある教育活動
新たに設置するコースでは、次の教育活動を実践していくことを基本とする。

【確かな学力と優れた言語力、論理的な思考に基づく表現力の育成】
（1）幅広い視点から客観的に物事を捉え考える能力を養うため、様々な教科を通じて学んだ内容や体験を踏まえ、物事を多様な観点から深く考える教科横断的な活動に取り組ませる。
（2）各科目の学習領域について、英語による系統的・発展的な知識・技能を習得するため、授業は原則、英語により行う。
（3）獲得した知識を活用し、自分の意見を躊躇することなく論理的に表現する力を身に付けさせるため、英語や日本語等による全国レベルのスピーチコンテスト、ディベートコンテスト、世界的な規模で開催される弁論大会へ挑戦させるなど、様々な言語活動に取り組ませる。
（4）他者の意見を考察しながら自分の考えを深め、根拠に基づき自分の考えを筋道立てて表現するなどの論理的な思考力、判断力、表現力を高めるため、全ての授業でディスカッションなどの双方向型の活動を積極的に取り入れる。

【探究型学習の重視】
（1）大学等の外部の研究機関との連携を図り、最先端の技術や専門性の高い科学研究などに多く触れさせる機会を設けることで、探究心や探究活動のスキルを育成する。
（2）深く探究することを通して科学的な見方や考え方を養うため、自然の事物・現象に多く触れさせ、自ら企画した実験によりデータを収集・分析・考察するとともに、資料として取りまとめ、活発な意見交換を行うなどの活動に取り組ませる。
（3）地球環境や資源エネルギーなどの世界が直面する課題を取り上げ、生徒が自ら課題を設定し、学術論文や文献、メディア等を活用して課題解決に向けて主体的に取り組む活動を充実させる。

【創造力・行動力・奉仕の精神、健全な心身を育成する活動の充実】
（1）自ら地域の行事や社会活動へ参加することや、企業や大学などに対しプロジェクトの企画を提案するなど、主体的に社会と関わり貢献する活動に取り組ませる。
（2）様々な状況においてリーダーシップを発揮できる力を高めるため、国内外の大学や企業などの最先端でリーダーとして活躍する人材との対話型の講座などを実施する。
（3）自己管理能力を高め、充実した高校生活を過ごさせるとともに、健全な心身の育成を図るため、体育祭や文化祭などの学校行事、部活動、個人や団体でのスポーツ活動等の多様な活動に、積極的に取り組ませる。

【日本の伝統・文化理解教育と国際理解教育の推進】
(1) 我が国の伝統・文化を理解し、日本への愛着や日本人としての自覚と誇りをもたせるため、日本史を必修とするとともに、能楽堂での能の体験など、日本の伝統・文化に触れる機会を設ける。
(2) 様々な国や地域の文化や価値観を理解し、幅広い視点で物事を考察する力を育成するため、海外修学旅行や海外研修旅行など、海外での活動を体験する機会や、世界各国から集まる留学生と交流する機会を設ける。

【計画的・継続的な進路指導】
(1) 生徒の多様な進路希望に応じた3年間の系統的な学習指導を行うとともに、海外大学の情報を的確に提供することなどにより、海外の大学への進学に向けた進路指導を実施する。
(2) 海外での学びや海外大学進学への意欲を高めるため、海外で活躍する卒業生や海外の大学に進学した卒業生、他校のDP(ディプロマ・プログラム)修了生による体験談を聞き、意見交換する機会を設ける。

V 授業の展開

1 英語による授業

平成26年度から実施する英語による授業において、第1学年では、基礎的・基本的知識を基に、様々な教科を英語で学習することにより、海外での学習に対する興味・関心を醸成していく。第2学年では、第1学年での学習を更に深める内容とする。第3学年では、実際の海外での学びの実現に向けた授業展開を図る。あわせて、多様な文化や価値観をもつ人々とのコミュニケーションを図るために不可欠となる知識を身に付けさせる授業を実施していく。

これらの考え方に基づき、平成26年度の英語による授業で設置する科目の例は以下のとおりとする。

＜設置する科目の例＞
World History（世界史）、Comparative Culture（比較文化）、Mathematics（数学）、Physics（物理）／Chemistry（化学）／Biology（生物）、Crosscultural Understanding（異文化理解）

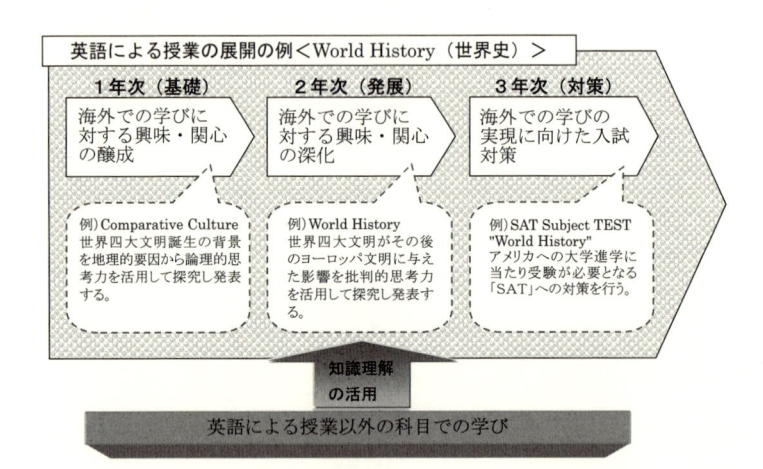

英語による授業の展開の例＜World History（世界史）＞

1年次（基礎）	2年次（発展）	3年次（対策）
海外での学びに対する興味・関心の醸成	海外での学びに対する興味・関心の深化	海外での学びの実現に向けた入試対策
例）Comparative Culture 世界四大文明誕生の背景を地理的要因から論理的思考力を活用して探究し発表する。	例）World History 世界四大文明がその後のヨーロッパ文明に与えた影響を批判的思考力を活用して探究し発表する。	例）SAT Subject TEST "World History" アメリカへの大学進学に当たり受験が必要となる「SAT」への対策を行う。

知識理解の活用
英語による授業以外の科目での学び

なお、英語による授業の実施に当たっては、次の内容を踏まえた学習指導の展開を図るものとする。

【学習指導の展開】
- 教科等の枠を超えた横断的・総合的な課題について各教科等で習得した知識・技能を相互に関連付けながら解決する探究的な学習活動を行う。
- 課題解決型の学習を重視し、知識・理解を活用し自ら考え、解を導き出すなどの論理的思考力を養う。
- 学習内容に関する議論や討論を行い、様々なものの見方や考え方に触れることで、物事をより深く理解する力を育成する。
- 様々な教科、分野に触れることを通じた英語による学習活動を通じて、「聞く、話す、読む、書く」の4技能の総合的な英語力を育成する。

2 DP（ディプロマ・プログラム）による授業

　DP（ディプロマ・プログラム）は2年間で実施することが定められており、高等学校段階では、2、3学年で実施することとなる。そのため、学習指導要領上の必履修科目については、その多くを1学年で学び、DP（ディプロマ・プログラム）による科目については、2、3学年で集中的に学ぶ必要がある。また、DP（ディプロマ・プログラム）の授業はディスカッションなどを通じた双方向の授業を特徴としており、2、3学年でこれらの授業を円滑に実施していくため、1学年の段階から、これらの特徴を取り入れた英語による授業を実施していく（次頁の教育課程の編成モデルを参照）。

　さらには、日本人としてのアイデンティティを育成するため、日本語による日本史の学習や、日本の伝統・文化理解教育にも取り組んでいく。

　なお、国際バカロレアの研究や、国際高校での教育実践事例などを踏まえ得られた成果については、他の都立高校に還元していく。

　生徒が卒業後に海外大学に円滑に進学できるよう、多様な進路希望に応じた教育課程を編成していく必要がある。こうした観点から、DP（ディプロマ・プログラム）において設置する科目については、生徒の多様な選択を可能とする科目を設置する。また、世界の歴史を学ぶことで異文化理解や国際理解を進めるため、歴史を必修科目とする。

＜設置する科目の例＞

6つのグループと要件		設置科目の例
グループ1	言語と文学	言語と文学（日本語、英語）
グループ2	言語習得	語学（英語、日本語）
グループ3	個人と社会	地理、歴史、経済
グループ4	科学	物理、化学、生物
グループ5	数学	数学
グループ6	芸術又は選択科目	美術、その他選択科目
要件		課題論文（EE）、知識の理論（TOK）、創造性・活動・奉仕（CAS）

※ 日本語を第一言語とする者はグループ1で日本語、グループ2で英語を選択
　英語を第一言語とする者はグループ1で英語、グループ2で日本語を選択

【教育課程の編成モデル】

1学年

コマ	1-5	6-7	8-10	11-12	13-14	15-16	17-18	19	20-21	22-23	24-25	26-28	29-31	32-33	34-35	36
普通教科 必履修	国語総合(5)	日本史A(2)	数学I(3)	物理基礎(2)	化学基礎(2)	生物基礎(2)	体育(2)	保健(1)	芸術I(2)	家庭基礎(2)	情報の科学(2)	総合英語(5)				
学校必履修科目 / 専門教科													LL演習(2)	プレTOK・EE(2)	ホームルーム(1)	総合(1)

2学年

コマ	1-2	3	4-5	6-7	8-9	10-12	13-14	15-17	18-19	20-22	23-25	26-29	30-33	34-35	36	37
普通教科/専門教科 必履修	体育(2)	保健(1)	①SL 言語と文学(4) 日本語又は「英語」※1	②SL 語学(4)「英語」又は「日本語」※1		③HL 歴史(6)		⑤SL 数学(4)		②HL 語学(6)「英語」又は「日本語」※2	【1科目選択】⑥HL 地理(6)⑥HL 経済(6)	必修選択【1科目選択】④SL 物理(4)④SL 化学(4)④SL 生物(4)	【1科目選択】⑥SL 地理(4)⑥SL 経済(4)⑥SL 美術(4) ②SL 語学(4)「日本語」又は「英語」※2		ホームルーム(1)	総合(1)
専門教科 必履修			①SL 言語と文学(4) 日本語又は「英語」※1			③SL 歴史(4)		⑤HL 数学(6)			必修選択【2科目選択】④,⑥HL 物理(6)④,⑥HL 化学(6)④,⑥HL 生物(6)			TOK(2)		

3学年

時限	教科区分	科目
1–3	普通教科 必履修	体育 (3)
4–8	普通教科 必履修	①HL 言語と文学(5)「日本語」又は「英語」※1
4–6	普通教科 必履修	①SL 言語と文学(3)「日本語」又は「英語」※1
7–9	普通教科 必履修	②SL 語学(3)「英語」又は「日本語」※2
9–13	普通教科 必履修	③HL 歴史(5)
10–12	普通教科 必履修	③SL 歴史(3)
14–16	普通教科 必履修	⑤SL 数学(3)
14–18	普通教科 必履修	⑤HL 数学(5)
17–20	専門教科 必修選択	②HL 語学(5)「英語」又は「日本語」※2
19–23	普通教科 必修選択	[1科目選択] ④SL 物理(3) / ④SL 化学(3) / ④SL 生物(3)
21–23	普通教科 必修選択	[1科目選択] ⑥HL 地理(5) / ⑥HL 経済(5)
24–27	専門教科 必修選択	[1科目選択] ⑥SL 地理(3) / ⑥SL 経済(3) / ⑥SL 美術(3)
24–26	必修選択	②SL 語学(3)「日本語」又は「英語」※2
21–27	必修選択	[2科目選択] ④・⑥HL 物理(5) / ④・⑥HL 化学(5) / ④・⑥HL 生物(5)
28–32	専門教科 必履修	TOK (5)
33–34	専門教科 必履修	国際関係 (2)
35		ホームルーム (1)
36		総合 (1)

注1 ( )内は単位数を表す。
注2 太字の科目は、英語による授業を実施する。
注3 網掛けの科目はDP(ディプロマ・プログラム)による科目を表す。
注4 「※1 言語と文学で日本語を選択した場合には※2 語学は英語、「※1 言語と文学で英語を選択した場合には※2 語学は日本語」となる。
注5 DP(ディプロマ・プログラム)の科目は日本語を選択した場合には※2 語学は英語、2年生で選択した科目と同じ科目となる。
注6 DP(ディプロマ・プログラム)の各科目の①から⑥までの数字はグループの番号を示し、HLは上級レベル、SLは標準レベルを示す。

VI　人材活用に関する基本方針

　DP（ディプロマ・プログラム）の授業を実施するためには、各教科の専門性に加え、英語で授業ができるレベルの英語力を有する人材を確保することが必要不可欠である。

　また、我が国の伝統・文化、歴史だけでなく、他国の文化や価値観、考え方などについても生徒に理解を深めさせる必要があり、様々な文化的背景をもつ教育スタッフを配置することも重要である。

　そのため、日本人教員だけでなく、英語を第一言語とする多様な文化的背景をもつネイティヴ教育スタッフについても積極的に活用していく。

1　求められる教育スタッフ像

　国際バカロレアの理念には、多様な文化に対する理解と尊敬を通じて、平和でより良い世界の実現のために貢献する、探究心、知識、そして思いやりのある若者を育成することが掲げられている。

　また、DP（ディプロマ・プログラム）は、ディスカッションなどを通じて自らの考えを深めていく双方向型の授業や、原則として英語による授業を実施するなどの特徴がある。こうしたことから、以下のような教育スタッフの確保・育成に努めていく。

（1）生徒との密接なコミュニケーションを通じて、生徒に自ら考えさせ、その考えを的確に表現できる力を身に付けさせるとともに、生徒の潜在的な能力を最大限に引き出せる者

（2）深い教養に裏打ちされた教科の専門性、高い語学力と優れた指導力を有する者

（3）国際感覚に優れ、多様な文化を尊重しつつ、個々の生徒の文化的背景や個性を踏まえて的確な指導ができる者

2　日本人教員、ネイティヴ教育スタッフの確保・育成

（1）人材の確保

　DP（ディプロマ・プログラム）を円滑に実施していくためには、日本の学習指導要領とDP（ディプロマ・プログラム）のカリキュラムとの整合を図り、3年間の教育活動を一体的に展開していく必要がある。そのため、各教科・科目において、学習指導要領とDP（ディプロマ・プログラム）の言わば「橋渡し役」となる日本人教員を確保することが必要不可欠である。

　日本人教員については、都立学校教員を対象とした公募制人事などを通じて意欲と資質・能力のある教員を確保していく。

　ネイティヴ教育スタッフについては、国内外を問わず教科に係る高い専門性などを有する人材を専門の人材情報サイトの活用などを通じて広く確保していく。

（2）育成の基本方針

　DP（ディプロマ・プログラム）の教育を担う教員を育成していくため、今後も引き続き、国内外の国際バカロレア認定校などとの連携を図り、国際バカロレア認定校への視察を通じた教育実践事例の研究など、より実践的な研修についても検討を進めていく。

　また、国際バカロレア機構が主催する国内外のワークショップ（研修）に参加させることなどを通じ、指導力を育成していく。

さらに、日本人教員とネイティヴ教育スタッフとが協同し、指導方法の研究や教材作成などに取り組むとともに、校内研修において、その事例や成果について発表することなどを通じて、更なる指導力の向上を図る。

Ⅶ 入学者選抜に関する基本方針

DP（ディプロマ・プログラム）を実施する新たなコースでは、大学教養課程レベルの高度な学習内容について自ら課題を設定の上、深く探究し、ディスカッションなどの双方向型の授業により自らの考えを深めていくような学習活動を行う。また、1学年の段階から英語だけでなく多くの科目で英語による授業を実施する。そのため、入学してくる生徒には、これらの学習活動に必要な学力や能力、高い英語運用能力、学習を続ける強い意志や意欲などが求められる。

こうしたことから、以下の基本的な考え方に沿って入学者選抜を実施する。

1 基本的な考え方
（1）海外大学進学に向けてフルディプロマの取得を目指す強い意志や意欲を様々な観点からきめ細かくみる。
（2）DP（ディプロマ・プログラム）の履修に必要な英語運用能力、数学的な見方や考え方、探究心、論理的思考力、課題発見・解決力、思考力、判断力、表現力、コミュニケーション能力、協調性などを様々な観点からきめ細かくみる。

2 選抜方法

選抜方法	使用言語	みるべき力
英語運用能力検査	英語	「聞くこと、話すこと、読むこと、書くこと」の4技能
学力検査（数学）	英語又は日本語	数学的な見方や考え方等
小論文	英語又は日本語	論理的思考力、課題発見・解決力、表現力等
個人面接	英語又は日本語	強い意志や意欲、探究心、思考力等
集団討論	英語又は日本語	思考力、判断力、表現力、コミュニケーション能力、協調性等
調査書（成績証明書）	－	日常の学習の成果、検査ではみられない教科の力

※ 英語運用能力検査を除く選抜方法の使用言語は、受検者が英語又は日本語のいずれかを選択できるようにする。

巻末資料④

M13/1/AXJPN/HP1/JPN/TZ0/XX

22130113

International Baccalaureate®
Baccalauréat International
Bachillerato Internacional

JAPANESE A: LITERATURE – HIGHER LEVEL – PAPER 1
JAPONAIS A : LITTÉRATURE – NIVEAU SUPÉRIEUR – ÉPREUVE 1
JAPONÉS A: LITERATURA – NIVEL SUPERIOR – PRUEBA 1

Wednesday 8 May 2013 (morning)
Mercredi 8 mai 2013 (matin)
Miércoles 8 de mayo de 2013 (mañana)

2 hours / 2 heures / 2 horas

INSTRUCTIONS TO CANDIDATES

- Do not open this examination paper until instructed to do so.
- Write a literary commentary on one passage only.
- The maximum mark for this examination paper is *[20 marks]*.

INSTRUCTIONS DESTINÉES AUX CANDIDATS

- N'ouvrez pas cette épreuve avant d'y être autorisé(e).
- Rédigez un commentaire littéraire sur un seul des passages.
- Le nombre maximum de points pour cette épreuve d'examen est *[20 points]*.

INSTRUCCIONES PARA LOS ALUMNOS

- No abra esta prueba hasta que se lo autoricen.
- Escriba un comentario literario sobre un solo pasaje.
- La puntuación máxima para esta prueba de examen es *[20 puntos]*.

5 pages/páginas
© International Baccalaureate Organization 2013

次の文章と詩のうちどちらか一つを選んでコメンタリー（解説文）を書きなさい。

1.

　それは檻で囲まれていた。檻は針金製の柵の生垣だった。リの生垣は概して透明であり、内からも外からも見通すことが出来た。リの二重に張られた柵と柵との中間は、細長い、無住の、言わば真空地帯だったが、時たま私達は許されて、と言うのはせがまれて、その中に入り、草をむしったり、動き返したりして、モリの地面を黒く綺麗に均らしたが、モリは何の種もまかなかった。私達はその
5 黒土の上、私達の、あるいは外からやって来る者の、足跡をつけないように、もしもつけたらすぐ判るように、いつもそこを清掃しておいた。もしも何らかの足跡がリの罠に発見されるならば、それはあるいは逃亡、あるいは侵入の証拠であって、ただちに非常呼集が響くはずだった。
　（私達はリの中間の真空地帯くはまるのが嫌ではなかった。それは、どちらの世界にも属してはいなかった。それは透明な天使の通路だった。そこからは幾らか張られた針金の水平線越しに、内と外の世
10 界が同時に眺められた。私達はモリで自分たちの足跡を綺麗に消しながら後ろ向きに歩いてゆき時折休憩した。そんな時、私達は、もうひとつのある何かから捉まえられ、言わば死の世界にでも入ったかのように、一瞬奇妙な静寂感に襲われ、あるいは沈黙していた。そしてすぐ起き上がっては、またがやがやと作業を始めるのだった。）
　リの地帯に私達は入ることがだんだんなくて、終には完全に見捨てられてしま
15 った。モリの地面には強い植物が生えて来て、内と外の区別がつかなくなり、かすかな足跡もとどめなくて、その代わりに草の葉をゆがるがして風の通り過ぎるのが見えた。また針金をたぐって来てにニスコいハラグ、人が糠に引く書ならな架で楽に通れるくらいの欠があったが、修理をもそめなかった。ただ思い出されたように、針金が元通りに張られたりするが、すぐ憲兵のある者が、検察官たちが私達の秩序をしらべに来るのに決まっていた。が、概して彼らは、モリをまだ見なかった。
20 リのように私達に対する警戒をゆるめたのだ。それは言わば、調教の期間が過ぎたからであろう。私達は、問題は私達自身の内部にあり、柵と言うものはにもあるので、その中にあるのは、幾分退屈ではあるが、しかしある面においては広大なものだ、あらゆる人生そのものであると言うことを、だんだん理解したのである。
　モリの二重の柵の内側には、内部に向かって日本語の立て札が立っていた。——〈立ち入り禁止
25 地帯、近寄る者は射殺するべし〉。リのように私達は大なる立ち入り禁止地帯に囲まれていて、時には射殺を免れて、その禁止地帯へ行った者もあるが、必ず連れ戻された。私達は否応なしに、地球をうんと狭めざるを得なかった。それから、柵の外側には外部に向かって、ロシヤ語の立て札が立っていた。曰く〈近寄るからず、射殺するぞ！〉。そして、リの射殺すると言う語は、一人称単数の現在形だった。それであったから立て札そのものが発射するようだったが、実際はリの射殺者は柵の四隅
30 にたっている棲の中に棲息していた。

それは四本の高い柱の上に作られた樹上生活者の小屋だった。その四方の壁は全部打ち抜かれた空虚な感じだったから下から見ると、それは天空をはめ込んだ額縁のようで、その中に一人の人間の肖像が見えていた。彼は〈時間の男〉と呼ばれ、一時間ごとに交代したが、交代するやいなや、それは前と全く同じ人物になるのだった。それは一時間ごとに一瞬引っ込んで、すぐ現れる時計の針だった。彼は永遠に続く時間に倦怠を感じ、よく欠伸をしていた。彼は銃を持っていて、射殺するためにモミにいたが、この死神はつに発動する機会がなかった。彼の手をまたずして、結構人々は死んで、時間外に放り出された。
夜になると、その櫓の上に探照燈のような電燈が点され、それは四つの方角から輝いて、櫓の中の世界を明るくすると共に、外の世界を一層暗い闇のように見せた。恐ろしいその真下には深い暗黒だった。そこには何が潜んでいるか判らなかったが、相変わらず〈時間の男〉がそこに退屈していたようだ。彼は眼を光らして物を見ながら、決してその姿を見せない暗黒の怪物だった。

（長谷川四郎　シベリヤ物語より『小さな礼拝堂』一九五二年）

（注）
探照燈　サーチライトのこと

2.

結婚行進曲

　　沁みるような
　　くだものの匂いが風にうまりつと
　　花嫁のくしが ゆらと
　　動くような動かぬような
5　森ではけものが背中をなめようと
　　くびをうしろへめぐらしうと
　　祝辞が次から
　　次くと進められてつと
　　伯父は花嫁のうなじを盗み視てつと
10　新郎の課長が
　　自社の製品のビニールを織りまぜて
　　スマートなスピーチを
　　やってのけてつと
　　一夫一婦を守るのは
15　蛙と蜥蜴と狐だけてつと
　　サナダムシは己れ自体節じの
　　雌雄のセックスで自己交接して
　　一生を終わるつと
　　花嫁はふと恋人の冷たさと熱さの
20　いりまじったロもとを思い出してつと
　　花婿は厚生年金の番号を思い出してつと
　　河ではワニが白腹を青空に曝してつと
　　枝が折れた途端
　　いい匂いが河の上にひろがってつと
25　街では靴がよく売れてつと
　　祝辞が次から
　　次くと進められつと
　　新郎新婦にくみアげのコトくと
　　夫は妻の料理を賞め時折花を買って
30　帰れつと
　　おお南の島から巨花を船いっぱい買って
　　帰れつと

男はつらいが多いのでありましてェー
仲人の伯母はふらと下をむきっと
35　よい事　次にはわるい事
わるい事の次にはよい事があるっと
晴れたり星も出るだろうっと
盛作の祝辞が次から
次ぐと進められっと
40　ご両家のご希望で
新婚旅行出立の見送りは葡萄色します
おお誰が見送るものかっと
新婚旅行は秘密にしとけっと
よく判らないことはすべて
45　魅力的なものだっと
海では波が水平線く進んでっき
海の上の空を波で埋めつくそうっと
してるっと
花嫁は海水パンツを買っておけっと
50　突然海に行きたくなるぞっと
もあこれからが大変だっと
ひとりっきり
がうばわれるのだぞっと
死んだ鳥刺すようなわが女房っと
55　知らないよっと

（川崎洋　詩集『木の考え方』一九六四年）

M13/2/ABENG/SP1/ENG/TZ0/XX/Q

22132228

ENGLISH B – STANDARD LEVEL – PAPER 1
ANGLAIS B – NIVEAU MOYEN – ÉPREUVE 1
INGLÉS B – NIVEL MEDIO – PRUEBA 1

Friday 3 May 2013 (afternoon)
Vendredi 3 mai 2013 (après-midi)
Viernes 3 de mayo de 2013 (tarde)

1 h 30 m

International Baccalaureate®
Baccalauréat International
Bachillerato Internacional

Examination code
Code de l'examen
Código del examen

2 2 1 3 – 2 2 2 8

Candidate session number
Numéro de session du candidat
Número de convocatoria del alumno

0 0

QUESTION AND ANSWER BOOKLET – INSTRUCTIONS TO CANDIDATES

- Write your session number in the boxes above.
- Do not open this booklet until instructed to do so.
- This booklet contains all the paper 1 questions.
- Refer to the text booklet which accompanies this booklet.
- Answer all of the questions in the boxes provided. Each question is allocated *[1 mark]* unless otherwise stated.
- The maximum mark for this examination paper is *[45 marks]*.

LIVRET DE QUESTIONS ET RÉPONSES – INSTRUCTIONS DESTINÉES AUX CANDIDATS

- Écrivez votre numéro de session dans la case ci-dessus.
- N'ouvrez pas ce livret avant d'y être autorisé(e).
- Ce livret contient toutes les questions de l'épreuve 1.
- Référez-vous au livret de textes qui accompagne ce livret.
- Répondez à toutes les questions dans les cases prévues à cet effet. Sauf indication contraire, chaque question vaut *[1 point]*.
- Le nombre maximum de points pour cette épreuve d'examen est *[45 points]*.

CUADERNO DE PREGUNTAS Y RESPUESTAS – INSTRUCCIONES PARA LOS ALUMNOS

- Escriba su número de convocatoria en las casillas de arriba.
- No abra este cuaderno hasta que se lo autoricen.
- Este cuaderno contiene todas las preguntas de la prueba 1.
- Consulte el cuaderno de textos que acompaña a este cuaderno.
- Conteste todas las preguntas en las casillas provistas. Cada pregunta vale *[1 punto]* salvo que se indique lo contrario.
- La puntuación máxima para esta prueba de examen es *[45 puntos]*.

10 pages/páginas
© International Baccalaureate Organization 2013

TEXT A — HINGLISH

Match the first part of the sentence with the appropriate ending on the right. Write the appropriate letter in the boxes provided.

Example: *Hinglish is formed by* …	*A*	**A.**	***combining Hindi and English.***
		B.	Hinglish is officially recognized.
1. Aditya was pleased that …	☐	**C.**	the Indian Home Ministry rejected English.
2. As a word, *kunjipatal* is …	☐	**D.**	mixing different Indian languages.
		E.	difficult to remember.
3. The writer of the blog was concerned that Hindi speakers would not …	☐	**F.**	use English properly.
		G.	more difficult to use.
		H.	be able to use Hindi correctly.

Answer the following questions.

4. Name **one** way in which Aditya learned words in other languages.

....

5. What word between lines 7 and 11 means "coming from outside"?

....

6. In what way did the writer of the blog feel that Hinglish was not sensible?

....

7. According to the text, give **one** of the functions a language must serve.

....

Find the words in the text which mean the following (lines 19–24).

Example: Correct

.... *right* ....

8. At an earlier time

....

9. Other

....

10. Concept

....

Turn over / Tournez la page / Véase al dorso

TEXT B — THE SYMBOLIC FISH EAGLE

The sentences below are either true or false. Tick [✓] the correct response then justify it with a relevant brief quotation from the text. Both a tick [✓] and a quotation are required for one mark.

	TRUE	FALSE
Example: *The males are smaller than the females.*	✓	☐

    Justification: .... *the females are larger than the males* ....

11. Fish Eagles always eat fish. ☐ ☐

    Justification: ....

12. Fish Eagles are thieves. ☐ ☐

    Justification: ....

13. Fish Eagles can hunt from great heights. ☐ ☐

    Justification: ....

14. A very small amount of Furadan can kill a child. ☐ ☐

    Justification: ....

		TRUE	FALSE

15. The eagles are careful when choosing the trees on which they build their nests. ☐ ☐

Justification: ....

Find the word in the right-hand column that could meaningfully replace one of the words on the left.

Example: part (line 1) — **D**

A. characteristic
B. segment
C. sit
D. *area*
E. typical
F. claw
G. important
H. hook
I. weighty
J. land

16. distinctive *(line 2)* ☐
17. heavy *(line 7)* ☐
18. perch *(line 10)* ☐
19. talon *(line 12)* ☐

Turn over / Tournez la page / Véase al dorso

Answer the following questions.

20. The words "planed" *(line 7)* and "swoops" *(line 11)* describe the way the eagle can fly. What other word between lines 9 and 12 also describes the eagle's flight?

    ....

21. Aside from Furadan, name **one** of the dangers to the continuing existence of Fish Eagles.

    ....

22. Name **one** way that the Zambian Government is trying to protect the Fish Eagles.

    ....

TEXT C — TOKYO IN 2 HOURS: HYPERSONIC JET FLIGHTS BY 2050

Match the headings with the paragraphs in the text. Write the appropriate letter in the boxes provided.

Example: [– X –]   **B**

23. [– 23 –]   ☐
24. [– 24 –]   ☐
25. [– 25 –]   ☐

A. Reducing the distance
B. *Faster than your hearing*
C. Technology for ecology
D. Running on air
E. More engines = more speed
F. Twice as fast as lightning
G. Making times shorter
H. More engines = a smoother landing

26. From statements A to L, select the **five** that are true according to text C. Write the appropriate letters in the boxes provided. *[5 marks]*

A. **London to Tokyo flights will take about two hours.**   *Example:* A
B. Films will not be shown on the plane.
C. Journeys will be too short to show entire films.   ☐
D. Normal flights to Tokyo take 9 hours.
E. The plane will have a see-through design.   ☐
F. The color of the plane is normal.
G. Like modern planes, it can carry hundreds of people.   ☐
H. Seat numbers are limited.
I. The fuel is environmentally friendly.   ☐
J. Air pollution is a concern.
K. The plane will cruise in the atmosphere.
L. 30 miles above the earth there is no atmosphere.

Turn over / Tournez la page / Véase al dorso

Answer the following questions.

27. Which word in lines 5 to 7 is similar in meaning to "much faster than the speed of sound"?

....

28. When the author refers to arrival times in Istanbul *(line 22)* and Sydney *(line 24)*, where is the plane departing from?

....

Choose the correct answer from A, B, C, or D. Write the letter in the box provided.

29. The rocket engines ...

    A.   are used for cruising.
    B.   take the plane into space.
    C.   ignite the ramjets.
    D.   take the plane up six miles.

30. Conventional engines are used ...

    A.   when the aircraft is travelling at greatest height.
    B.   when the aircraft begins to descend.
    C.   for taking off and landing.
    D.   for landing only.

31. Mr Botti knows that this type of plane ...

    A.   will be ready to fly soon.
    B.   has a high probability of flying.
    C.   can fly with conventional engines.
    D.   can use conventional fuels.

TEXT D — TEENS TEXTING BRING BACK LANGUAGES FROM THE EDGE OF EXTINCTION

Match the first part of the sentence with the appropriate ending on the right. Write the appropriate letter in the boxes provided.

32. Some people are cross about … ☐
33. Languages are renewed due to … ☐
34. Friends want to use … ☐

A.	teens sending personal codes.
B.	the Institute for Endangered Languages.
C.	languages that are dead.
D.	the use of shortened word forms in texts.
E.	their own secret language.
F.	people using strange languages.

Complete the following table by indicating to whom or to what the word/s underlined refer/s.

In the phrase …	the word/s …	refer/s to …
Example: whether or not <u>they</u> will *(line 19)*	*"they"*	….*People between the ages of six and* ….*twenty-five*……………………
35. and changed <u>it</u> into the new *(line 20)*	*"it"*	………………………………………
36. in the same <u>department</u> *(line 22)*	*"department"*	………………………………………
37. and use as <u>their</u> own *(lines 23-24)*	*"their"*	………………………………………
38. <u>he</u> has high hopes *(line 24)*	*"he"*	………………………………………

Turn over / Tournez la page / Véase al dorso

Choose the correct answer from A, B, C, or D. Write the letter in the box provided.

39. As soon as text messaging became popular, young people …

    A. developed their own way of using it.
    B. stopped using SMS.
    C. changed it into something new.
    D. refused to abandon their own languages.

40. Dr Anderson believes that young people refuse to …

    A. use an old language by changing it.
    B. use a language that is not used by their friends.
    C. help researchers preserve endangered languages.
    D. send text messages in dying languages.

41. Latin is …

    A. a language suited to communicating by SMS.
    B. a language used at the Institute for Endangered Languages.
    C. a language forbidden in text messages.
    D. a language that might grow to be fashionable.

M13/2/ABENG/SP1/ENG/TZ0/XX/T

22132229

ENGLISH B – STANDARD LEVEL – PAPER 1
ANGLAIS B – NIVEAU MOYEN – ÉPREUVE 1
INGLÉS B – NIVEL MEDIO – PRUEBA 1

Friday 3 May 2013 (afternoon)
Vendredi 3 mai 2013 (après-midi)
Viernes 3 de mayo de 2013 (tarde)

1 h 30 m

TEXT BOOKLET – INSTRUCTIONS TO CANDIDATES

- Do not open this booklet until instructed to do so.
- This booklet contains all of the texts required for paper 1.
- Answer the questions in the question and answer booklet provided.

LIVRET DE TEXTES – INSTRUCTIONS DESTINÉES AUX CANDIDATS

- N'ouvrez pas ce livret avant d'y être autorisé(e).
- Ce livret contient tous les textes nécessaires à l'épreuve 1.
- Répondez à toutes les questions dans le livret de questions et réponses fourni.

CUADERNO DE TEXTOS – INSTRUCCIONES PARA LOS ALUMNOS

- No abra este cuaderno hasta que se lo autoricen.
- Este cuaderno contiene todos los textos para la prueba 1.
- Conteste todas las preguntas en el cuaderno de preguntas y respuestas.

5 pages/páginas
© International Baccalaureate Organization 2013

TEXT A については著作権の関係上、公開されていません。

TEXT B

The Symbolic Fish Eagle

The national bird of Zambia is the Fish Eagle. Found in almost every part of Africa, Fish Eagles have a distinctive call that has become a symbol of Africa. Oddly, the females are larger than the males which are between 63 and 65 cm in length. They mainly eat fish, but can also feed on monkeys, lizards, frogs and terrapins.
5   They are classified as "kleptoparasites" as they also steal the prey from other birds. They are able to catch fish of up to 1 kg in weight, although there are instances of heavy catches of up to 3 kg. The larger fish are not carried, but planed across the water's surface.

    Contrary to popular belief, the Fish Eagles are not "eagle-eyed" as they cannot spot
10 prey when they are soaring up in the sky. Rather, the Fish Eagle will perch on a tree near the water's edge, from where it swoops down and catches the prey with its wicked talon.

    When a Fish Eagle mates, it mates for life and the pair often share their catches.

    All is not well with the Fish Eagle: in some countries,
15 the eagles are under threat from Furadan, a highly toxic pesticide of which a single grain can kill a child. The poisoning is a result of local herdsmen feeding Furadan to fish in the hope of poisoning crocodiles who eat their goats when they come to the water to drink.

20 Further threats to their existence are the declining supplies of fish caused by overfishing and deforestation, as the eagles are very particular about where they build nests to breed.

    The Zambian Government is now taking steps to ban the use of Furadan and to control
25 fishing and the cutting of trees.

Text:
The Lowdown Magazine, Lusaka, Zambia (2011)
Images:
http://en.wikipedia.org/wiki/File:Haliaeetus_vocifer_-Lake_Naivasha,_Great_Rift_Valley,_Kenya-8.jpg
http://upload.wikimedia.org/wikipedia/commons/thumb/c/c3/African_fish_eagle_just_caught_fish.
jpg/220px-African_fish_eagle_just_caught_fish.jpg

Turn over / Tournez la page / Véase al dorso

TEXT C

Tokyo in 2 hours: Hypersonic jet flights by 2050

A quick trip
Anyone taking this new aircraft on the London to Tokyo route should not expect any in-flight entertainment – you'd reach your destination before the titles finished.

[– X –]
The futuristic, transparent jet would take a little more than two hours to complete the trip as, using three sets of engines, it cruises at the hypersonic velocity of 5000 kph (3125 mph) – more than four times the speed of sound – and will carry up to 100 passengers.

[– 23 –]
It would be one of the world's cleanest aircraft, powered by biofuels made of seaweed, making it one of the world's most eco-friendly aircraft. Innovation and technology director Jean Botti said that the plane would fly just above the top of the atmosphere at about 48 km (30 miles).

[– 24 –]
Once at a suitable height, the pilot would engage a pair of rocket engines which would propel the aircraft to much higher speeds and soar above the atmosphere, allowing a final set of engines known as ramjets to be utilised. The cruising altitude will be just over 30 miles above the earth and Mr Botti told us that for conventional passenger jets it is around six miles. "We have been working on this project for long enough now to know that it is viable." After a smooth glide to come down, the conventional engines will reignite to enable landing.

[– 25 –]
At cruising speed, the plane – dubbed ZEHST, for Zero Emission Hypersonic Transportation – could fly from London to Malaga in southern Spain in just 20 minutes. A flight to Istanbul would take 30 minutes and the plane could reach the east coast of the US in around one hour. It would reduce by some nine hours the flying time to Tokyo, while the journey to Sydney would take around three-and-a-half hours. But don't rush to book tickets just yet – the plane will not make its first commercial flight for about 35 years!

Daily Mail

TEXT D

Teens texting bring back languages from the edge of extinction

While some may complain about the possible death of the English language because of texting abbreviations (LOL![1]), teenagers all over the world have actually kept endangered languages intact through SMS[2] messages.

Text messages written in regional, endangered languages by teens in Mexico and the Philippines are examples of languages reborn. Research into language renewal was carried out by Samuel Herrera, head of the linguistics laboratory at the Institute of Anthropological Research in Mexico City.

http://en.wikipedia.org/wiki/File:Texting.jpg

"Almost as soon as text messaging exploded on the world stage as a means to reach anyone, anywhere and anytime, young people began to find a way to make it more exclusive and develop their own code to use on the popular devices," he wrote.

Professor Adam Michaelson, the director of the Institute for Endangered Languages of Corban University in Salem, Oregon, says that somewhere between the ages of six and twenty-five, people make a definitive decision as to whether or not they will stay or break with a language. The fact that they have taken the old and changed it into the new is something that not only makes sense, but also drives the continuation of culture. In fact, according to Dr Gregory Anderson, who is a researcher in the same department, young people need to be the ones reviving a dying language. This is, of course, the language that they will nurture and use as their own. For this reason, he has high hopes for the future.

"If the language isn't being used by their peer group, then they reject it outright," Anderson concluded.

So, while some text messages may seem like a foreign language — like "nom nom"[3] — some may actually be in languages considered nearly gone. Who knows, maybe Latin will become popular? Only time will tell.

Adapted from www.nbcnews.com (2012)

---

[1] LOL: laughing out loud
[2] SMS: short message service
[3] nom nom: delicious food

巻末資料⑤

International Baccalaureate
Baccalauréat International
Bachillerato Internacional

IBIS school code: 006987

4 October 2013

Mr. Hirokazu Osako
Head of School
Linden Hall High School
3-10-1 Futsukaichi-kita
Chikushino
Fukuoka, 818-0056
JAPAN

Ref: Authorization letter

Dear Hirokazu Osako,

On behalf of the International Baccalaureate (IB), it is my privilege to inform you that Linden Hall High School is to become an authorized IB World School, Diploma Programme (DP). Congratulations on your considerable accomplishment.

Enclosed you will find an acceptance form, which is to be signed and returned to the IB by uploading it onto IB Docs. Once this form is received, the school will be added as an authorized school for the DP on the IB public website and on IBIS, the IB information system. The IB Diploma Programme may be taught from the start of the next academic year. In addition to this letter, a certificate of authorization is being sent to your school.

As an IB World School, you are part of a global community of schools committed to developing knowledgeable, caring young people who will be ready to negotiate their futures successfully and make contributions resulting in a more harmonious and peaceful world. We commend your school's educators, administrators, students and families for their active roles in choosing to offer the DP. The positive results of this choice will become evident in your community as classes of DP students graduate and undertake activities that enhance social, cultural and economic environments locally, nationally and, perhaps, internationally.

The IB is committed to the professional development of teachers and looks forward to welcoming your school's DP faculty members into the IB community of educators, where they will find collaborators and a dynamic global network of professionals committed to best practices in teaching students and in sharing those practices with each other. We invite you and your faculty to make your own contributions as an active member of this community.

Best wishes as you embark on your journey with the DP. We look forward to working closely with you to realize our shared vision of a better and more peaceful world, achieved through intercultural understanding and respect.

Sincerely yours,

Siva Kumari, Ed.D.
Chief Operating Officer, Schools Division

© International Baccalaureate Organization 2013
International Baccalaureate ® | Baccalauréat International ® | Bachillerato Internacional ®

[執筆者プロフィール]

大迫弘和
リンデンホールスクール中高学部（IB スクール）校長・広島女学院大学国際教養学部客員教授（IB 調査研究室長）・IB 日本アドバイザリー委員会委員。これまで千里国際学園中等部高等部校長、Doshisha International School, Kyoto（IB スクール）校長などを歴任。東京大学文学部卒。
主な著作：『国際バカロレア入門――融合による教育イノベーション』（学芸みらい社）、『がっこう』（かまくら春秋社）、『The Challenge of DIA――同志社国際学院の挑戦』（成文堂）

長尾ひろみ
広島女学院大学学長（2010-2014）・第 6 期／第 7 期中央教育審議会委員・公益財団法人広島県男女参画財団理事長。これまで聖和大学准教授、神戸女学院大学教授、日本司法通訳人協会会長などを歴任。大阪外国語大学言語社会研究科後期課程修了。
主な著作：『社会福祉と通訳論』（文理閣 共著）『司法通訳』（松柏社 共著）『グローバル時代の通訳』（三修社 共著）

新井健一
ベネッセ教育総合研究所理事長・教育テスト研究センター理事長。これまでベネッセコーポレーション教育研究開発本部長及び教育研究開発センター（現 ベネッセ教育総合研究所）長、2007 年 1 月 NPO 教育テスト研究センターを設立、中央教育審議会初等中等教育分科会「学校段階間の連携・接続等に関する作業部会」委員、総務省事業「青少年のインターネット・リテラシー指標に関する有識者検討会」座長代理などを歴任。東京学芸大学卒。

カイト由利子
関西大学国際部教授。これまで広島女学院大学語学研究室助手、広島 YMCA 英語学院専任講師、ソマリア・モガデシュ市 American School in Mogadishu ESOL 教師、関西大学文学部助教授、関西大学外国語教育研究機構教授、関西大学副学長（国際活動担当）などを歴任。言語学博士（米国サウスカロライナ大学）。

国際バカロレアを知るために

2014 年 7 月 8 日　第 1 刷発行

著　者 ── 大迫弘和、長尾ひろみ、新井健一、カイト由利子
発行所 ── 水王舎
　　　　　〒160-0023　東京都新宿区西新宿 6-15-1
　　　　　http://www.suiohsha.jp/
　　　　　電話／03-5909-8920　FAX／03-5909-8921

装丁 ─── 斎藤啓一 (panix)
校正 ─── 由木高士
印刷 ─── 日之出印刷株式会社
製本 ─── 有限会社　穴口製本所

©2014　Hirokazu Osako, Hiromi Nagao, Kenichi Arai, Yuriko Kite
ISBN 978-4-86470-007-8
落丁・乱丁本はお手数ですが小社営業部宛にお送りください。送料小社負担にてお取替えいたします。但し、古書店で購入されたものについてはお取替えできません。

無断転載・複製を禁ず
Printed in Japan

MEMO